U0840060

复旦大学出版专业教材系列

编辑审稿实务教程

Bianji Shengao Shiwu Jiaocheng

林骧华 著

复旦大學出版社

目　录

绪论：何为编辑

一、编辑的定义

什么是编辑工作？谁是编辑？

对编辑工作性质的认识，首先出自对书的认识——什么是“书”？书是什么？对此的认识与行业的理念和追求有关。

在图书市场上，书是商品。但是在书业链的终端，即到了读者阅读环节，书就脱离了商品属性，而演变成知识与真理的载体。无论作为商品，还是作为载体，编辑工作的作用是其中最重要的因素。因此：

> 编辑部门是出版单位的核心生产力部门。
> 书是传播知识与真理的载体。
> 编辑是出版物内容和文字、真理与知识的守门人。
> 没有编辑，书就不成其为书。
> 出版代表立场；出版代表水平。
> 出版业真正的成功标志是体现“文化软实力”。
> 真正的好书是永恒的。

根据《辞海（第六版）》的定义，编辑工作是“以生产精神文化产品为目的，策划、组织、审读、选择和加工作品的专业性的精神生产工作。是传播媒介工作的中心环节。”编辑人员是“从事专业性编辑工作的人员”。

传统的编辑事业是永恒的。借用马克思的话来说：“我们的事业并不显赫一时，但将永远存在。”只要人类还在创作和传播文字、图像、声音、视频等等具有内容和形式的作品，编辑就应该“在场”。舍此将有可能导致出版物的错误和混乱。

在许多时候，好书是编辑“改”出来的，在今天尤其如此。一部书稿从原始形态开始，经过编辑反复审读加工，修改定稿，精心校对，最终达到出版要求。在这一过程中，编辑起关键作用。在编辑史上，由编辑使书稿“锦上添花”或“起死回生”的例子数不胜数。

最近三十多年来，由于出版行业的业态不断发生变化，业内对“何为编辑”即编辑的功能也产生了不同观点。一般将“编辑”分为“策划编辑”“组稿编辑”和“文字编辑”，其实是混淆了概念。根据上述三类工作的不同性质，承担者的准确名称应该表述为“策划人”“组稿人”“编辑”。孔子说：必也正名乎，名不正则言不顺，言不顺则事不成。

在英汉翻译中，许多译者往往一见到“editor”就直接翻译成“编辑”，有时会造成失误。因为 editor 这个单词的词义涵盖三种定名：(1)报社、杂志社、出版社、学刊的主编；(2)一本书或一套书的编选者；(3)出版部门的审稿编辑。若按照职务和职责来区分，senior editor(高级编辑)负责策划和组稿，其职责也包含了对内容和文字的高度关注，尤其关注作者提供的书稿内容是否适合出版；而 editor(编辑，有时称作 copy editor)负责审读书稿和修改文字。(当然，各个国家、各家出版单位可能在内部分工方面会有一定的差异。)

策划和组稿非常重要，但是审稿也同样重要，甚至在某种意义上来说更重要。若缺失了审稿这一环节，没有三审三校，书的质量往往无法得到保证，即使印制出来，也不能算成功。一部好书稿，离开了精心编校，不会成为一本好书。反观今日，问题的严重性在于行业内出现了忽视甚至轻视编辑工作的倾向，颠覆了以往重视编辑工作的传统。这样做，恐怕不仅现在会导致编辑工作失误和图书质量的下降，更会在以后造成恶果。

策划与审稿之间虽说有区别，但也有密切的关联。若没有审稿经验，在策划活动中就很难“识稿”。许多优秀的策划人都是在审稿经验中成长起来的。

本书讨论的出版单位(图书、报纸、杂志、学刊，甚至也可以延伸到包括影视作品和各种新媒体)的编辑，概指从事具体文字工作的审稿者。

编辑是面对作品书稿做文字工作的人。一本书出版的成败，虽然也取决于市场营销，但是更在于它本身的质量，即内容是否新颖，结构是否合理，语句是否通顺，文字是否准确。否则，书名再吸引人，装帧设计再漂亮，纸张材质再精美，若在内容和文字方面错误百出，书就必然失去生命力。

自从进入市场经济模式之后，出版企业自负盈亏，重视“投入—产出”的效率，使现行机制中以利润为导向的倾向胜过了对书稿编校质量的重视。而当出版企业无法在“利润增长”方面取得连续性突破的时候，往往会采取“减员增益”“简化流程”的办法。常见的现象是弱化甚至简化审稿程序，撤销校对部门。甚至在营利情况良好的时候，仍然不重视严格的审稿和校对要求。

经验告诉我们，编辑审稿是图书制作流程中的核心环节。这一环节决定图书的质量，而质量是图书的生命，更是出版业成败的关键。

总而言之，编辑是守望内容(文字、图像、声音、视频)之人。业内人士，尤其是编辑人员自身，切不可放弃这一观念。

二、编辑的理念

语言文字关乎一个民族的文化安全。

语言文字代表了一个民族的文化能力和文化水平。

文字应当是规范的。

规范的语言文字表达是文化水准的体现。遵守规范，既体现书写者的受教育程度和表达能力，也为了人际交往和沟通中准确而不走样地传递思想和意图。

时下，面对出版物(以及其他各种媒体)文字差错泛滥的现象，作者若无其事，读者和观众见怪不怪，偶有批评者尖锐指责，编辑和校对人员似乎对此也有点无动于衷。

我们应当明白，对文字错误的宽容，表现的是一种文化上的迟钝。而守望文字，是文化出版的职责，也是编辑的职责。

书应当是“精品”，即把书做到经典、精华、精粹的程度。现在我国每年光是图书出版品种就已经达到四十多万种，但是其中真正能够传世的品种却很少。好书应该能在读者的书架上长久留存，能被反复阅读、欣赏、研究，令人爱不释手，更不会被当作废纸卖掉。为此，编辑应该努力做到仔细审稿、编稿，精加校勘，使书成为“善本”。

若将书的内容看作供短时间消费的“信息”，不啻是降低了书的“身价”。我们应该将真正的书同那些被业内同行称作“印刷垃圾”的出版物区别开来。

编辑工作是一种高尚的文化事业。它的高尚之处不仅表现为一种“为人民服务”的奉献精神，即用自己的专业水准和认真负责的工作态度来成就他人的事业成功，更在于其工作所传播的优秀文化对于国家、民族乃至人类生存和发展的意义。

编辑工作是一门创造性的艺术。“编辑加工”通过认可作者的思想与表达，帮助作者丰富文章内容，建议作者修正和完善学术观点或艺术表现手段，纠正文本缺陷，而体现创造性的价值。

编辑应该具有敬业精神。这种敬业精神应当具体地化为“对文字负责”的信念和严谨的职业操守。在此之上，是对国家负责，对读者负责，对自己所服务的工作机构负责。

编辑要有理想和追求，但是这种理想和追求绝对不是个人主义的，因为出版事业是一种集体的事业。若能视编辑工作为自己爱好的职业，愿意付出不懈的努力，那么工作会是快乐的，人生也不会虚度。

从工作的意义上说，优秀的编辑其实是作者的老师，修改书稿如同批改学生作业，所以我们的工作性质决定了对编辑有着极高的要求。

从另外一个角度来看，现在的许多稿件不是编辑认定的好书稿，甚至不是为了社会良知和文化责任而愿意出版的书。出这种书只是为了赚钱，所以不想认真读稿、改稿，这似乎也是一种态度，但是这种态度毕竟是不可取的。对于书稿的出版，责任编辑和总编辑终究是要“负责任”的。

业内人士常常引用晚唐诗人秦韬玉诗句“为他人作嫁衣裳”，表达那种“成就了他人却耽误了自己”的复杂心情。其实，把他人的嫁衣裳做好，何尝不是编辑自己的成就？做编辑，就是用自己的生命点亮别人的名声，用自己的劳动使别人得到成功，这就叫作“奉献精神”，这种奉献精神是由我们的职业规定的。

现在有些编辑对传统的出版理念很陌生,既没有目标,也没有方向,因此对待编辑工作稀里糊涂,马马虎虎,不思进取,不肯负责,这种状态也许能混日子,但绝对不会有人生的价值,在工作上也不会有大作为。

三、编辑的修为

编辑这门职业,不是光凭识得几个字、知道一些皮毛知识就可以胜任的。

很多人低估编辑工作的难度,认为只要识字就可以做编辑。一些未经适当培训、不具备编辑资格的人会以为自己可以轻易地编辑文稿。

编辑工作是有规范的,不可以随心所欲。从事这项工作的人理应具备较高水准的职业道德和职业素质。

编辑要有良好的政治素质。要懂政治,在政治上表现成熟。对书稿中政治上错误的问题有敏感的辨别能力。由于长期以来学校教育忽视政治理论与政治历史的教育和修养,造成很多编辑对书稿中出现的政治性错误没有辨识能力。在编辑工作中,面对政治问题,编辑不能"不懂事"。

编辑必须具备丰富的知识,以博学的素养为目标。无论自己在接受高等教育时学习的是哪一门专业,一旦进入编辑职位,就应该超越狭隘的专业界限,进入广阔的专业领域。从事编辑工作,如果知识面狭窄,就会导致遇见知识性差错时一无所知。

编辑要做到目光敏锐,善于发现和纠正各种差错。从政治问题、学术问题、知识差错、错别字,一直到标点符号错误和版式错误,编辑都要善于立即辨认出来,并且知道如何纠正。这是编辑必须具备的一种职业敏感能力。

对待名利,编辑应该心平气和。看到别人成功,不要自己"心理不平衡"。编辑工作具有双重性质,它既是指导性的,又是服务性的。每一个编辑都应该明白自己担负的这种双重责任。能将一本书稿做成一本好书,编辑应该由衷地替作者高兴,同时也替自己高兴。"待到山花烂漫时,她在丛中笑"(毛泽东《卜算子·咏梅》)描摹的境界,就是对编辑工作最好的写照。

编辑要有扎实的文字功底。实践证明,要做一名合格的编辑,在知识和文字两方面都是"学无止境"的,要善于从工作中学习,努力成为文字专家。语言文字基础不扎实,会影响编辑对书稿中文字差错的辨识。

编辑应该具有学术修养和艺术修养,至少应该掌握一门专业学术的基础知识,熟悉专业的前沿发展,能同作者就学术问题或创作艺术问题展开对话。同时,作为编辑,光有一门专业知识是不够用的,还应该尽量多掌握几门专业知识。

编辑应该有较高的审美趣味。在选择出版物的内容时,应该而且必须做到不媚俗。必须抵制粗俗、庸俗、恶俗的内容和文字,使书能够引领社会的文化导向,使读者培养成良好的趣味,推进文化事业健康发展。

编辑应该确立"文字的规范性"的理念,认定"保持汉语规范性是编辑工作者的责任"。词汇与表述方式会随时代而变化,但语词的稳定性与准确性是出版物可靠性的保证。关于流行的语词,尤其是当今不断出现的网络语词(其中最流行的,不乏一些庸俗的、粗鄙的、下流的、违反语法规则的语词),必须在使用时谨慎对待,以免造成语言失范。须知,任何新出现的语词,若非经过10年、20年以上时间的持续使用,总是没有生命力的(先前的许多例子证明了这一点)，不应该收进词典，不应该在各种出版物上随便使用。而某一个群体狭隘使用的词语也不应该出现在普遍阅读的文本中。

认真的工作态度是做好编辑工作的前提。“认真”意味着踏实、细致、一丝不苟。要严格遵守工作规范，杜绝马马虎虎的审稿工作方式。要防止养成懒惰的习惯，对于每一个发现的差错，都要“一盯到底”，做到“视差错若仇敌”。

娴熟的编辑技术是编辑工作者的身份标志，也是敬业精神的表现之一。它能保证编辑顺利完成重大的、困难的编辑任务，使一名编辑成为同行中的佼佼者。

从担任编辑工作开始，每一个人就都应该有意识地加强学习，提高自己的审稿业务水平。职业思想稳定的编辑应当树立成为优秀编辑的志向。

编辑界藏龙卧虎，英才无数，像鲁迅、巴金、叶圣陶等先辈一样，他们都是编辑工作者的榜样。

上海世纪出版集团编审郝铭鉴先生是编辑界的杰出典范。他不仅长期担任出版社总编辑工作，而且还一手创办了《咬文嚼字》。这份优秀刊物的每一期都不仅成为编辑界的必读书，而且也深受社会各界的喜爱。在纠正文字差错方面，《咬文嚼字》成为全社会的“语文老师”，居功至伟。

中华书局编审周振甫先生(1911—2000)是学者型编辑的典范。当钱钟书先生编著《管锥编》，“命笔之时，数请益于周君振甫，小叩辄发大鸣”。(《管锥编》1986 年第 2 版，“序”)在审稿过程中，周振甫先生纠正了其中的五百多处差错，可见一个学术造诣高深的编辑能对一部学术著作起何等重要的作用。该书初版之后，学界读者“订谬”，帮助钱钟书先生于再版时又“勘改五百余处”。(同上，“再版识语”)周振甫先生本人有著作多种，其中《文心雕龙注释》(人民文学出版社 1981 年第 1 版)一书集“评”“注释”“说明”于一体，其深厚的学养和著述的水平令人钦佩。

人民文学出版社原副总编辑、诗人、翻译家绿原(1922—2009)当年担任朱光潜教授翻译的黑格尔《美学》一书的责任编辑。在审稿时，他对照原文，找出译文中的错误和不妥处，用贴条子的方式将意见反馈给朱光潜教授。其中有许多真知灼见，切中肯綮。朱光潜教授见到后，大为惊讶，惊呼：“人文社哪来的这样精通德语的专家?!”(参见屠岸《“为人作嫁”点滴留痕》，载《文汇报》2014 年 7 月 18 日第 12 版)

一般读者在阅读和欣赏著名翻译家的翻译作品时，会非常赞赏翻译家的优美准确的文笔，但是他们不知道，那些文字上面凝结了编辑多少心血。傅雷先生是被公认的著名翻译家，他翻译的法国文学作品被认为是文学翻译的典范。人民文学出版社编辑在审稿时，在傅雷的译稿上用贴条子的方式提了很多意见，傅雷接受意见并作了修改的地方有很多。如果把这些贴上条子的原稿举办一次展览，读者就可以知道，这些“为他人作嫁衣裳”的“无名英雄”为出版一本好书而做出了何等重要的贡献。(屠岸《“为人作嫁”点滴留痕》，载《文汇报》2014 年 7 月 18 日第 12 版)

莎士比亚作品的“朱生豪译本”也是读者公认的优秀译作，但是读者翻开译本可以看到，在译本出版之前，人民文学出版社约请杰出的编辑兼翻译家方平先生(1921—2008)等人对译文做了校译。出版业的行家们都知道，安排校译，是因为译本不够完善，其中包括对原文的理解错误，译文表达不够准确，或者文字大有可改进之处，等等。在译者水准的基础上，校译者方平先生等人和人民文学出版社编辑共同努力，打造出经典的翻译文本。方平先生生前身为上海译文出版社编审，曾任中国莎士比亚研究会会长。

若能成为这样的编辑，那么，一个编辑的职业生涯就是无比成功的，人生也因此充满意义。

四、编辑的职责

编辑的职责以文字把关为主，在工作中，一切以书稿为重。出版好书是编辑的愿望，编辑对“做书”要有激情。惟其如此，才有可能成为好编辑。

编辑处理书稿时的职责是“把关”，其功能是“修正”和“提高”。经过编辑之手，书稿达到“完善”的状态，并尽可能朝“完美”的目标努力。

无论是做责任编辑，做主任编辑，还是做总编辑，只是分工不一样，其实他们的职责是一样的。

在出版业转向市场经济时，我们曾经设计过“全能型编辑”的能力与职责方案，即编辑要努力具备“十大技术”：

(1) 会策划和组稿；

(2) 会做文字审稿；

(3) 熟悉市场；

(4) 会做图书宣传；

(5) 懂成本核算；

(6) 有装帧设计知识；

(7) 外语基础过关；

(8) 电脑操作技术娴熟；

(9) 善于协调公共关系；

(10) 熟悉编务。

虽说达到“全能”是件好事，但是归根结底，编辑以文字审稿为本职。不善于处理书稿文字，就意味着不具备编辑资格。

时下的出版物，编校质量之差，已经成为痼疾。这种现状正说明编辑肩上的担子沉重，编辑守望文字的审稿工作显得愈发重要。行业内将差错率的容忍程度定在万分之一，实属无奈之举。“精品”的概念之一应该是文字无差错。

常言道，金无足赤，人无完人。那么书呢？书无终结。即使是比较成熟的书稿，往往也需要编辑使之更完美。

业内不乏一些认识上的误区，例如主张“作者文责自负”，编辑不应干涉作者的写作，或者面对“无错不成书”而玩世不恭地说“错误百出是好书”。在很多情况下，作者的水平高于编辑的水平，此时编辑往往容易盲从，不敢怀疑正在审读的文字是否会有错。须知社会身份(教授、权威学者、著名作家等等)与具体角色(书稿作者)不是同一个概念。编辑审稿时，面对的是作者的具体角色，而不是他们的社会身份。是设定“专家不会错”，还是设定“凡人都会错”？这一前提在很大程度上影响了编辑在审稿时的心态，从而会决定审稿的成败。

一本书出版后，书中有差错(甚至有很多差错)，首先是谁的责任？——编辑。这里包含责任编辑、主任编辑和总编辑，因为编辑是对内容和文字把关的人，作者的书稿中无论有什么差错，交给编辑去把关，纠正差错的责任就转移到编辑身上了。书中若留有差错，外行责备作者，内行却批评编辑。从事编辑工作的人必须明白这一点。

编辑应当关注汉语文字的品质，倡导文字的准确、规范和优雅。

即使转变为数字化、互联网、新媒体的出版方式，或者网络出版还可以不断推出新奇的出版形式，但是它们的出版物必然仍将是“内容为王”，而其中有两条是关键的——文字的精确性和内容的精选性。这就需要有优秀的编辑工作者。

五、编辑的专业

“编辑读稿”与“读者读书”这两种活动貌似一样的“看书”，其实两者之间差异很大。“编辑审读书稿”与“作者审读校样”这两种活动貌似一样的“审读”，其实两者之间也是有区别的。一般说来，作者不易察觉自己的一些习惯性文字疏忽和差错，而编辑出于自己的工作经验和“校雠”的职业本能，却能发现它们。作者一般在知识结构方面偏于自己的“学术专业”，而编辑的知识结构却应该超出某一个或某几个专业，能在作者的知识盲点处发现差错。

关于文字规范，是有国家标准和行业规范的。编辑根据自己的工作经验，熟悉这些规范，而作者往往未必熟悉，在大多数时候只根据自己未必正确的写作习惯，因此很可能在书稿里留有差错。

作品的篇章结构是否合理，这一点往往是作者容易疏忽的地方，但是，编辑工作是讲究这一点的。

有些作者在写作时，写到得意之处，兴之所至，随意挥洒，往往出现语法错误或知识性错误，“写错字”也是司空见惯的现象，更毋庸说一些作者本身的文字功底和写作水平有欠缺。

有不少作者认为标点符号是“小事情”。殊不知，“小事情”有时候会造成实质性的错误。而编辑是严格计较标点符号的。

还有一般作者都不熟悉的版权知识，却是编辑应该熟悉的领域。

政治性错误、学术性错误、常识性错误在书稿中、在出版物中屡见不鲜。此为现状，且是事实。

凡此种种，不一而足。而如何面对这一切，就是“编辑的专业”。

如今，编辑专业正在从传统方式向新的数字化方式过渡，在专业知识和专业技术上必定会有许多新的发展，编辑工作也将与时俱进，因此，必须面对新形势，积累新经验，使编辑专业的内涵进一步丰富起来。

第一单元　编辑工作概说

一、编辑审稿过程规范
二、编辑审稿实务范畴
三、对编辑工作的专业素质要求
四、审稿工作的五条基本原则
五、编辑审读书稿的基本理念
六、网络出版环境中的文字编辑
附录1：政策性文件研读目录
附录2：建议阅读书目

在进入审读书稿阶段之前，编辑工作有时前移到“策划”和“组稿”之中。

策划出版项目是出版单位实现出版目标的第一步——根据出版方向和选题结构来设计具体选题，形成特色，或者根据市场需求，设计畅销选题。策划是一项逻辑思维严密的工作过程，需要学识、经验、信息、判断能力，不能天马行空，随意幻想。策划者的策划书要内容详尽，要有理据，要有说服力。

组稿是出版单位的主动行为，其目标是选择合适的作者，获得满意的书稿。组稿工作要求组稿者善于发现优秀作者，要坚持对书稿的要求。这一项工作往往考验组稿者的交际能力和拓展人脉的能力。

在做选题时，出版社应该对作者提出内容、写作思路、文字、著作权等方面的要求。接受作品书稿之后，编辑才正式进入编辑审稿阶段。

编辑审稿，这种工作本身的性质可以用8个字来概括表述：**消除差错，锦上添花**。

编辑审稿既不同于专家审稿，也不同于校对。专家审稿的重点是学理，而校对读校样的职责是“校异同”（校样与编辑修改稿之间的异同，复校样与初校样之间的异同）。所谓“校是非”，实则是审读的另一种形式，它超出了“校对”的定义。

编辑工作是一种艰苦的、要求很高的专业工作过程。它的目标是使书稿达到出版水准。它的理想是经过编辑加工，使出版物尽可能完美，成为优秀的出版物。

一、编辑审稿过程规范

现代文字编辑工作过程中的程序规范是几代优秀编辑经过一百多年的时间总结出来的，具有科学性和合理性。它是保障出版物编校质量的必要规范，其中各个环节相扣相连，后一道环节是对前一道环节的完善、补充、修正和监督，而且每一道环节都有其应该达到的标准。

1. 规范的编校程序与工作要求

按照传统的规范，编辑和校对严格遵照如下程序：

预审书稿 →（退作者修改）→ 毛样毛校 → 初审书稿 → 复审书稿 → 终审书稿 →（退作者修改）→ 初校 → 二校 → 三校 → 对红 → 编辑审读付印样 → 总编辑签发 → 对胶片（含改片）→（送印刷）

• **预审书稿**：责任编辑接到作者的书稿之后，先检查书稿是否已经“齐、清、定”（作者交出的书稿是否完整，页面是否都清楚，是否已经定稿），然后应该阅读（可以快速阅读）全稿。预审时，首先应该关注的是该书稿有无出版价值，其次关注作者的著译水平。阅稿后要对书稿的总体状况作出判断，并采取相应的处理办法——或者接受，或者退修，或者退稿。

• **（退作者修改）**：若书稿在总体上是好的，但是在某一个方面或几个方面存在缺陷，那么编辑应该就发现的问题同作者逐一商讨，取得一致的意见，并将书稿交由作者去修改，直至达到要求。

• **毛样毛校**：排版公司制作出“毛校样”后，会安排专职校对做毛校工作。毛校者通读校样，发现明显的差错，并且逐一改正。交付出版社编辑部的毛校样的差错率应该控制在万分之二以下。但是，仅靠“黑马”校对软件是无法达到要求的，对这一点必须特别注意。以“毛校”代替“一校”的做法在控制差错率方面有一定的风险。

• **初审书稿**：初审书稿的工作一般由责任编辑承担，这是审稿工作中任务最繁重的一个环节。初审要对书稿做全面的仔细审读，顾及各个方面，发现和纠正各类差错。作为初审的结果，要使差错率严格控制在万分之一以下。其间若有因初审编辑能力不及而无法解决的问题，应提请复审编辑解决。同时，初审编辑要对书稿的优点和不足之处做出恰当的归纳和评价，并做好审稿小结和审稿记录，归档备案。

• **复审书稿**：复审书稿的工作由主任编辑承担。复审编辑通读全稿，要对初审的结果作出评估，并且解决初审编辑提交的问题。按照分工，复审编辑重点关注学术性和知识性两方面有无差错，同时兼顾其他方面。若有解决不了的难题，则提请终审编辑解决。在复审环节，应该特别注意监督编校质量是否达到合格要求，并做好审稿记录，留档备案。

• **终审书稿**：书稿的终审工作由总编辑（或由总编辑委托的具有编审资格的编辑）承担。终审是编辑部门审读书稿的最后环节，必须监督初审和复审的结果，解决初审和复审未能解决的难题，并对各种疑问做出决断，确保书稿编校质量合格，达到出版要求，力争质量优秀。终审的重点是关注不出政治性差错，同时兼顾其他方面，在通读全稿后确定能否最后发稿。

• **（退作者修改）**：在编辑部门审读书稿结束后，若有必要，当将书稿退给作者做进一步修改，请作者确认编辑对书稿的修改方案。切忌在对书稿作实质性修改后不告知作者，以免在出书后产生著作权纠纷。修改后的书稿经作者签名确认后应当存档。

• **初校**：在铅印时代，作者交出的稿件是手写稿，经过三道审稿程序之后，交付印刷厂排版车间用铅字排版。首先排出毛条样，经过印刷厂校对的毛校程序，交出毛校样，然后由出版社校对室进入校对程序。校对室安排三个校次的校对人员。每经过一个校次，就退印刷厂出一遍新的校样，直至最后完成。出版社校对室在担任一本书稿的校对工作的三名校对人员中确定一人为“责任校对”。铅印时代的校对工作性质是“校异同”（即查核校样对手稿、后次校样对前次校样之间的校改之处是否已经达到一致）。如今由电脑排版、胶片印刷和数字印刷构成的出版物制作程序中，作者交出的是电脑打印稿，或者直接交出书稿电子文档，使编辑或校对在审读校样时，都面对没有修改痕迹的新校样，校对工作由此被业内称为“校是非”（即必须读出新发现的差错），实际上就是通读校样，发现并纠正差错。这种工作性质对校对人员的素质提出了比以前更高的要求。校对的职责同编辑审稿相比，除了关注文字以外，还应该关注版式、辅文，以及文字的前后一致性。

• **二校**：二校的工作性质如同一校，但是对二校的要求比对一校更高，即应能发现初校人员未能发现的差错，并检查初校的纠错是否已由排版部门改正。按照惯例，二校样应该设置三份，由二校人员、责任编辑、作者分别审读（作者应该在自己审读过的校样上签字，以示确认），然后由二校人员“合样”后，交排版部门改样。

• **三校**：三校的工作性质如同一校和二校，但是对三校的要求比对初校和二校更高，即应能发现初校和二校人员未能发现的差错，并检查二校的纠错是否已由排版部门改正。

• **对红**：“对红”即检查校样上的应改正之处是否已由排版部门改正。二校人员应将改稿后的一校样同排版公司改正后的新校样作对比，检查纠错之处是否逐一得到改正（即“初次对红”）。三校人员应将改稿后的二校样同排版公司改正后的新校样作对比，检查纠错之处是否逐一得到改正（即“再次对红”）。

• **编辑审读付印样**：三审三校结束之后，排版部门改正了编校人员纠错之处，打印出准备制作胶片的“付印样”。责任编辑再次审读全部校样，并且对先前各道工序中遗漏而未得到改正的差错做“补漏”，以期提高编校质量等级，争取达到“优秀”标准（即控制差错率在万分之零点二以下）。

• **总编辑签发**：最后，由总编辑审阅付印样，并签发制作胶片和/或付印。

• **对胶片（含改片）**：排版部门最后将编辑审读付印样和总编辑审阅付印样时做的文字修改之处逐一改定，再送制作胶片。制成胶片后，在交付印刷之前，由出版社的出版部（科）指定一名“责任出版”，将胶片叠套在付印样上，检查付印样上标出的应改之处是否逐一得到改正（即“对胶片”）。若发现有差错，还来得及在印刷之前改正胶片上的错处。如果采用无菲林（无胶片）印刷，则更应该注意审阅付印样之后在电子文档上的准确修改。

• **（送印刷）**：上述工序全部完成之后，由出版社的出版部（科）核准并交付印刷厂，去完成最终的印刷和装订工序。

• **（检查快样书）**按照传统规范，印刷厂在进入装订工序时，先装订出5册“快样书”，送交出版社，由总编辑、责任编辑、责任出版分别检查出版物成品的印刷、装订质量和装帧设计效果，经出版社认可后，印刷厂方开始成批装订。在此之前，若在快样书上发现重大错误，还来得及改正。

最近20年来，由于观念的改变（书不再被看作“经典”，而是被看作“信息”），一部分出版单位出于节约成本的考虑（所谓“减员增益”），同时也是为了快速出书以适应时代生活的快节奏，将上述程序简化为以下几个步骤：

毛样毛校（代一校）→ 初审书稿 → 复审书稿（往往请社外人员审读）→ 改样 → 校对（或：编校质量检查）→ 签发付印样

如果这样做，出版单位就必须在每一个环节上都严格达到“编校质量合格”，但是实际上往往做不到，尤其是有些出版单位将编辑和校对工作安排给社外“业余编辑”（甚至是既没有编辑经验又缺乏文字纠错能力的人员）去做，或者外包给一些“文化公司”，而后者的公司内部并没有严格意义上的编辑和校对部门。事实证明，简化的程序有可能导致较高的差错率。这样做，尽管节约了时间和人力成本，但是放弃了质量监控，反而得不偿失，使差错率高的书成为昙花一现的东西，甚至一出书便成废纸。

2. 预审书稿的做法

“预审书稿”是一道必要的程序，其重要性不容忽略。

预审书稿的具体做法是：

第一步，阅读全稿，初步判断作品的学术水平、创作水平和出版价值。在这一步，编辑自身的学识起关键作用。

第二步，抽样审读书稿，确定书稿中存在的各类差错情况（若是翻译书稿，还应该抽校译文，即对照原文来判断译文质量），决定是否退修。

第三步，重点关注书稿内有无政治和意识形态方面的错误倾向；检查有无明显的知识性差错。

预审书稿的意义首先在于使编辑能够从整体上把握书稿情况，确定对书稿究竟是“接受”，还是“退修”，还是“退稿”。若是接受书稿，那么预审可以让编辑对下一步如何审读和修改书稿心中有数。预审书稿后，若认为书稿的著译质量基本符合要求，但是还有缺陷，那么在这一环节上应该同著译者沟通，交换意见，提出建议，向著译者提出明确的修改要求，通过修改使书稿确保达到出版水准。若作退稿处理，则避免了盲目审读到最后才决定退稿而造成时间和人力的浪费。

案例 1-1：预审报告

《耶路撒冷三千年》预审意见

作者：赛门·蒙提费欧里（Simon Sebag Montefiore）

译者：黄煜文

原出版单位：台北究竟出版社

原出版时间：2013 年 4 月

篇幅：633 千字

（一）

这是一部广义的“耶路撒冷史”。作者以耶路撒冷这座特殊的历史名城为中心，通过历史考证，详细叙述了这座城市从公元前 10 世纪到 1967 年的历史沿革，政治变迁，宗教文化，以及它在三千年来人类战争的旋涡中反复被占领、被屠城的奇特命运，同时以耶路撒冷的历史为线索，叙述了欧洲、西亚、中亚在这三千年里的波澜壮阔历史画面和一些著名人物的遭际。人与历史相互参照，生动地揭示了历史的动因，由此写成了一部具有很高学术价值的编年史著作。尤其值得肯定的是，由于作者以考古结果（最新的材料是2007年的考古发现）作为历史依据，能在一定程度上还原历史的本来面目，所以本书在很大程度上印证了马克思主义的唯物主义历史观。

本书的叙事主题是一长段异常复杂的历史。由于耶路撒冷是世界三种主要宗教（犹太教、基督教、伊斯兰教）的发源地，造成时至今日仍然是以色列和阿拉伯之间的领土争夺战争以及超级大国力图控制它的原因。但是本书作者以深刻的思想和开阔的眼界，并非仅仅将它写成宗教史，而是用客观的史见和史识，展现了一段世界史。而本书所提供的丰富历史材料，尤其是希伯来（以色列）民族的民族认同渊源，围绕着耶路撒冷而展开的众多相关的、从古到今的历史事件的真相，等等，为读者认识历史事实和思考历史规律增加了许多新的启发。

作者注重对历史作细节叙述，综合了各种资料来源，广泛阅读了第一手史料，用不少新史料和罕见史料来纠正以往历史记载中的谬误，体现了本书的学术价值。例如对于耶稣的历史考证，长期以来被西方历史学界作为依据的《马太福音》说，希律王“命令军队以屠杀所有新生儿的方式来除掉这名拥有大卫血统的孩子（指耶稣）”。而本书作者指出，没有证据能证实希律知道有耶稣，他也不曾屠杀过所有的新生儿。希律是妄背了恶名。（p.139）关于耶稣一家人到达伯利恒时“遭搜捕”一事，其实是当时罗马帝国对耶路撒冷地区做人口普查，目的是核实纳税人口，并非《圣经》所记载的为了搜捕耶稣。（p.141）关于耶稣的“复活”，作者经过考证，指出这种关于“复活”的杜撰在原始文献中是没有的，系后世添加。（p.164）

鉴于本书是一部严谨的历史著作，不是宣扬宗教迷信的书，因此值得推荐出版。

（二）

关于出版前的审稿，有以下几点需要注意：

1. 原书在台北出版，使用的是繁体字。转换为简体字时，需要由具备一定编辑功力的人员担任审稿工作。

2. 由于台湾译者在翻译时所使用的一套译名、译法与大陆读者熟悉的约定俗成的译名差异较大，例如：叶门（也门）、鄂图曼帝国（奥斯曼帝国）、义大利（意大利）、亚历山卓（亚历山大港）、胡笙（侯赛因）、纳瑟（纳赛尔）、基本教义派（原教旨主义者）、锡安主义（犹太复国主义）、欧巴马（奥巴马），等等，数量很大，需要一个个改过来。即便使用电脑“全书统改”的方法，也应在校样上逐一核对。

3. 有一些地方文字不甚通顺，疑似误译。

鉴于以上原因，审稿时需对照原文（请对方提供原书），来调整译名，纠正误译。

审读人：林骧华

2013年12月23日

3. 责任编辑初审应该做到的规范步骤

(1) 检查目录与正文标题两者的文字表述是否一致，有无错误或遗漏。有些时候，作者改动了正文中的章节标题，却漏改了目录页，而编辑也往往容易疏忽这一点。

(2) 检查书稿结构是否合理。许多编辑不大注意书稿结构。有些作者写书时过多地写与主题无关的大量文字;有的书稿过多引用(成段地、大量地引用)别人的文章,即所谓“天下文章一大抄”;有的章节内容文不对题;有的书稿小题大做,而更多的现象是大题小做;有些作者利用电脑的粘贴功能,下载大量文字来拉长篇幅,使书稿臃肿不堪,水分太多;有的书稿里一件事情以完全一样的文字表述在书中前后多次重复出现;有些作者在写作时逻辑思路很混乱,以致文字失去连贯性,或者章、节失衡;等等。这些都是结构不合理现象。

(3) 确认学术著作的创新学术观点及其意义;要求作者阐明自己的哪些见解是创新观点,并对此作出确认。切忌在书稿中大量出现别人多次发表过的内容,或者人云亦云,没有自己的观点。有些书稿的前身是博士论文,作者在做博士论文时综述前人已有的观点,不断地引用别人著作中的文字,这作为一种学术训练无可厚非,但是作为学术著作出版,则都应该免去,以使著作变得精炼、明确。对于文艺作品和文化读物而言,同样要求其具有创新的特质,要求其题材、写作手法、艺术风格等方面都与众不同。有言道:“第一个说‘女人像朵花’的人是天才,第二个这样说的人是庸才,第三个人再这样说就是蠢才。”这句话应用在书稿内容上,倒是可以成为编辑判断优劣的一种思路。

(4) 审读文字内容,并提出必要的修改意见,包括:

① 纠正不符合真理与事实的观点;

② 纠正政治性错误,并且注意政治性内容中的意识形态倾向问题;

③ 注意书稿中是否有违背宪法、法令、法规、政策、规定的言论;

④ 注意书稿中是否有违背社会道德规范的文字;

⑤ 纠正学术性错误,包括论点、论据、论证过程、史料与史实的错误;

⑥ 纠正事实错误和知识性错误;

⑦ 纠正文字叙述中的逻辑错误、语法错误和用词错误;

⑧ 在不损害作者原意的前提下修改不通顺的语句;

⑨ 注意术语、概念、名称、资料、数据、引文的准确性;

⑩ 注意概念、译名、数据等的前后一致性;

⑪ 注意翻译(文言译成白话,外文译成中文,中文译成外文)的准确性;

⑫ 纠正错别字、脱字、衍字、不符合规范标准的异体字;

⑬ 核对算式、计算过程、习题答案;

⑭ 纠正不规范的计量标准和数字用法;

⑮ 纠正错误的标点符号,尤其注意滥用逗号造成语句断裂甚至产生歧义的现象;

⑯ 在专业书稿里规范使用专业名词;

⑰ 纠正错误的或不科学的提法;

⑱ 纠正错误的或不规范的量词;

⑲ 纠正外文大小写错误、外文单词拼写错误、外文语句的语法错误;等等。

编辑在审稿时要同时注意以上这些方面,是需要有很大本事的。有时候,编辑发现书稿的某一方面问题,注意力被吸引,结果可能“顾此失彼”,忽略其他方面存在的问题。

(5) 检查版式是否正确、统一。所谓版式,指版面上的编排格式,一般包括版心规格、版面空白、图文排式、版面字数、正文及标题使用的字体和字号、图片和表格的位置、书眉、页码标号、注释方式(脚注或文末注),等等。要统一文献著录格式。

(6) 思考书名是否准确、简洁、生动(但不可故意耸人听闻)。

案例 1-2：书名错误

《美国女性小说三次生态文学批评浪潮中的反映：以三位女性小说为例》

这一书名中出现的错误是：(1)正书名脱字，造成意思不通；(2)正书名的语序发生逻辑关系颠倒；(3)副书名数量词与被修饰的名词不匹配；(4)副书名概念错误。

应改作：《三次生态文学批评浪潮在美国女性小说中的反映：以三位女性小说家为例》

案例 1-3：书名不简洁的极端例子

某书作者将自己著作的英文书名和中文书名拟定如下：

SCAFFOLDING MULTI-VOICED DELIBRATIVE DISCUSSION：AN EXPLORATORY STUDY OF EXPERIENCED AMERICAN SOCIAL STUDIES TEACHERS' CLASSROOM DISCOURSE

《从美国优秀社科教师的示范教学论如何支持多元意见式的思辨商议性课堂讨论》

这一书名明显不妥。如果作为一篇论文的标题，如上表述勉强可以，但是作为书名，却长得令人不可思议。设计书名的第一原则是简洁，而上述书名读起来极其拗口，使人难以记住，既不符合编辑出版要求，也必定会影响宣传推广。此书中文书名可以改作《美国课堂讨论式教学研究》，原书名中的相关信息可以移至"目录"中分别列出，或以"内容简介"的辅文方式来表述。

拟定书名也是一种语言艺术，应该在尽可能简短的文字表述中包含一本书的总体内容信息，既要做到一目了然，也要显示出简洁明快的特征，达到令人印象深刻的效果。

4. 责任编辑发稿应该达到的标准(审稿工作规范)

(1) 责任编辑在作者来稿"齐、清、定"的基础上，完成审读与修改；若有重要修改之处，须征求作者同意。

(2) 责任编辑签发付印样时，对二审、终审、质检指出的差错都已复核，对提出的疑问都已查实，并且改定。

(3) 学术著作应该确实达到出版要求的水平，其中没有明显由于未发现而遗漏未改的学术性、知识性差错。教材质量要达到标准水平。文艺作品和一般文化科技读物须有新意。

(4) 控制编校质量——全书差错率控制在万分之一以下。

(5) 防止出现政治性差错，尤其注意防止严重的政治性差错。

(6) 约稿与审稿的关系。编辑在约稿时应该同著译者明确以下要求：内容要求(政治、道德、知识等方面的正确性和准确性)；文字要求(提醒著译者在交稿前仔细阅读自己的书稿)；交稿时间(以免因拖延交稿时间而影响出版计划)；著作权承诺(提醒作者：必须杜绝抄袭现象，凡是引用他人作品中的文字，必须注明出处，万勿疏忽)。约稿时对作者的要求越明确，退修时向作者说明得越详细，使作者的书稿符合要求，就越能使编辑在审稿时提高效率。

5. 复审编辑应该达到的标准(审稿工作规范)

在初审编辑审读结束之后，书稿进入复审。复审工作由主任编辑(或出版社领导委托的编审、副编审)担任。复审编辑与其所审书稿应该专业对口，或至少应该熟悉书稿所属的学科领域。

复审编辑对书稿的政治性和学术性负有重要责任，并且有责任对书稿和初审编辑的工作做出评价。

复审的步骤和要求如下：

(1) 检查初审编辑的工作是否已经达到标准，对初审编辑的审稿质量做出评估。凡发现书稿存在下列问题之一，均应将书稿退回初审编辑：

- 发稿手续中，相关的表、单填写有误，或遗漏必填信息；
- 书稿内容或结构存在明显问题；
- 书稿体例不一致，或存在其他编辑技术方面的问题；
- 发现文字差错率超过万分之一。

(2) 通读全稿，纠正初审的疏漏或没有能力解决的问题，对书稿的总体情况(学术质量、文字表达水平、出版价值)做出判断，进一步纠正原稿中的政治性、知识性、文字性、技术性差错，并做好审稿记录。

(3) 对初审编辑未能解决的政治性、学术性问题提出处理意见；若同初审编辑、作者商榷后仍不能达成一致意见，则应向终审编辑以书面方式提出，或向总编辑报告。

复审编辑在审读书稿的过程中应该对所发现的差错予以纠正或提出质疑。在纠错时，应当注意准确性，做到既不遗漏书稿中的差错，也切忌随意修改。若有疑惑，应当从权威性资料来源处查证。若遇疑难问题无法解决，则应明确提交终审编辑处理。

6. 终审编辑应该达到的标准(审稿工作规范)

终审编辑承担着最后审稿把关的重要职责，这是最关键的一个审稿环节，终审之后书稿就基本定型了，所以终审编辑必须非常谨慎，以防出书成遗憾。

终审工作顾及初审、复审的全部工作要求，断然纠正一切差错，凭藉更扎实的文字基础、范围更广的知识结构、更高的学术水平和编辑技术、更敏感的纠错意识、更强的政治素质和政策水平，保障“出书不出问题”。

终审编辑重点关注防止出现政治性差错，同时顾及学术、艺术、文化品位等重要方面。

终审编辑要严格地指出初审、复审中存在的问题，解决所有的疑难杂症，使初审、复审、终审成为一种合力。

7. 程序简化情况下的质量控制

程序简化不等于可以放松要求。相反，对每一个环节的要求应该更加严格，否则无法保证编校质量。要想控制质量，必须执行以下几个方面的措施：

(1) 实行退修、退审制度。

无论在哪一个审稿环节，只要发现以下问题之一，编辑就应该执行退修制度，将书稿退回作者去认真修改：

① 书稿在总体上存在结构性缺陷；

② 书稿从头到尾都存在语句表述方面的问题；

③ 书稿体例不一致，著述格式混乱；

④ 书稿从头到尾都存在标点符号使用不当的毛病；

⑤ 注释格式或参考文献著录格式不一致；等等。

退修的目的是提高书稿质量，凡属于作者应该做好的工作，编辑不必越俎代庖。如果作者没有能力按照编辑提出的要求修改书稿,则应另请人修改。

在审稿流程中,如果复审编辑发现初审的工作不合格,或者终审编辑发现初审、复审的工作不合格,则退回重审。不合格的现象是指:

① 政治倾向有问题;

② 知识性差错过多;

③ 引文错误过多;

④ 审读连续3万字时,已发现差错率超过万分之一;

⑤ 发现执行上一道工序的编辑未曾认真审稿。

在出版机构内部,退审既是为了保证审稿质量,也是为了保证编辑工作中的严谨作风。

(2) 规范操作行为。

书是一种精神文化产品,其他出版形式也一样。虽然出版物内的一般性差错或许不会造成巨大损失,但毕竟也会引起读者的不满,影响读者对知识的接受,并且影响出版机构的声誉。有些方面的差错可能会造成比较严重的后果,例如药品剂量的数字错误,工程技术方面的数据错误,教材、教辅书里解说不正确或答案错误过多。政治问题上的失误,可能会造成恶劣影响,有时会带来难以挽回的损失,例如伤害民族感情,引起外交纠纷,误导舆论和民意,等等。凡戏说历史者,会造成读者对历史的误解。

因此,在审稿过程中严格执行规范的操作是完全必要的,编辑切不可掉以轻心。任何一种随随便便、马马虎虎、不以为然的态度都是不可取的。在许多情况下,严格按照规范行事,也是从业人员敬业精神的表现。

编辑和校对工作都有"国家标准"和"行业规范",而在许多细节问题上,如果没有具体的国家标准和行业规范可以作为依据,则应参照出版机构"内部制度规定"。国家标准、行业规范、内部规定三者构成编辑审稿的规范体系,是防止出现差错的重要依据和可靠保证。

"草草了事"是编辑工作的大忌,而"精益求精"应该成为业内人士共同恪守的座右铭之一。

(3) 建立严格的制度,保障编校质量。

严格的制度是保障出版物质量的必须措施,没有制度即没有规矩,缺乏制度或者虽有制度但不严格执行,会使许多事情劳而无功。必须用制度来纠正惰性和不负责任的态度。

编辑部门有以下几项保障编校质量的制度:

① 严格遵守审稿制度和完备的发稿手续制度。在编辑审稿流程中的每一个环节,都必须将工作要求看作一种制度,谨防疏漏审稿程序,不可马虎行事,必须杜绝偷懒现象和审稿不认真的错误态度。发稿手续中包含的"审稿意见"与"审稿记录表"是对编辑审稿工作的真实反映,必须存档。审稿记录存档也是一种制度。存档的记录既是对编辑审稿工作的证明,又能在可能的情况下作为依据,甚至是作为法律依据。

② 检查每一个审次的编校质量,并执行退审制度。如前所述,复审对初审、终审对复审还需执行编校质量检查,即检查是否还存在重大差错,编校质量是否已符合标准。若发现有重大的政治性或知识性差错,或从总体上分析,差错率超过了许可的标准,则无论在什么情况下,都应该做退审处理,切不可熟视无睹。

③ 坚持质检制度。为保障书稿编校质量,有必要建立并执行严格的质量检查制度。质量检查工作可以分为以下3种:

• 印前编校质量检查。由编辑部或专门的质检部门安排质检人员,在终审之前或终审之后，对最后的校样做抽样审读，以判断编校质量是否合格。在印刷之前，对每一本书稿校样都必须实施质检。

• 印后编校质量检查。对已出版的新书做编校质量重点检查，主要针对重点书、政治读物、教材、教辅书、科普读物、文化普及读物、医学、工程技术类著作、少儿读物，等等。若发现编校质量问题严重，则应该采取必要的纠正措施。

• 年度编校质量检查。出版单位每年必须对每一个编辑的编校质量做抽样检查，对每本受检查的当年新书按规定做连续10万字(或全书)的仔细审读、检查，判断是否合格，并采取相应的改进措施。

编校质量检查也属于编辑的审读工作范畴，印前编校质量检查由出版单位的编校人员担任，印后编校质量检查由出版单位执行自查，或由上级部门组织检查。

图书编校质量检查是出版业的常规工作。其类型有常规检查、专题检查、年度检查。“常规检查”要求各新闻出版单位对每一份出版物作质量自查。“专题检查”由新闻出版广电总局、省市新闻出版局、教育部布置，对具体门类图书(例如教辅书、少儿读物、通俗文化读物)分别抽样检查。“年度检查”由省市新闻出版局组织，各出版单位作年度质量检查，并上报检查结果。同时，省市新闻出版局组织对各出版单位作抽样检查。

执行编校质量检查之后，应该写出质检报告。质量检查报告分为两类：(1)综合质检报告(对一批书的编校质量结果作综合情况报告和质量情况分析)；(2)单品种质检报告(对单个品种的质量检查和各种存在的问题作归纳和分析)。

质检报告应该包括以下内容：

• 叙述被质检文本的状况；

• 叙述检查范围、检查过程和检查方法；

• 报告检查结果；

• 根据质检结果的具体情况做归纳分析；

• 提出相应的提高质量的建议和方法；

• 列出质检记录(页/行/错误/订正/备注)。

比起上述各项做法来，更重要的是“编辑个人自查”，即在书刊出版后，责任编辑自己从头到尾仔细检查一遍。此举往往能使编辑发现先前审稿过程中的疏漏之处。编辑人员对“新书上的差错”要作仔细分析，找出留存差错的原因，以利于总结经验教训，提高自己的工作水平。

常言道，“质量是产品的生命”。出版物的内容再好，假如编校质量不合格，就意味着编辑工作的失败。

目前我们国内的出版物，推而广之，凡是在出现文字的地方，由于差错率高而造成的乱象，是人们不愿意见到的。但是，事实上大部分出版物都存在着或多或少的文字错误，各类媒体上文字差错泛滥。因此，通过编校质量检查而督促出版单位和编校人员提高文字质量意识，从而改进工作，这是我们目前和今后很长一个时期的重要任务，更是我们的职责所在。

在具体的编校质量检查工作中，不光要注意明显的错别字，还要注意语句、语法、逻辑的差错，内容差错，事实差错，常识差错，政治错误。当然，标点符号和版式也是应该重视的对象。这一切都源于出版工作者须臾不可忘怀的根本理念——好好做书，做出好书。

④ 奖惩制度。建立并实行对于编校质量的奖惩制度。对编校质量优秀的编辑应当奖励，而对编校质量不合格的编辑应当提出批评，并作出相应的处罚。实行奖惩制度，在目前全国出

版物编校质量普遍下降的情况下是十分必要的。

(4) 编辑的终身学习(长期不断的培训、进修、自学)制度。

目前出版业的编辑人员虽然普遍学历较高,很多编辑还拥有高级职称,但是出版事业对编辑这门职业本身的要求很高,无论是对编辑的相关学术领域专业知识的把握程度,还是对编辑的专业知识和技能的娴熟程度都提出了相当高的标准,因此需要编辑与时俱进地不断进修和提高。

再者,由于种种原因,有相当一部分编辑人员的文字基础还很不扎实,知识面又较窄,政治上很不成熟,这些缺点都是由于现行的基础教育和高等教育的缺陷造成的。现行的教育制度中最大的弊病是将学校教学变成了考试培训,实在后患无穷。当学生毕业后进入编辑行业,这些缺点必然变成工作上的障碍。

即使曾经努力学习过,但是一个人的知识结构毕竟是有限的,而语言文字的博大精深,也往往使编辑在面对书稿时难免显得捉襟见肘。学术的进步、文化视野的不断拓展,使知识界的著作越来越丰富多样,所以,为了能够完全胜任编辑岗位的工作,为了不断适应新的要求,作为编辑,必须有一种终身学习的愿望,而出版机构也应该为编辑提供完善的终身职业培训。

二、编辑审稿实务范畴

1. 审读书稿

对一部书稿,责任编辑应该审读 4 遍: 预审、初审、校样审读、付印样审读。

为何强调责任编辑要先后审读 4 遍? 这种工作规范缘自两方面的原因。

首先是作者的原因:

(1) 作者在写作时全神贯注于表述思想和组织修辞,却往往会疏于注意是否写错(或者打字输入错)了字。

(2) 一个人在平时用文字表达思想时,总是使用自己习惯的写法,而以往书写的字、词、句中有错误,却因为多次重复书写而自认为是“正确的”。但是别人却能一眼看出它的错误所在(例如:“你值得拥有”“凯旋归来”“亲眼目睹”“涉及到”)。正因为如此,才需要有专业的编辑来帮助作者纠正差错。

(3) 用电脑打字,常常会打出大量错别字。打字错误主要包括两大类:“五笔字型输入法”产生的“近形错字”(例如: 折、析、拆,荀、苟,晝[昼]、畫[画]、書[书]);“汉语拼音法”产生的“同音错字”(例如: 将“祈祷”错打成“起到”,将“由”写成“有”,将“世间”写成“时间”)。

作者在交稿之前若不一字一句地仔细校订,那么差错就可能大量出现在“白纸黑字”上。

其次是编辑的原因:

(1) 编辑自身的文字能力有限,未能读出书稿中的文字失误。

(2) 编辑同作者一样,也有自己在文字方面的许多盲点,所以往往也会认“误”为“正”——将有差错的文字看作正确的文字,因此未能准确辨认。

(3) 编辑审稿时的疏忽,或者并未认真审稿。

按照工作规范,责任编辑之所以要审读 4 遍,是因为自身能力和经验的局限,仅凭一遍审读,可能会遗漏许多处差错(有时候书稿本身差错较多,也是导致编辑漏审的原因之一),况且在审读时,要同时注意发现和纠正前述“责任编辑初审应该做到的规范步骤”一节里提到的 19

种以上的差错，难免顾此失彼。所以每多读一遍，都能更多地发现先前未曾注意到的各类差错。

为了达到审稿工作的要求，编辑人员一不可懒惰，二不可推卸责任，三不可安于无知。

另外还应当注意，责任编辑在这 4 遍审读中，"预审"和"审读付印样"这两个环节可以用"通读"的方式，但是"初审"和"校样"这两个环节必须是一字一句"细读"。

在责任编辑初审之后，复审编辑应该尽量读出初审未能发现的差错。在复审编辑审读之后，终审编辑应该尽量读出初审、复审未能发现的差错。编辑之间的通力合作至关重要。

除了发现和纠正差错，编辑审稿的另一项主要功能是"慧眼识珠"，发现书稿与众不同的优点，并且作出肯定。编辑发现了书稿的亮点，就能判断书稿的价值，知道该如何去评论、推介。读到好作品，乃编辑之幸运。

2. 与作者沟通

与作者之间的必要沟通包括三个方面：预审时的沟通、审稿过程中的沟通、就新书宣传要点同作者沟通。

除非书稿完美无缺，文字无可挑剔，编辑审读一遍就可以通过，否则，编辑在审稿过程中应该及时同作者沟通，交换意见，商讨修改方案。

在预审结束后，编辑应将对书稿的总体意见告诉作者。大多数作者都是谦虚而且通情达理的，会采纳编辑的意见。如果编辑说错了，作者也会指出。(当然，编辑的意见必须是"言之有理"的。)也有的作者比较自负，好面子，容易固执己见，或者"耍大牌"，不肯修改书稿。遇到这种情况，编辑要耐心说服，坚持原则，平等协商。倘若无效，则可报请总编辑出面同作者谈谈书稿里的问题。

在初审阶段，编辑宜随时就审稿中发现的问题同作者沟通，交换意见。复审和终审的意见由责任编辑集中转告作者。有一条原则切不可忘记：凡是发现书稿中的观点、内容方面的差错，编辑可以向作者提出建议修改方案，但是必须由作者自己改定，否则可能会产生矛盾，或者造成著作权方面的纠纷。

在审稿过程中，编辑要根据书稿内容中的重点和亮点形成想法，为新书出版后的营销宣传提供简明扼要的文案。其中关于学术观点、艺术创新、叙事风格等特点，编辑应该听取作者的意见，以做到准确宣传。编辑还可以为自己审读的书稿专门撰写书评。

3. 处理编务

"编务"指与编辑工作相关的各种事务，包括：完整的编稿、发稿手续，关于版面设计、装帧设计的建议，应对质量检查，处理稿酬或版税，等等。

(1) 除了审读书稿之外，责任编辑还必须履行完整的发稿手续，认真地、准确地填写"审稿单"(记录审稿过程和审稿意见)、"审稿记录表"(记录差错与修改方案)、"发稿单"(填写各种发稿数据)、"书稿介绍表"(简要介绍书稿内容)、"CIP 数据表"(报告各种数据，向国家新闻出版署申请出版许可)，等等，因为这些资料和数据只有责任编辑才清楚。

(2) 责任编辑要决定图书开本的大小；对装帧设计(包括用纸规格、封面设计、整体装帧、版面要求)提出自己的看法，以使其美观并体现一种风格；提出封面设计思路，供美术编辑参考。在多数情况下，因为编辑熟悉书稿内容，所以提供的建议能使美术编辑设计出画面贴切、能生动反映书稿主旨的封面，取得预想的艺术效果。否则，单凭书名寥寥几个字里包含的信息，常常使设计结果单调、机械、直白，难以反映出核心概念，也难以产生艺术感染力，而封面效果常常会决定读者在选购图书时的取舍。

(3) 编辑应该认真对待质量检查的结果。若在印前发现差错率高于万分之一,就应当重新审读书稿。若是在成书后接受质量检查,则无论被查出多少差错,都要订正所有的差错,在重印前备好修改本。

其他的相关事宜,包括处理读者来信等,都应该认真完成。

4. 提出营销建议

在营销方面,编辑除了提供必要的宣传、评论等文案之外,还应当根据图书的特点,就图书的推广方式、目标市场的确定等方面向营销部门提供积极的建议。

三、对编辑工作的专业素质要求

多年来,勤恳地耕耘在编辑工作实践领域的几代编辑人员同其他学术专业的学者一样,努力探索编辑与出版的专业工作规律,确定本专业的学术方向,在此基础上也规定了对编辑工作的专业素质要求。从某种程度上说,这一职业岗位规定了编辑(尤其是业务水平高的编辑)应当在以下几个方面高于作者,或至少不亚于作者,不然,何以有资格审读作者的书稿?事实上,在我们的编辑史上,有许多优秀的编辑本人就是出色的学者、作家、翻译家,经过他们之手,作品更臻完美。

1. 正确的政治立场和职业性的政治敏感能力

亚里士多德说,人是政治性的动物。我们的生活无法离开社会政治。人们有时无意参与显性的或隐性的政治活动,但是逃不脱政治的影响。现在总有一些作者,自身并不具备足够的政治修养,却喜欢随意地、任性地发表不负责任的政治性言论,这些言论出现在书里就是政治性差错。对此,一名优秀的编辑一定要坚持坚定的、正确的政治立场,凭扎实的政治理论素养和对政治历史、政治实践的严肃思考,辅以在审稿实践中积累养成的职业性的敏感,能分辨政治上的是非,尤其是一些大是大非问题。(关于这一话题,本书在后面第三单元作专章论述。)

出版是一种文化活动,也属于意识形态范畴,它必定具有政治性质。编辑要坚持的正确立场,是国家的立场。世界上任何一个国家的出版活动都受到国家主流意识形态的制约,无论奉行哪一种政治制度,概莫能外。编辑出版工作不是个人行为,所以,坚持正确的政治立场是对编辑工作最重要的素质要求,在这个问题上不能有糊涂观念。只有始终保持清醒的意识,才会具备政治上的敏感能力。

2. 扎实的文字基础

扎实的文字基础是做编辑的人的"本门功夫"。换句话说,扎实的文字功底是胜任编辑工作的最基本的条件。文字不过关的人不具备做编辑的资格。身为编辑,切莫做"南郭先生",滥竽充数混口饭吃。

所谓"功底扎实",指的是:

(1) 拥有较高标准的词汇量,并能准确运用。有专家认为:"就个人来说,掌握的词汇量越大,语文水平也就越高,受过良好教育的成年人,掌握的母语词汇一般都在 3 万条左右。"(张斌主编《新编现代汉语(第二版)》,复旦大学出版社,2008,第 236 页)身为编辑,如果掌握的字、词不多,就根本不能胜任编辑工作。所谓"掌握",指不仅识其音、义,而且能分辨怎样使用是正确的,怎样使用是错误的。

(2) 掌握语法规则。时下许多作者都越来越迷恋于用复杂的句式来表达模糊的思想,或热衷于用复杂的语句表达简单的思想,但是他们的表述系统(即使用语句的方式)却常常出问题,例如语序颠倒,句式错误,结构冗繁,缺乏必要的句子成分,在主语和谓语之间乱插逗号造成断句,错误使用关联词,语体混乱,等等。编辑应当有能力发现、指出和改正这些错误。

(3) 熟谙修辞规范、语体风格、遣词造句规则。

(4) 具备较好的综合运用语言文字的能力,例如写作能力、翻译能力。

(5) 与作者不同的是,编辑更应该具备善于分辨语言文字正确与错误的较强能力和较高水平。这是由编辑工作的特性所要求的一种特别能力,其标准是能一眼看出常见的文字性差错,达到高级水平时还应能立即看出生僻文字的差错。

3. 深厚的专业修养

这里所说的"专业修养"指两个方面:(1)人文、社会学科或科学、技术学科的某一种专业;(2)编辑出版专业。编辑专业的与众不同之处是将这两门专业合成一门专业。

受过高等教育的编辑本身都有自己的学科专业背景(例如中国语言文学、历史学、哲学、政治学、经济学、法学、新闻学、外国语言文学、天文学、地理学、管理学、数学、物理学、化学、生命科学,或各类技术学科,等等)。所谓学科专业修养方面的"深厚"程度,意味着应该十分熟悉某一学科的知识基础(基本概念、基本范畴、基本原理、基本方法)、发展史、前沿课题、研究范式,以及话语逻辑。若能在编辑工作之余从事学术研究或艺术创作,则更有利于做编辑工作。

既然投身编辑行业,那么就必须具备系统的编辑专业知识,并且懂得出版技术、营销、成本核算、出版管理等方面的应有知识。要积累编辑业务方面的经验,经验越丰富,编辑工作就越熟练、顺当。对待编辑工作要精益求精,不断总结编辑工作的规律,思考编辑行业的现状和发展趋向,使自己的能力和水平日益提高。修养至深的人,不追求职称和职务,只追求水平;不追求荣誉,只追求实绩;不追求个人利益,只追求集体事业成功。若能有此等胸襟,可谓进入很高的境界。

编辑的专业修养表现在以下几个方面:

(1) 能对书稿的优劣、价值做出迅速判断。

(2) 对文字性差错具有"职业敏感"能力。处理文字时能准确到位。凡经手的书稿,编校质量达到优良级别。

(3) 熟悉工具书,使用时得心应手。

(4) 熟悉古今中外经典名著。

(5) 有质疑能力,善于提出核心问题,能帮助作品从平庸变卓越。

(6) 能用简练的文字一针见血地归纳鸿篇巨制作品的特点、优点、缺点。

(7) 面对文字性质的难题,总有办法使之得到圆满解决。

(8) 力争成为"学者型编辑",自己学有专长,审稿时底气更足,提出的见解和意见就更有分量。

4. 博学知识

多年来,高等教育的专业化越来越趋于细碎化,而功利化的倾向也越来越明显,导致学生的知识结构发生很大的偏差。当他们进入编辑行业时,立即面临窘境,学过的知识不仅远远不够用,甚至有不少已经忘记。

任何一门专业的知识深度都必须由知识结构的广博程度来支撑,而编辑这门专业尤其如此。当编辑面对一部书稿时，实际上面对的是里面涉及的多种知识，况且一名编辑要审读的不是一部书稿，而是很多部书稿。换句话说，编辑的职业生涯意味着要审读多种门类的知识。为了应对这一方面的工作要求，编辑工作者必须具备博学的知识，才能对付当今这个所谓“知识爆炸”的时代。如今的作者与过去的作者不一样，很多作者不再信奉“文章千古事”和“落笔千钧重”，越来越多的作者喜欢显示自己的博学多才，因此从概率角度来说，书稿中越来越多地出现知识性差错，这就对编辑的知识储备量提出了更高的要求，实际上也是一种挑战。

对编辑的知识储备量的要求，并非要求编辑掌握世界上所有的知识，而是根据编辑工作的要求，尽量拓宽自己的知识面，“上知天文地理，下知鸡毛蒜皮”，各类知识多多益善。

博学知识是编辑的资本。没有这种资本，编辑工作就很难做好。对“博学”的要求可以从两方面来看：一是经典，二是杂学。业内既有对“学者型编辑”的追求，也有“编辑应当成为杂家”的说法。后一种说法虽然不全面，但也有一定的道理。也许更好的说法是“既专又博”，这也是编辑与作者的不同之处，或者说，是编辑超过作者之处。

5. 丰富的编辑经验和娴熟的编辑技术

所谓编辑经验，是指编辑在长期的工作实践中，遇到各种问题，解决各种问题，将点点滴滴的经验和教训汇聚起来，将解决问题时采用的方法及其成败作为思考对象，不断地检验，积累起“编辑”这一概念下的各方面专门知识，并形成运用这些知识的独特经验和眼光，来完成工作目标。

编辑这门专业不是理论专业。它是一门实践性很强的专业，由于它“不属于某一个学科，却要面对所有的学科”这样一种特点，所以它的专业性穿透一切学科中的共性要素，在表面的服务性质之下隐藏着不折不扣的指导性质。懂得了这一条，就掌握了编辑经验的关键。

所谓编辑技术，除了审读书稿时纠正差错的具体方法之外，还要熟悉编辑工作的规范和规定，懂得如何正确编排书稿，调整书稿结构，能熟练地统一体例，例如统一章节体例，统一版面格式，统一参考文献著录格式，统一注释方式与格式，等等。

四、审稿工作的五条基本原则

综上所述，引出导向对编辑工作目标的一些主要规定。大致说来，编辑在审稿时应当掌握五条基本原则。

1. 必须纠正政治性差错

出版社和编辑必须持守正确的立场和观点，世界上没有哪一个国家(例如美国、德国等)在意识形态上是真正“自由化”的。从事编辑工作的人具有双重身份：(1)作为个人；(2)作为编辑。编辑在个人思考政治问题时可以有自己的看法，但是在编辑工作(选题和审稿)中必须牢记自己的角色，站在出版社的立场，亦即国家利益的立场，中央政府指明的立场，态度必须鲜明。编辑工作就是纠正错误的工作，编辑审稿，就是要保证出版物里不出现政治性差错，尤其要防止出现严重的政治性错误。作者的政治观点不一定是对的。凡是错误的立场、观点、提法、用词，一律要改正。否则这类错误出现在“白纸黑字”中，将产生无法挽回的政治影响，甚至是严重的政治影响。一旦发生这类错误，出版单位和相关人员对此要负政治责任。有一句话是编辑工作者必须牢记在心的：虽然思想有自由、学术有自由，但是出版有纪律。

“自由”是相对的、有限的、不妨碍他人的。宪法规定的言论自由和出版自由并不是绝对的自由,也不是无限的自由。再者,言论自由和出版自由也是要有水平的,如果让没水平的胡言乱语获得了自由的出版,岂不是在破坏文化?编辑的严格把关,正是为了使真正有水平的言论(知识和真理)获得出版的自由。有些作者喜欢在书稿中说一些政治上出格的话,却又拾人牙慧,用别人的错误言论来充填自己的篇幅,从头至尾处处可见别人的文字。如果这样的篇什也算是出版的自由,岂不是亵渎了出版?

2. 必须纠正学术性和知识性差错

学术著作和知识读物,乃至文艺作品和科技作品,甚至技术性文本,都可能存在学术性的或知识性的差错。审读书稿,背后牵动无数事实、无数知识。就一般情况而言,观点错误、事实错误、史料错误、逻辑错误等等,肯定会影响作品本身的质量,也会影响作者的声誉,更会影响读者对学术和知识的接受。编辑纠正差错,包括常识性的差错、史料错误、数据错误、引文错误等等,这是对作者的一种帮助。编辑还应当有一种责任意识,即帮助作者发现作品的不足之处,使之提升学术水平,变得更加完善。编辑应当记住:书是与网络不一样的载体,不是随随便便发表任何东西的地方,更不是发表错误知识的地方。

3. 有必要检查书稿结构和文字表述水平

编辑在审读书稿时,除了关注上述两条,还有必要审阅书稿(文章)的结构是否合理、平衡,有无内容错置、层次不清、次序颠倒、内容和文字重复、内容或文字部分缺失、言之无物等等缺陷。一旦著作思路或逻辑发生混乱,那么,纵使观点有价值,论述中有精彩华章,终究会使作品的写作归于失败。若发现书稿有这种问题,编辑就应当向作者指出,并就如何改进向作者提供具体建议。

作者的文字表述也是编辑应该关注的一个重要方面。思想的表述应该显示出准确、通顺、简练、优雅、前后连贯一致的风格特征。从语体到语句结构,从语法到修辞,其优劣将决定著作(文章)的成败。

4. 观察作品是否有新意

一部作品之所以值得出版,一篇文章之所以有发表的价值,主要是因为它提供了新观点、新方法、新材料、新的艺术风格等等。否则,如果重复别人多次写过的内容,新瓶装旧酒,实际上就不具备出版价值。编辑要解决书稿中老生常谈的问题,反对抄袭、粘贴。

5. 必须纠正错别字,规范标点符号,统一版式

书稿中出现的错别字,错误的或不规范的标点符号(有时会造成句读不合语法,产生歧义),版式不正确或不统一,这些都构成文字差错比较明显的一个方面,最容易造成整体编校质量不合格,甚至使书成为废品,也最容易遭人诟病。(相关的问题将在本书后面各单元的章节中分别详述。)

以上5条,是使出版物具备权威性、可靠性的保障。

五、编辑审读书稿的基本理念

审读书稿是编辑的基本工作,但是如果对审稿工作缺乏基本理念,就会失去工作方向。择其要者而言之,作为编辑,心中应该有以下几条不能忘记的理念:

1. 书的文字内容不应该有差错

这里所说的内容,同样指采用其他各种媒介形式(图像、视频、声音)所表达的思想。

用文字(或图像、声音、视频)形式出版作品,发表文章,其中的内容和文字不应该有差错,这应当是常识,也应当是共识,更是普天下的道理。我们每一个人在使用文字时都可能会出差错,但是我们每一个人也都知道应该随时纠正差错。身为编辑,对待文字和内容方面的差错不应姑息。

2. 有错必纠

身为编辑,决不能认同审稿中的马虎了事、敷衍态度,不能觉得出一些差错是无所谓的事情。如果抱着这种态度,那无异于看不起自己的工作,而职业的价值也荡然无存。"有错必纠"是编辑的工作原则。纠错是"对事不对人",不是跟作者过不去,而是跟差错过不去,是将作者当朋友,视差错若敌人。

3. 图书产品质量是出版社的生命线

近年来,除了少量的畅销书品种以外,大多数新出版的图书单品种销售量持续下滑,业界对此有许多抱怨,例如,埋怨现在的物质社会对人的诱惑太多,人都变得不爱读书了;埋怨现在出书品种太多,读者在选择时无所适从;埋怨网络阅读冲击了图书阅读;埋怨应试教育使学生和家长只买教辅书,不买课外读物;诸如此类,不一而足。当然,批评编校质量的意见也时有所闻。

说"图书产品质量是出版社的生命线",并非言过其实。身为编辑,当反躬自问:我们的书值得读者买吗?我们的书值得读者读吗?如果我们出版的图书是精品,喜欢看书的读者会不买吗?如果图书编校质量很差,错误百出,那么不仅上级会查处,读者也不买账。假如读者都不买书了,那么出版社离关门的日子也就不远了。

4. 好书是编辑改出来的

编辑审稿的逻辑起点是:

(1) 设定书稿内可能有各类差错。笔者从事编辑工作37年,经手的书稿不下三四千种,从未见过没有任何差错的书稿。而近年来的实际情况是,书稿往往到了终审阶段还存在许多差错。

(2) 尽力寻找差错,纠正差错。编辑对文字要敏感,不能迟钝。要善于识别内容差错和文字差错。要分得清字与字之间、词与词之间的差别。即使是"手民误植",也是硬伤的差错——因为无可否认的是:"输入"就是"写";"输入失误"就是"写错";手指+键盘=笔。

先前我们常说:"好文章是改出来的。"这指的是作者在写作时反复修改,千锤百炼,精益求精。编辑界也爱用这句话来指另一种意思,即编辑用智慧劳动来提高书稿品位而取得的成就,期间充满着敬业精神、认真态度和自豪感。然而,如今也有编辑朋友不以为然,认为好书只是作者写出来的,即使有错,也由作者文责自负,与编辑无关,编辑不必一字一句去审改。事实上,业内一部分编辑不屑于伏案审稿,他们只想做"策划",不愿意在文字工作方面下工夫,结果不免眼高手低,反而丢掉了看家本领,或者根本就未曾练就基本功。

有谁敢说"书稿不用编辑修改"?时下有很多作者的学术水平、理论能力、文字功夫都不能尽如人意,又有很多编辑的理论见识、知识积累和文字功底都不过关,以致造成"无错不成书"的令人不满的局面。差错率万分之一以下便算合格的尴尬标准,乃是面对现实的无可奈何之举。仔细想想,我们是否内疚?

一旦作者不再坚持"文章千古事"的道德准则,信口开河,落笔随便的习气便会愈演愈烈。为此,面对一部处处瑕疵的书稿,哪怕它学术水平再高,或者故事情节再吸引人,编辑是不可以

“无为而治”的。编辑替作者纠错，是一种为了“做好书”的神圣职责。尤其是名家的书稿，经过编辑的审稿纠错，就能成为名著精品，反之，就会落下莫大的遗憾。我们坐在编辑的位置上，有错必纠，助名家一臂之力，方显无名英雄本色。

在世界各国的出版史上，都不乏经过编辑修改而使书稿成为大放异彩的作品的典型例子。

案例 1-4：《傲慢与偏见》的编辑修改

英国 19 世纪著名女作家简·奥斯丁(Jane Austen)的代表作《傲慢与偏见》(*Pride and Prejudice*,1813)是一部经典作品，出版后两百多年来备受称赞，小说的优雅文笔和精确修辞尤其受到英语专业教师们的推崇。但是牛津大学英国语言文学教授凯瑟琳·萨瑟兰研究了简·奥斯丁的大量手稿，发现其中的文字风格远不如出版稿中那样精雕细琢。手稿中语言谬误甚多，标点符号错误不少，说明她的写作并非完美。奥斯丁小说的特色是精心断句和警句式的语言，但是手稿里并未显示这一特色。研究的结果是：天才的编辑威廉·吉福德在审稿时对作品做了大量的修改和润色，增写了许多优美的文字。经典是这样炼成的。(参见欧飒[新华社特稿]，载《新华每日电讯》2010 年 10 月 27 日)

5. 编辑审读书稿的经验是“选题策划”和“市场策划”的基础

身为编辑，假如没有审读过大量书稿，没有经验，那么对于策划什么样的选题会心中无数，面对书稿时也不知道如何判断，不知道该下何种结论，很难对作者提出指导性的意见，而且也不会懂得某个选题应当如何针对市场，实现销售目标。即使策划了选题，策划了市场销售策略，也很可能产销不对路，难以真正达到社会效益和经济效益双丰收的目标。

六、网络出版环境中的文字编辑

据称，2014 年“中国人的电子书总阅读量已经超过 14 亿册”。但是更值得注意的是，当前的新媒体阅读显现“跳跃化、碎片化、缩略化”的特征，有识之士呼吁新媒体要“传播优质读物”。(《文汇报》，2015 年 4 月 1 日，第 1 版)

由于越来越多的人在通过互联网阅读，尤其是年轻人喜欢这一新载体的阅读方式。如果要能够选择阅读“优质读物”，那么，编辑工作就是使内容优质化的关键。新媒体不可缺失内容和文字的编辑，而且必须是严格意义上的编辑。

进入“互联网时代”和“信息时代”，读者欣喜地发现可以在瞬间获得海量的信息，然而由于传播方式的自由化，网络所缺失的是对信息的鉴别和把关。网络是一个“平台”，网站类若出版机构，但是由于它的传播方式是自由上传、自由检索、自由阅读、自由下载，使之形成“出版自由”的另一种模式。相对于经过严格审稿后才发表的书刊文章作品而言，由于网络上传的信息不像传统媒体那样经过审读把关，就不可避免地造成网上信息在总体上的几大弊病：

(1) 面对瞬间获得的海量信息，需要花费大量时间和精力去寻找和搜集所需资料；

(2) 所得信息不一定能符合检索目的；

(3) 信息错误，不符合真理或事实；

(4) 信息不具备权威性；

(5) 存在大量的文字性差错。

总之,是“没有经过编辑把关”。这种“多错讹”“无编审”的情况,造成上网咨询不能作为编辑审稿的权威依据。

网络环境、数字化出版、电子书阅读器等等,说到底只是技术工具,不能被忽视的是文章编辑和内容审读。在目前的情况下,须注意文本上传到网络之前应该有严格的审稿和校对,上传网络的文本应该是经过审校的文本。未经审稿把关的网络出版是不负责任的出版。网络环境的编辑的功能和价值体现在(1)选择优良的数字化读物;(2)经过认真的编辑加工。因其受众是无限的,这两点尤其重要。

传统的纸质书出版业之所以有编辑,一是为了筛选出真正的好作品,以奉献给读者;选题把关不是“限制出版自由”,而是将自由权授予优良作品。二是为了通过审读,发现差错,加以纠正,以免错误的“知识”被人信以为真。

网络是自由的,但要谨记,不可根本不顾文字严谨、事实准确的要求,将网络环境当作街头“大字报、大批判专栏”和“公共厕所”。优秀的网络出版应该像传统媒体一样,有严格的、规范的编辑工作。这样的编辑工作有以下几个关键词:

(1) 选择(即筛选出有价值的信息,求精优先于求多,类似传统媒体的“选题”。从鱼龙混杂的无数稿件中筛选出真正有价值的文化精品)。

(2) 编辑(即审读文字,关注内容和文字的准确性)。

(3) 更新(及时删除无用的和滞后的信息)。

(4) 责任(即编辑的把关意识和审稿的责任心)。

(5) 道德(坚守道德的底线,杜绝一切不良信息)。

目前,数字化出版有了多种形式,而且发展的速度很快,但是各种弊病也随之产生。为此,针对内容质量和文字质量的编辑工作是绝对不可缺失的。

在互联网时代的数字化出版中,编辑人员的工作扩展到数字化产品的开发、运作、维护和营销,然而在内容产业的范畴,审稿实务从传统出版业单一审读文字功能扩展到对文字、图像、声音、视频、应用软件的审读,但是审读的标准和方法依然是一样的。

附录 1: 政策性文件研读目录

《中华人民共和国著作权法》

《中华人民共和国国家通用语言文字法》

国务院《出版管理条例》(2011 年 3 月)

《出版工作者条例》

新闻出版总署 2011 年 5 月关于图书编校质量检查的两份文件:《图书编校质量检查办法(试行)》《图书编校质量检查工作解读》

附录 2: 建议阅读书目

建议通读《新华字典》

建议通读《现代汉语词典》

选读具有权威性的高等院校中文系的“现代汉语教程”一种

选读具有权威性的高等院校中文系的“古代汉语教程”一种

第二单元　审读书稿的一般方法与技巧

编辑审读书稿的明确目的是：防止出现政治性差错；确保书稿学术水平、知识水平和写作水平达到出版要求；通过编辑审读和修改，修正书稿结构体系；尽量减少文字差错；使书稿编校质量符合标准。

编辑审稿的方法和技巧并非单纯技术性、工具性的手段，而是以“文字能力”“专业水平”“博学知识”和“实践经验”为综合基础的特殊的专业素养和能力。这种特殊的专业能力就是编辑工作者的才能与水平。

上述 4 个方面都需要编辑在工作实践中长期认真积累经验，并且应该作为编辑的终身学习和修炼的内容范围。如果缺乏这 4 个方面的基础，那么在面对书稿时必定茫然无知，无法判断书稿优劣，既不知道书稿错在哪里，也不知道怎样将书稿改好。

审稿工作需要编辑全身心投入。必须严格处理内容和文字两方面的差错，对任何差错都不可姑息，更不可采取听之任之、袖手旁观、不负责任的态度。

编辑审读书稿是一种十分辛苦的劳动，但是，有付出就会有收益。对于出版单位，编辑的贡献使出版社获得成功。对个人来说，最大的收益就是编辑能从中极大地提高自己的水平，升华自身的素质。在改稿过程中，需要查证史料、数据、事实、文献、诗词、成语、字形，就是编辑学习新知识、提升自己学术能量的机会。10 年、20 年、30 年，百炼成钢。“腹有诗书气自华”，优秀的编辑是与众不同的。如果编辑不愿意付出辛苦劳动，结果必定无所收获，工作也就失去价值和意义。

一、审稿的基本要求

编辑在开始审稿之前，在对书稿的基本要求方面应该有什么思想准备？切忌若无其事，或者懵懵懂懂,不作任何思考。以下是编辑在审稿之前应该顾及的基本要求,其中也包含着一些重要原则。

1. 面对书稿,需要重点关注的主要有以下几个方面

(1) 学术书稿有没有创新观点,研究方法是否合理,结论是否正确?文艺作品的新意在哪里,表现手法有无创新?一般文化读物的内容是否适合目标读者,是否具备丰富的、准确的知识?作品的出版有何意义?

(2) 书稿结构是否合理?如果不合理,应该怎样调整?书名与书稿的主体内容是否一致,是否文不对题,是否大题小做或者小题大做?对水分太多的书稿,应该如何发现其中无用的内容并使之“瘦身”?

(3) 作者的叙事能力(或论述能力,或创作手法)如何?对此应该做何种评价,以及应该如何处理?

(4) 作者的文字基础是否好?如果作者的文字基础较差,那么编辑的处理方法是什么?

这4个方面是对一部书稿的宏观考量,是编辑对审读一部作品的总体思考。凡是优秀的编辑,对每一部具体的作品都必定有这样的总体思考,并且在审读和编辑加工结束时,在“审稿小结”中做出明确的概括。

编辑审稿的要义就是“大胆质疑,小心求证”。“质疑”是编辑的天性,“求证”是编辑的本事。从上述4个方面来考量一部作品,这是对出版物质量的要求,因此,切不可不管不顾,结果做出如行业内所说的“烂书”来。

2. 对各类作品的具体要求

优秀的出版机构对各种作品类型有上述4点共性的要求,也有针对不同类型出版物的不同的标准。针对各种类型的作品,根据特殊要求,应该有不同的期待。

(1) 学术著作——任何一部优秀的学术著作,都应该达到以下几项要求:①选题具有重大理论价值,能填补本学科研究的空白;或提出新的学说或系统理论观点,使研究取得突破性进展;或提出新的研究方法,使研究有了新的角度;或对重要领域或重要问题做出系统描述、分析和概括,总结出规律性认识;或通过新的系统论证,丰富和发展了某种重要学说。②阐述全面、精当,知识结构系统完整。③理论前提科学,概念明确,逻辑严密,资料准确、充分,研究方法科学、适当。④引证规范,所有的引用资料、观点来源清楚。

(2) 教材——在审读一部教材的书稿时,需要与同类教材比较优劣,特别应当重视手中的书稿是否属创新种类(即:理论创新、教学体系创新、教学方法创新、教学内容创新),或者比其他已经出版的同类教材高明在哪里。“创新”和“高水平”是最充分的出版理由。教材的内容体系应该是严谨的、完备的,符合教学要求。其中的每一个单元都应该由内容丰富的各个部分组成。在体例方面,各单元之间应该基本一致,做到全书统一。教材内容应该体现“基础”“方法”和“新意”。教材里尤其要注意防止出现知识性的错误,否则会被读者指责为“误人子弟”。另外,最不可忘记的一点是对教材内容的选择要适当,不可违背事实与常识,不能违背各种政策与规定,也不可违背道德原则。

(3) 文化读物——文化读物各种各样,但是不管哪一种,总体要求是应该主题明确,叙事精当,知识准确,文字流畅,文笔优雅。防止信笔乱写,将道听途说或来源有问题的材料当作事实。文化读物应该具有道德教育、文化启蒙、怡情养性、丰富知识等功能,坚决反对题材、细节、语言、态度等方面的庸俗、粗俗、恶俗。

(4) 文艺作品——文学和艺术作品是形象思维的创作，一般都应该具备下列艺术上的条件：内容新颖，风格独创，情感真实，叙事或表达生动、通顺，形象描绘鲜明，文字准确。

(5) 翻译作品——对翻译作品的翻译质量的判断，应该同那些时髦的"翻译理论"无关。翻译不应迎合读者，不能给读者一个假作者，一部变了样的作品。翻译是让读者了解并理解原作品的文化，而不是让译者去迎合读者的"文化"。编辑对翻译书稿的审读，理应对照原文。编辑对自己不熟悉的文化知识和文字知识不可以忽略，应该勤查工具书和参考书，或同专家讨论，求证准确的翻译法。对文艺作品的译本，应当考察其是否符合文学的和艺术的标准。

(6) 辞书和学术工具书——辞书和学术工具书所编订的内容都应该是权威的、准确的知识。辞书的书稿应该体现出体例的科学性、知识的准确性、文字的简洁性、内容的稳定性、词条范围的涵盖面。编辑审稿时要有一丝不苟、字斟句酌、作风严谨的精神。

(7) 外文著述——对中国学者的外文著述(专著、论文、文化读物等)，要注意几点：①防止出现政治性错误；②防止抄袭；③内容准确；④文字准确，没有语法和文字等方面的错误。编辑对外国作者的外文书稿或已经出版过的外文著作，也应该严格审读，纠正意识形态偏见和错误，以及内容、事实、语言文字方面的差错。千万不要以为"外国人写的外文不会有文字错误"，或者认为某位"权威"所著、译的外文不会错。要特别注意外文著述中的意识形态偏见和恶意攻击中国的文字，决不能让它们出现在我们的出版物里。

(8) 科技著作——科学技术类的专著、教材、普及读物是传播科学技术知识的载体，编辑对这类作品的审稿，特别要小心其叙事是否规范，事实是否准确，数据是否准确，概念是否清楚，用词是否正确，注重查证、核实，切忌粗心。要防止书稿语句表述错误、概念模糊或产生歧义。

(9) 古籍整理和引用古文——古籍整理出版或在今文中引用古文，应该依据校勘过的善本。在繁体字改简体字时须慎重。不能将通假字视作错别字，若有必要，则另作注，以便说明。在根据简体字稿排繁体字版本时，注意简改繁时的现代汉语多义字，防止变成别字。

(10) 除了作品类型之外，各种著作形式(著、编著、编、主编、译、编译、校订、注释等)也是编辑在审稿时应该顾及的，这就需要根据不同的著作形式，以不同的要求来审读和作出评价。

二、审稿的一般方法

审读书稿是编辑的专业工作，也是编辑的主要工作。出版单位聘用某一个人担任编辑，主要看其审稿能力和学识水平如何。在编辑岗位上不能胜任工作的人，宜调整岗位，以免误事甚至出事。审稿不是简单地用眼睛扫过文字。娴熟的编辑经验和技术需要在正确方法的引导下，经过长期积累而获得，否则有可能做一辈子编辑仍然不称职。

编辑审稿的一般方法如下。

1. 读稿

读稿是一种复杂的智慧劳动。编辑凭自己的政治知识、专业知识、博学知识和文字水平来判断书稿的学术水平、创作水平和一般写作能力，同时逐字逐句审读，一边读稿一边思考，注意辨认各类差错。要善于捕捉一般人们不注意的用词错误细节，因为其中可能包含各种性质的错误。

对于一些超出编辑判断能力的、非常专业的内容，如果把握不准，宜请内行做复审，或事先安排“专家审稿”环节,以期获得准确判断。若感觉到存在一些疑似差错,就应当查核,或向专家咨询,以求确证。

博学知识的积累能使编辑在记忆中形成一种“比照文本”,在审读书稿时做出比对,不过要比对的不是“重合”,而是“差异”,从而发现差错。

案例 2-1

笔者在终审某书稿时,读到作者引用鲁迅的一句诗:“城头变换大王旗”,知道有一个错字,应该是“城头变幻大王旗”,经查核后改正为“变幻”。

时隔不久,在终审另一部书稿时,发现同一句鲁迅的诗被错写成“墙头变幻大王旗”,遂将“墙”字改正为“城”字。事关引文准确性,不可等闲视之。

案例 2-2

某书的一条注释说:“德雷福斯事件:一八九四年法国军事当局指控犹太籍军官德雷福斯向德国泄密的诬告案,后演化为一场反犹运动。”

“籍”指国籍。德雷福斯是犹太人,但他的国籍是法国。所以句中“犹太籍”应改作“犹太裔”。事关知识准确性,必须格外重视。

2. 改稿

凡是必须改正的错误之处,都不应该疏忽、遗漏。

凡有疑虑之处,应该勤于查询,不可懒惰。

为防失误,不致错改,改稿落笔时要谨慎。

对常见错别字要心中有数,在审稿时重点关注。

从审读第一页书稿开始,对里面的许多文字要留有印象:重要概念、专有名词、术语表达、外文译法、年份、数据……以能在读稿过程中发现前后不一致的差错。

若要改动书稿,必须有原则:①逢疑必究;②有错必改;③防止错改;④凡属实质性问题,要同作者商榷。

3. 查核

各类重要的工具书是编辑的必要装备,是保证编辑工作准确性的可靠条件,也是编辑得以纠正作者书稿中差错的依据。想要做到善于使用工具书,首先要熟悉各种常用工具书、专门工具书和一些比较冷僻的工具书,知晓从何处可以找到答案。其次是掌握相关的参考书,以便通过比较和分析来判别事实、知识、数据等方面的正误。

编辑的主要技能之一是“会查书”,包括辞书、类书、权威性著作。而辞书和权威著作不仅是编辑手中的工具,也是编辑终身的“教科书”。

查书应该根据善本,不可根据不可靠的版本或本身就错误百出的书。只有可靠的版本才能保证审稿判断不致失之谬误。

凡是在审稿中遇到的疑点,都应该经过查核。引文不容许有错误,在审稿过程中必须逐字逐句核对原文,并联系上下文查核是否断章取义。

使用工具书次数越多,就越熟悉各种工具书的性质、特点、内容,在审稿时用起来就越得心应手。

4. 退修

退修书稿，目的是指导作者将书稿修改到更高层次的程度。在退修时，编辑应该将自己对书稿的看法具体地告诉作者，一起探讨如何改好书稿。另一方面，对于出版社来说，退修书稿能保障出版进度，提高工作效率，以免在后续的审稿进程中过多地花费时间和精力。

在退修书稿时，应该对作者抱平等、友好、尊重的态度，同时也是让作者知道编辑和出版工作的艰辛，使编辑和作者互相尊重，为实现共同的目标而努力。

有时候，书稿退修之后，作者能下工夫修改，使书稿脱胎换骨，面目一新，这是最理想的结果。

三、有用的审稿技巧

认真从事编辑工作的人，只要有心，就能在长期积累经验的基础上有意识地总结出自己的一些审稿技巧，并且应用在实践中。笔者从多年的编辑审稿工作中总结和归纳以下几种对同行可能有用的方法。

1. 辨错“杀熟”法

盯住常见错别字，可以大大减少差错率。有了一定的编辑工作经验之后，会掌握一些常见的错别字，知道一般作者常常会在哪些字上出差错，或者用电脑打字时有哪些字经常会被打错。盯住这些“熟面孔”，就可以在成书时大大减少差错率。（本单元的附录是一份笔者整理的“编辑审稿常见错别字表”，可供参考使用。）有些错字是所有的人都最熟悉不过的，但是在写作时却常常出错，例如：“像”和“象”在组词时的用法；“的”“得”“地”三字各自的准确用法；“以致”“以至”“以至于”在遣词造句中如何使用；“品味”和“品位”到底选用哪一个；“赢”“嬴”“羸”三个字有没有写错；“戊”“戌”“戍”“戎”四个字有没有写错；“祇”“衹”两个字是否用对了……（此类例子还有很多）。编辑在审稿时也往往被弄糊涂。此时首先应该查词典、查语法书，并且在纠错过程中加深记忆，使之变成自己的经验。

2. “查验一致”法

前记后参照，发现矛盾和不一致之处。在审读过程中，要时时记住一些内容，有意识地留下印象（必要时可以另纸记录，贴在案头），目的是在继续读稿时能够发现前前后后上下文的叙事、事实、说法、数据、译名、专有名词等等项目的前后不一致的差错。例如：作者在前面写到学校的学生人数是“五千人”，在后面却说“四千多人”，这就应当统一。

案例 2-3

在一本已出版的书里，第 138 页第 12 行写道：“**郑和病逝，远航终结，神话般的庞大远洋舰队仿佛人间蒸发……**”但是在该书第 142 页第 6 行里却又写道：（**郑和**）“**……在印度西海岸古里逝世。舰队由太监汪景弘率领返航，同年 7 月回国。**”在同一本书里，两处叙述同一件事，对事实的描述居然如此前后矛盾，郑和的舰队究竟是“人间蒸发”了，还是“同年 7 月回国”了？这从知识角度来说是误导读者。审稿时遇到这种情况，编辑首先应该要求作者对叙事做出更正，否则应该由编辑自己来查证史实，做出修改，并且通知作者已作何种修改。

案例 2-4

2014 年 8 月,某出版社出版的一本书里,反复提及一家宾馆,却将它写成 3 种不同的名称,前前后后出现在 10 个页面上:**上海国际大饭店、上海贵都国际大饭店、国际贵都大饭店**。事实上,这 3 个名称都错了。它的正确名称是"上海国际贵都大饭店"。这是一个很容易查证的事实,编辑理应在审稿时做查证,并将前后各处做统一处理。

3. 速读纠错法

在平时的阅读中要训练自己"博闻强记"能力。工作之余,编辑应该多多阅读经典著作,熟悉各门系统知识。如此坚持不懈,日积月累,花 10 年、20 年工夫,日渐精进,或可练成"快速审读"和"火眼金睛"两大绝技,成为第一流的编辑专家。在自我训练中,力争学会以学识和经验为基础的"快速审读"(fast-reading),正确运用"略读"(skimming)和"扫读"(scanning),但不遗漏差错。当然,如果没有博学知识基础和深厚的编辑审稿经验功底,那么,一目十行的读法反而会出大错。所以对这一种方法的使用必须谨慎,没有经验者不宜轻易尝试。

4. 读声纠错法

读出声来,即可发现同音错字或同形错字。入行之初者,审读书稿,一则根底尚浅,二则缺乏经验,审稿达不到要求,往往成书后经不起质量检查。即使伏案多年,若不用心,则浑噩依旧。为提高能力和水平,可以采用"一字一句读出声"的读稿办法,即能发现不少错别字和知识性的差错,比"视觉默读"更能有效地发现"盲点"。凡是读不出的字、词,或者有一些心存疑惑之处,便查核权威性的工具书和权威性的参考书。如此做法可以一次次地留下深刻记忆,提升编辑的专业性知识储备。有时候发现句式有问题,反复读上几遍,便能豁然开朗,发现差错所在,找出正确的解决方案。当然,在读的时候还要同时用脑思索,不可"小和尚念经,有口无心"。

5. 规范统一法

相关的文字,在首次出现时就要确定规范的表达。这样可以避免后来在修正时遗漏前文差错(亦可用电脑排版软件中的"统改"法)。例如《红与黑》的作者、法国著名作家 Stendhal,究竟译作"司汤达",还是译作"斯丹达尔",译者有不同的译法,编辑在文稿中看到首次出现时就应该"定名",以免前后混用。

6. 设定策略法

在对全部书稿开始审读之前,抽样细读,判定文稿总体水平和文字差错情况(错别字出现频率、语法错误等),以便设定审读策略,提高效率(包括速度和准确率)。例如,通过审读一部分书稿,如果能确认书稿水平已基本达到出版要求,而且文字严谨,那么在审读过程中,对大部分文字可以用快速阅读方法,但同时也应该特别关注书稿中的重点和要点不出差错。如果在抽样细读中发现书稿有很多问题,那么就应该采用严格的逐字逐句细读策略。当然,审读策略的设定必须建立在编辑个人能力的基础上。

四、几点重要提示

1. 要善于辨错

编辑既要善于识别文本中的"显性差错",又要善于发现"隐性差错"。一般而言,显性的差错比较容易被发现，只要编辑有一定的知识功底，就能够发现明显的错别字和明显的知识差错，例如事实、年份、数据等等。但是有许多一般难以被发现的差错，例如引用的古文、外文、名人语录、各门学科里的深度知识、陌生的知识，等等，这些方面既需要编辑用知识根底来支撑，也需要编辑用“职业警觉”和查核本领来尽量发现和纠正差错。平心而论，一般编辑对于难度较高的纠错是力不从心的，因此更要求编辑刻苦学习，日渐精进，成为学问深厚、文字功底扎实的审稿高手。

2. 改稿三技法

改稿包含3种技法：一“改”，二“删”，三“补”。即：见差错就改正；见不妥当或多余的文字就删；见缺漏、脱字就补正。应该删除“正确的废话”和“老生常谈”，以及“以讹传讹的事例”。删改书稿也是一种编辑策略(使书稿结构更紧凑，总体质量更好，文字更准确)。理想的作品，应该如汪道涵同志所言：“人云亦云，不云；老生常谈，不谈。”(见万学远《忆汪道涵同志在上海》，载《文汇读书周报》2015年7月27日，第8版)编辑应该本着这种原则，使书稿更显精彩。若作者都能明白这一点，则读者幸甚。书并非越厚越好。当今时代，写作者应当使自己的作品风格尽量简练，以便让更多的人阅读。

3. 改稿三要点

凡是有把握之处，可以直接改正；凡是需要同作者讨论之处，要商量着改，编辑不可太主观；凡是委决不下之处，要经过请示之后才动手去改。否则贸然落笔，完全可能发生错改，甚至将正确的文字改成可笑的谬误。

4. 控制进度和质量

出书按市场需求或工作要求，是有时间规定的。编辑要学会控制好每一本书稿的审稿进度和质量，要制订流程时间表，并且严格掌控，按部就班地紧密执行，以便克服时间与质量的矛盾，避免被动，从而及时完成出版项目。最忌讳的是前松后紧，最后容易在急躁中发生各种差错。

5. 注意知识产权

编辑自己要熟悉知识产权基本知识，在约稿或接受书稿时，要提醒作者重视知识产权问题，以避免抄袭现象。时下有意或无意的抄袭已然成为普遍现象，而一旦发生抄袭现象，就有可能陷入知识产权的法律纠纷，出版单位要负法律上的侵权连带责任，造成重大损失。编辑在审稿过程中应当关注文字、图画、肖像、图表等有无侵权现象。

6. 与作者有约定

在约稿时就应该知会作者关于编辑审稿、校对、印刷出版所需的时间和质量要求，告知作者尽早交稿，以免错过最佳发行时间。最忌讳的是作者交稿迟，而对出书所要求的时间又很急，编辑无原则地顺应作者的要求，片面追求速度，导致在审稿时为赶时间而马马虎虎，粗心大意，结果无法保证出版物的内在品质。要让作者知晓，出版过程不是简单的“印刷”。

7. 必要的退修

编辑学会退修书稿，是为了保证书稿质量，体现编辑负责任的态度，同时还能节省编辑审稿的时间和精力。要让作者明白：对作者而言，退修是一种弥补失误、提高作品质量的机会，而不是为难他们。只要说清楚理由，大多数作者是会理解并且配合的。假如书稿不符合出版要求，而作者坚持不肯修改，则编辑应当将书稿作“退稿”处理。若作者同意修改，但又表示自己没有能力将书稿改好，则应该另请高手改稿。如果改稿工作量较大，改动的篇幅很多，甚至还包括增加新的观点和材料，增加大段文字，等等，可在征得作者同意之后，将改稿者列为著译者。因为在这种情况下，改稿者不仅花了大量时间和精力，而且也通过他的智慧劳动而实际上拥有著作权。但如果是编辑亲自操刀，则没有著作权，除非退出编辑角色。

8. 遇事请示

编辑应该克服自负、自傲、懒惰、散漫的缺点，无论遇到何种棘手的难题，都不忘记请示上一级编辑，然后解决问题。切不可仓促地擅自作出错误决断。须知，发挥一、二、三审编辑的团队力量是提高出版水平的可靠保障。

五、结合案例总结规律

我们先来看以下五花八门的差错案例，以及“差错性质”，改稿的“参考方案与说明”，以及“怎样发现疑点”。

1. 在教授英国文学的过程中，我不仅发现中、英诗人在驾驭语言方面存在诸多相似或相近的地方，而且感到他们胸怀的抱负、表达的感情及展示的良知懿德，亦不乏相同相类之处。诚然，我国与西方相隔万里，古时素无往来(丝绸之路仅达大秦国，即古罗马)，语言不同，文化各别，汉英诗歌之间存在较大的差异，这肯定是难免的。

【叙事错误。根据上下文，“我国与西方相隔万里”应改作“我国与英国相隔万里”。在审稿时，此段文字的疑点在“我国与西方相隔万里”这一句上。“西方”只是个笼统概念，无法作为具体的地点来讨论距离。因此根据上下文，将其改作“英国”。】

2. 近人陈望道等将含蓄称作婉转修辞法或屈达修辞法，确也有道理。再看今人政治家诗人毛泽东在《沁园春·雪》中的词句：“北国风光，千里冰封，万里雪飘。望长城内外，唯余莽莽，大河上下，顿失滔滔。山舞银蛇，原驰蜡象，欲与天公试比高。”

【遣词错误。毛泽东去世于 1976 年，陈望道去世于 1977 年。句中称毛泽东为“今人”，而称陈望道为“近人”，概念混乱。“今人”和“近人”是两个不同的概念。在此句中以统一称作“现代学者陈望道”和“现代政治家、诗人毛泽东”为宜。】

3. 在我国，除了传说中的炎黄与蚩尤的涿鹿之战，史载有商汤与夏桀的鸣条之战、武王克商的牧野之战等等。

【知识性错误。“炎黄”是炎帝和黄帝的合称。涿鹿之战是黄帝与蚩尤之间的大战，与炎帝无关。句中“炎黄与蚩尤”应改作“黄帝与蚩尤”。】

4. 他最大的特点就是勤奋好学，善思敢为。尤其其善思敢为，才使他有了多方面的建树。

【关联词错误。关联词“才”用于表达因果关系，但在此句中缺乏逻辑组词结构，所以“尤其其”应改作“正因为他”，“才使他”改为“他才”。】

5. 宋大中随着滚滚的波流淌去，却撞着了一株枯树，是上水头冲下来的，便用手抓住，昂起头来沤出了些吃下的水，顺水势漂去。

【错别字。“沤”(ōu)指物体经长时间浸泡或密集堆积而变质;“呕”(ǒu)指“吐”。句中说的是将吃到肚子里的河水吐出来,所以,“沤出”应改作“呕出”。】

6. 我们故且把“一昼”理解为“一咒”,那也是引申义了,可是“一昼”的本意呢？他没有注。
【错别字。“故且”应改作“姑且”。这有可能是输入文字时的错误,但也可能是作者不知道应该是哪一个字。】

7. 尔梅因上了年纪,立起时脚重头轻,自己作不得主,衣服又被交椅兜住,不觉连人带椅跌了一跤。
【遣词错误。“脚重头轻”应改作“头重脚轻”。这是违背常识的错误。有些成语有时可以倒置表达,但是不能在意思上出错。】

8. 第59回中,西门庆从外面回来,得知潘金莲养的猫把他儿子身上抓破并被吓得死去还魂时,立即把那猫摔死了。
【表述错误。“并被”应改作“并将他”。此句的错误实际上是语法错误,用一个主语去联接两个并列的谓语时,没有顾及主谓关系的分别对应。“被吓得死去还魂”的主语已经转换,但是作者没有意识到。】

9. “I do”是西方婚礼上,牧师问新娘是否愿意与新郎结为夫妇时新娘的回答。
【叙事错误。作者的解释有偏差。因为在这种婚礼上,牧师是先后向男女双方发问的,不是只问新娘。句子应改作:
“I do”是在西方婚礼上牧师问新郎或新娘是否愿意与对方结为夫妇时新娘或新郎的回答。】

10.《校园实用英语》由电力职业技术学院外语教学团队编写而成,编写组成员均是有着数十年及以上丰富教学经验的英语教师。
【表述错误。“数十年及以上”应改作“数十年”。“数十年”是约数,不应该再添加“及以上”;只有准数才用“及以上”,例如“20年及以上”。】

11. 阅读:读懂简易原著简写本和有一定生词的材料。
【概念错误。这句简单的句子中连续使用了两个不准确的概念。一部作品无论内容是否复杂,篇幅是否长,本身都同“简易”的概念无关。只有当它被简写后,才能称作“简写本”所以“简易原著简写本”应改作“原著简写本”。“一定”修饰的不应该是“生词”,而应该是生词的“量”。所以“一定生词”应改作“一定生词量”。】

12. 以苏维埃联邦(苏联)和美利坚合众国这二个大国为中心,社会主义和资本主义这二个阵营对立的“冷战”结构笼罩了世界的1968年前后。
【知识性错误;遣词错误;句式不当。“苏维埃联邦(苏联)”应改作“苏维埃社会主义共和国联盟(苏联)”。“二个”应改作“两个”。“世界的1968年前后”应改作“1968年前后的世界”。此句中的3处错误尽管性质不一样,但都反映了作者行文很不严谨,缺乏关于事实、文字、语法的基

本知识。】

13. 英国的首相丘吉尔、纳粹·德国总统希特勒、挪威军队的士兵、苏联的斯大林总书记
【知识性错误。“纳粹·德国总统希特勒”应改作“纳粹德国元首希特勒”。希特勒只当过总理，没有当过总统。作者似乎有些想当然，认为权势地位最高的必定是“总统”。连基本事实都不清楚的作者，写出的文字往往脱离现实。】

14. 1937年，中国军队与日本军队在北京郊外发生了冲突，中日战争打响了。
【政治性错误。句子似乎站在日本军国主义的立场上来描述那场日本侵华战争。“中日战争”的说法是错误的，应改作“日本侵华战争”或“抗日战争”。事关政治。全句应改作：
1937年，蓄谋已久的日本军队在北京郊外进一步向中国军队发起突然袭击，日本大规模侵华战争发生了。】

15. 1946年6月，德军侵占法国，树立了追随德国的政权后，法国的夏尔·戴高乐将军流亡到英国并结成了自由法国军。
【遣词不当。句中第一个错误是动宾词组搭配不当。“树立”应改作“扶持”。第二个错误是用词的概念有问题，“结成”应改作“组织”。】

16. 随着国际化的发展，外国人选手和外国人教练，选手的归化(转变国籍的)也不足为奇。
【表述错误。句子表述不通。“外国人选手和外国人教练”插在句子中间，造成句子缺乏结构完整性。应改作“随着外国人选手和外国人教练的出现”。】

17. 捷克斯洛伐克在第二次世界大战后实行社会主义，冷战时期苏联属于阵营。
【词序颠倒。“苏联属于阵营”应改作“属于苏联阵营”。这类明显的次序错误可能是由于文字输入时的错误造成的，但是作者未能仔细校读自己的文稿，编辑审稿时也未能发现这一错误，是不应该的。】

18. 无论是资本主义阵营，还是社会主义阵营，都有不少人对社会结构上抱有疑问。
【衍字。“社会结构上”应改作“社会结构”。“上”在此处是衍字。有些作者习惯写拖泥带水的文字，此是一例。】

19. 在澳大利亚，原住民的阿波里基尼人为了获得公民权而发起了运动。
【概念错误。句中错将“土著居民”(aboriginal)以音译方式表述为“阿波里基尼人”，又与前面的“原住民”重叠。“原住民的阿波里基尼人”应改作“原住民”，或“土著民族”。】

20. 日本于1966年开始运营商业核能发电。基于广岛和长崎的原子弹爆炸经验、金枪鱼渔船受到氢弹实验放射性物质的辐射事件的经验，日本也有反对的呼声。
【遣词错误。经受原子弹轰炸，不管出于何种原因，都不宜说成是“经验”。句中两处“经验”宜改作“经历”。】

21. 1986年,苏联的切尔诺贝利核电站爆发事发生了核爆炸事故,跨国环境问题引起了人们的关心。

【表述错误。"切尔诺贝利核电站爆发事发生了核爆炸事故"是病句,其中的"爆发事"三字表述不当。根据史实,应确切地改作"切尔诺贝利核电站失火引起爆炸,发生了核泄漏事故"。】

22. 在这种事态下,曾经在伊朗·伊拉克战争中支援伊拉克的美国谴责了伊拉克的行为。以美国为中心组建了多国军队,打响了海湾战争(90～91年)。

【遣词错误;数字表述错误。"多国军队"意为"多个国家的军队",而事实上当时组成的是一支部队,成员来自多个国家。此处应该准确地改作"多国部队"。按照规范,"(90～91年)"应改作"(1990～1991)"。"伊朗·伊拉克"的表达法不准确,不应该使用间隔号,此处宜使用连接号,改作"伊朗—伊拉克"。】

23. 人类从恒古以前,就开始模仿人的形象制作人偶了。

【概念错误。"恒古以前"中的"恒古"是一个错误的词组,按句中作者的本意,应是"亘古",即"整个古代"或"从古到今"。但即使是"亘古",句中的"亘古以前"也是一个不可能存在的时间概念。根据句意,应改作"原始人时期"。】

24. 在"阿拉伯之春"中倒台的独裁政权。左起利比亚的卡扎菲上佐、埃及的穆巴拉克总统、也门的萨利赫总统。

【知识性错误。"上佐"是一个错误搭配的词组,应改作"上校"。卡扎菲的军衔是"上校"。】

25. 一般认为现在有10亿以上的人使用社交网站。可以向全世界发照片和动画,也可以与有相同爱好的人或群体交流。可以与地球反面的朋友们瞬间联系上确实方便,不过,与就近的人的会话也许减少了。

【概念错误;句式错误。"动画"的概念在此句中属于用词不当,应改作"视频"。"地球"无所谓"正面""反面",所以"地球反面"应改作"地球另一边"。"可以与地球反面的朋友们瞬间联系上确实方便"是错误句式,应改作"可以与地球另一边的朋友们瞬间联系,确实方便"。】

26. 如果海伦·尼森鲍姆的说法成立的话,那么,这种对待黑客的做法,的确是非常接近约翰·塞尔(John Searle)所说的"social ontology"(社会实在论)。

【翻译错误。"社会实在论"应改作"社会本体论"或"社会实体论"。ontology意即"本体论,实体论";而哲学概念上的"实在论"的英文对应词是realism。】

27. 所谓"社会工程学"(social engineering),意指黑客诱导用户执行一个貌似正常的操作,如打开邮件里的某个链接或下载某个文件。"(它的)典型形式有:环境渗透、身份伪造、冒名电话、信件伪造和反向社会工程学。"

【翻译错误。此处将engineering译作"工程学"在概念上是错误的。英文词组的翻译,往往在词义搭配上出错,由此造成语句不通顺,句意出错。engineering在《英汉大词典》里有一释义

"操纵"。social 可译作"社交的"。因此,social engineering 应译作"社交操纵"。】

28. 后人称他们为"真正的工程师"(the real programmers),而他们所形成的科技文化,成为后来黑客文化的前身。

【翻译错误。programmer 是编制计算机程序的人,不应该译作"工程师",而应该译作"编程员"。"工程师"的英文是 engineer。】

29. 某名牌大学计算机专业研究生的杨某,先后入侵上海一信息网的八台服务器。

【衍字;句读错误。衍字造成语法错误。随意加"的"字,也是一种常见错误。"研究生的杨某"应改作"研究生杨某"。句子中间的逗号应该删去,否则,随便地用逗号将主语部分同谓语部分隔开,造成句读错误。】

30. 某公司官网被黑客攻破,其源代码中出现了用中文表述的辱骂该公司的字样,如"该公司对国人极不负责,建议反省"。

【遣词错误。句中使用的"辱骂"一词属于言过其实,而后面所举例子并不构成辱骂,因此"辱骂"应改作"批评"。就其黑客行为而言,最多只能说是"抨击"。】

31. 1999 年下半年,美联社披露,美国国家安全局与其他四个国家的一起搭建了全球信息间谍网,用以窃听电邮、传真和电话。

【叙事错误。"其他四个国家的"后面缺少被修饰的句子成分,造成部分句意不明。根据上下文,此处应改作"其他四个国家机构",或"其他四个国家的安全机构",以使句子表述得意思完整一些。】

32. 在历史上曾经有过辉煌的国家,对其国民而言,这种历史荣耀感是动力也是压力。前者会给他们带来自豪和自信;后者则可能激起极端民族主义情绪——渴望民族复兴,恢复往日辉煌。这一点,不仅出现在中国,其他国家也不例外。如日本的军国主义复活、德国的"新纳粹运动"、韩国的"大国雄心"等。于是,当两个都满怀历史荣耀感的国家遇到一起,冲突就会变得更加强烈。

【政治性错误。将中国同日本军国主义、德国新纳粹运动相提并论,说成"极端民族主义情绪",是严重的政治错误。将日本军国主义和德国纳粹运动说成"历史荣耀感"也是严重政治错误。在审稿中,应该将此段文字(以及类似的文字)全部删去。】

33. 在摩梭人区域,一般情况下,一对年轻人如果彼此有情义,就会走婚。

【遣词错误。男女之间指向婚姻的感情不是"情义",应改作"情意"。"情义"指朋友、兄弟、同事等之间的感情。一字之差,含义不一样。】

34. 在共性方面,他们都是从原始社会直接进入当代社会的,家族成员之间都是以血源为纽带而存在。

【遣词错误。"血源"应改作"血缘"。"血缘"指家庭成员、家族成员之间因繁殖后代而形成的自

然关系。“血源”指医院血库内血浆的来源。这两个词的意思完全不一样。】

35. 这其中，十分之三来自采撷，就是覆盖在女王河谷当中的那些香梨、山桃、野杏等。十分之三来自农耕。主要分部在女王河谷的农寨。种植青稞、豌豆，以及少量的野粟米。
【错别字；标点符号错误。“分部”应改作“分布”。此处应该是文字输入错误。“农耕”“农寨”两个词后面的句号应改作逗号，否则作为单独句子而缺少主语。“，以及”宜改作“和”。】

36. 现在是：她所忠情的人，和忠情于她的人，他们都在远方，无法给她实在的慰藉。
【错别字。“忠情”应改作“钟情”。此处应该是文字输入时产生的错误。】

37. 他又像是不识人间烟火的模样。通透的眼膜、凝结的眉梢、清幽的气质总让人看得怜惜。
【错别字。“不识人间烟火”应改作“不食人间烟火”。成语，亦作“不食烟火”。此处应该是文字输入时产生的错误。】

38. 四大战队因为筹备时间长久，那兵器、粮草、战力，均是无比的充沛。既带着强大的覆灭气势，又井然有序。
【遣词错误。“无比的充沛”应改作“无比地充沛”。“充沛”是形容词，前面的修饰成分应该是状语。“强大的覆灭气势”属于用词不当，这里要指的不是自身的覆灭，所以应改作“强大的气势”，或者“强大的、覆灭一切的气势”。】

39. 那崖道长达九丈，左右悬空，下方就是万丈山崖。宽也不过二尺，仅供一人贴身崖壁，攀附而过。
【叙事错误。作者信笔写去，未顾及前后叙事矛盾。既然“左右悬空”，就不会有崖壁，如何“贴身崖壁”？此处“左右悬空”应改作“一边悬空”。“万丈山崖”也应改作“万丈深渊”。】

40. 坊间有一条备受争议的悖论：要参与国际化进程，就必须使用英语，而推动英语传播的力量就是推动经济全球化的力量。
【叙事错误。此处所述并不构成悖论。“悖论”的定义是：逻辑学上指自相矛盾的命题。而句中表述的是相辅相成的“循环”。所以，“坊间有一条备受争议的悖论”应改作“坊间有一种说法”。】

41. 冷战结束之后，国际政治关系发展逐步形成多极化发展态势。
【遣词冗赘。句中两处“发展”使表述显得冗复，应该删去前一个，将“国际政治关系发展”改作“国际政治关系”。】

42. 在国际比较方面，基于多语种的详实扎细致的描述、调查、分析和阐释，本系列丛书不仅勾勒出世界主要国家和地区的语言教育战略的全貌，而且注重对新兴发展中国家和地区，包括中国周边国家和地区的语言教育政策问题的分析和探究，服务于“一带一路”战略，为中外人文交流提供重要的现实参考和决策依据。

【衍字；遣词错误。“详实扎细致的”应改作“详实细致的”。“新兴发展中国家和地区”是一个错误概念。“发展中国家和地区”指的是经济不发达的国家和地区，用“新兴”来描述它们，无异于说它们最近发展到经济不发达状态。应改作“新兴市场的国家和地区”。或删去“新兴”二字，只说“发展中国家和地区”。】

43. 而当时的欧洲，正经历千年的文化断层期，沉沦在教会的黑暗统治之下，世界文明的火种很幸运地保存在了阿拉伯伊斯兰文明中，保存在了阿拉伯语中。

【概念错误。作者对“文明”这一概念的理解是错误的。中世纪一千年里统治欧洲的基督教也是一种文明，而“世界文明”并不只是欧洲文明。因此，句中“世界文明的火种”应改作“欧洲古代思想的火种”。】

44. 埃及知识阶层和民族资产阶级有很强的民族意识和抵抗传统，民间积聚了雄厚的抵抗力量；马格里布地区官吏和知识阶层为法国培养，民族意识和抵抗动力不足。

【表述错误。“为法国培养”应改作“是法国培养的”。有不少作者在表述中用“为”来代替“是”，在有些语境中会产生歧义。】

45. 2016年笔者拙稿《日本杏雨书屋藏富冈文书高楠文书真伪再研究》继续从字形角度分析《序听迷诗所经》《一神论》真伪，结果表明此两件写本未显示出作伪痕迹。

【遣词错误。“笔者拙稿”属于概念重叠。“笔者”意即“我”；“拙稿”系谦词，意即“我的不像样的书稿”。此处应该删去“笔者”二字。】

46. 比如，玛高温于宁波除了开设西医诊所外，还创办了《中外新报》(*Chinese and Foreign Gazettc*)，该报是近代宁波乃至浙江最早报刊，揭开了近代浙江新闻事业发展史第一页。

【英文单词拼写错误。括号里英文单词Gazettc中最后一个字母应该是e，不是c。很多作者在行文中用括号加注英文，但有不少人往往不注意英文单词的准确拼写。】

47. 根据上述工作报告统计，民国三十七年六月起至三八年五月底止(1947.6—1948.5)，一年之内防盲砂眼诊疗所初诊病人2 930人，复诊病人20 981人，手术次数5次，合计23 916人。

【年份表述错误；概念错误。民国三十七年应该是1948年。“三八年”应改作“三十八年”。民国三十八年应该是1949年。“砂眼”应改作“沙眼”；“砂眼”是翻砂工艺中的铸件上的小孔；而作为眼科疾病名称，应该是“沙眼”。在统计人数时，凡有重叠的部分都不应该累计。若要累计，只能算作“人次”。所以，“复诊病人20 981人”应改作“复诊病人20 981人次”；“合计23 916人”应改作“合计23 916人次”。】

48. 总而言之，宁波华美医院医护人员体现出之爱心与奉献精神，逾越了文化隔膜，实现了基督福音传布之目的。同时，医院于施医赠药、疫病诊治、难民救济等方面所付出之卓实努力和贡献，改善了近代宁波医疗卫生落后之局面，增进了国人健康，体现了医院之慈善和公益价值，从而也实现了所谓对国人肉体与心灵之“双重拯救”。

【政治性错误。句中缺失中国的立场，将医疗和慈善同基督教混为一谈，进而美化西方在华的宗教目的，认为是基督教拯救了中国人，这种观点是非常错误的。句中应该删去“实现了基督福音传布之目的”和“从而也实现了所谓对国人肉体与心灵之‘双重拯救’”】

49.《时事公报》于 1946 年 2 月 11 日复刊，改名《宁波时事公报》，金臻痒任社长，1949 年 10 月 24 日被国民党鄞县县政府查封。

【史实错误。作者写出这句句子时，既不了解历史，也未核对史实。1949 年 5 月 25 日，中国人民解放军解放宁波。10 月 24 日宁波鄞县已无国民党政府，何来“查封”一事?】

50. 时值七月，正是伏暑，蝉噪不绝于耳，然寺内却是清风徐来，馆内更是凉风习习，沉浸于斯，青灯黄卷相伴，心旷神怡，竟忘裹腹之欲。

【错别字。“裹腹”应改作“果腹”。将“果腹”(吃饱肚子)写成“裹腹”(包住外腹部)，系常见错误；另外，“竞”应改作“竟”。】

51. 最后感谢复旦大学出版社对本丛稿出版所给予之鼎立支持和精心编校。

【错别字。“鼎立支持”应改作“鼎力支持”。将“鼎力”(大力帮助)写成“鼎立”(三足鼎立)，系常见错误。】

52. 中国人有一句古话，叫做“他山之石，可以攻玉”，所以，作为东方人的我们，自上世纪 80 年代初改革开放以来，便取其精华去其糟粕地吸纳了大量以欧美为主的西方文化。

【史实错误。改革开放的起始时间应该是 1978 年中共十一届三中全会，所以“80 年代初”应改作“70 年代末”。】

53. 全球化的今天，人类创造财富和科学技术的速度和水平让人嗔目结舌，人类从未像今天这样处于无尽的物质繁荣中。

【错别字。“嗔目结舌”应改作“瞠目结舌”。“嗔”：生气，发怒。“瞠”：瞪着眼直视。“瞠目结舌”：成语，意思是瞪着眼睛一句话也说不出来。】

54. The most renowned artists of Peking Opera in recent China are Mei Lanfang(梅兰芳), Cheng Yanqiu(程砚秋), Shang Xiaoyun(尚小云) and Gou Huisheng(苟慧生), and they are referred as the Four Famous Dan Characters(四大名旦)。

【知识性错误。“苟慧生”应改作“荀慧生”。“Gou”应改作“Xun”。将著名京剧演员荀慧生的中文名字和汉语拼音一起写错，这不是笔误，也不是文字输入错误，而是知识性错误。】

55. 请以刘军的名义拟订一封给 ABC 公司的求职信，以获得该公司销售经理一职。

【遣词错误。“拟订”应改作“拟”。“拟订”用于准备计划、草案等。写信只用“拟”，不用“拟订”。“以获得”应改作“以求获得”。假如写一封求职信就能获得职位，那么可以用“以获得”，但是，句中所叙事情具有不确定性，所以只能说“以求获得”。】

56. 与此同时，该报道的开头几个段落聚焦到十个参与此事的失业者中的雷金纳德·罗朗德

(Reginald Rounds)这个具体的个人身上,利用这个具体个人的语言和困难,将冲突变得更为具体化、生动化。

【翻译错误。"Rounds"应该译作"朗兹",不应该译作"罗朗德"。此系译音错误造成的译名不准确。】

57.《华盛顿邮报》的报道所提供的导语是一个长句子,多达40个字,传递出的意思是"高盛集团不为自己的行为感觉到后悔"。

【错别字。"40个字"应改作"40个词"。英文里只有"字母"和"词",没有"字"。"字""词"不分,系常见错误。】

58. 美国哥伦比亚大学新闻学院的(Melvin Mencher)把新闻导语粗略地分为两大类型:直接式导语(direct lead)与延迟式导语(delayed lead)。

【表述不合规范。"新闻学院的(Melvin Mencher)"应改作"新闻学院的麦尔文·曼切尔(Melvin Mencher)"。按照规范,在中文的文句中,外国人名应该译出中文,然后再用括号附外文。再者,句中只写英文人名,却又用括号将它括起来,更是不合章法,属于漏译人名。】

59. 对一些辅导员来说,相比"培养"学生,其本质工作更确切地说是"管理"学生。

【错别字。"本质工作"应改作"本职工作"。此系文字输入时产生的错误。】

60. 客观的讲,移动通信设备的普及的确对人们的通信方式产生了极大的影响,但是还没有达到影响整个人类社会生活方式的程度。

【错别字。"客观的讲"应改作"客观地讲"。"的""得""地"不分,系最常见的错误之一。】

61."八公山"是与寿春之北相连的山名,被看作是西汉淮南王刘安与八公共登过的山。淝水之战(383年)中,前秦苻坚(苻融)登上此山,误将山上草木当作晋兵,恐惧撤退的故事,也是以此山为舞台的。

【叙事错误。句中所述不合事理,亦违背史实。此句在简单的叙事中接连出错:(1)"与寿春之北相连"属于概念不清。"寿春之北"是一个模糊的概念,不是具体地点。(2)苻坚和苻融不是同一个人,苻融是苻坚的弟弟,不可以用括号指为同一个人。(3)"登上此山,误将山上草木当作晋兵"更是不合理。全句应改作:

"八公山"在寿阳城的北面,相传西汉的淮南王刘安曾和八公一起登过此山。在"淝水之战(公元383年)"中,前秦的苻坚和苻融登上寿阳城,遥望八公山,误将山上草木当作晋兵,心怀恐惧。这就是"八公山上,草木皆兵"的历史故事。】

62. 陈宅书籍铺是陈起开创,其子陈续芸继承家业,经历了晚宋的半个多世纪,对新诗风的形成有巨大影响。

【遣词错误。"是陈起开创"应改作"由陈起开创",或者"是陈起开创的"。】

63. 人的心灵都具有认识能力,而天下万事万物都总有一定的原理,只不过因为这些原理还没有被彻底认识,所以使知识显得很有局限。

【遣词冗赘。“都总有”应改作“都有”或“总有”。这种表达,在口语中一般不会被计较,但是书面语讲究简洁、准确。】

64. 建元二年(公元 781 年)六月十日,郭子仪以八十五岁的高龄辞世。君臣依次到府第吊唁,皇帝还到安福门临哭送行。生前死后,哀荣始终。

【知识性错误。人在生前得到的荣耀不能叫“哀荣”。“生前死后,哀荣始终”应改作“生前荣耀,死后哀荣”。年号写错,“建元二年”应改作“建中二年”,是唐德宗李适的年号。一般书稿里常见年号与公元年份写错现象,编辑审稿时应该核对中国历史年表。】

65. 博学多识,处事完美,这是人人都追求的,但是,并不是任何人所都能轻易达到的。

【赘字。“所都能”中“所”“都”应该删去其一。滥用“所”字,也是最常见的文字差错之一。】

66. 战国时,孟子的母亲为了使孟子有个好的学习环境曾三次搬家,因为孟子逃学,孟母就割断织机的布来教子。

【叙事错误。此句讲《三字经》中的“子不学,断机杼”。“断机杼”不是断“布”。“机杼”在古代指织布时用的“梭”。】

67. 窦燕山的五个儿子一个个先后陆续得中登上皇榜,三个中了进士两个中了举人。这就是“五子登科”这个成语的来历。

【遣词冗赘;句读错误。此句也是引用《三字经》中的故事,但是用词叠床架屋。“一个个先后陆续得中登上皇榜”应改作“先后登上皇榜”。“进士”之后宜加逗号来分开“三个中了进士”和“两个中了举人”这两个并列成份。】

68. 我国也素有“礼仪之邦”的美誉,那么“礼”的内涵是什么呢?

【知识性错误。“礼仪”只指礼节和仪式。“礼仪之邦”应改作“礼义之邦”。可参见《礼记·礼运》对“礼”“义”的解释。“故礼义也者,人之大端也,所以讲信修睦。”“故礼也者,义之实也。”“仁者,义之本也。”当今作者常误写“礼仪之邦”,却不追问其含义。】

69.《四书》是早期儒家的四位代表性人物孔子、孟子、子思、曾参,所以称为《四子书》(也称《四子》),简称为《四书》。

【表述错误。句首“《四书》是”应改作“《四书》的作者分别是”。后半句的陈述也不够准确。简明而准确的陈述可参考《辞海(第六版)》“四书”条。】

70. 我们日常使用的语言,特别是成语,有很多出自《礼记》。比如苛政猛于虎,瑕不掩瑜,放之四海而皆准,至死不变,诚以正心,孙中山先生多次题写的天下为公,还有格格不入,不共戴天等,《礼记》中的好多观念和好多思想,已经通过我们习以为常挂在嘴边的这些成语,深深融入我们传统的思维之中,进入到我们的行为准则之中。

【遣词错误;标点符号错误。“传统的思维”应改作“传统思想”。两处“之中”都是赘语,应该删去。句中多处使用的标点符号是不规范的。全句应改作：

我们日常使用的语言特别是成语中，有很多出自《礼记》。比如“苛政猛于虎”“瑕不掩瑜”“放之四海而皆准”“至死不变”“诚以正心”；孙中山先生多次题写的“天下为公”；还有“格格不入”“不共戴天”等。《礼记》中的许多观念和思想已经通过我们习以为常挂在嘴边的这些成语，深深融入我们的传统思想，进入我们的行为准则。】

71. 元朝首都大都十分繁华，来自世界各国的商人云集。在文化上，则出现了与唐诗、宋词并称的元曲，涌现出诸如关汉卿、马致远、王实甫等著名作曲家。

【概念错误。句末“作曲家”应改作“曲作家”，即“元曲的作家”。“作曲家”指创作乐谱者。而关汉卿、马致远、王实甫都是创作剧本的作家。因元朝戏曲简称“元曲”，故应称关汉卿、马致远、王实甫为“元曲作家”。】

72. 元朝末年，明太祖朱元璋起义，最后推翻了元朝统治，统一全国，建立大明，他自己当上了皇帝，号洪武，定都在金陵。

【名称错误。起兵时的朱元璋并没有皇帝的身份，不能称“明太祖”，应删去这三字。“号洪武”应改作“年号洪武”，以区别于“姓、名、字、号”之名称。】

73. 我们有条件读书的人更应该珍稀自己的条件，千万不要自误。要知道条件随时都在变，机会转瞬即逝，人生匆匆而过，一定要充分利用现有的机会和条件。

【错别字。“珍稀”应改作“珍惜”。此系文字输入时产生的错误。】

74. 每一次的成功都是需要付出无比艰辛的努力的，所以年轻人一定要应该早早立志。“人活一口气，树在一张皮”，人不立志，终归是个凡人。

【遣词冗赘；引文错误；概念错误。“一定要应该”应改作“应该”，或改作“一定要”，但不可重复使用。“人活一口气，树在一张皮”应改作“树活一张皮，人活一口气”，系常用俗语。“终归是个凡人”应改作“终归是个庸人”。做“凡人”没什么不好，不应该受到批评。】

75. 翻开目录首页，第一与第二首就有徐迟的二首长诗《中国的故乡》和《前方有了一个大胜利》。

【遣词错误。“就有”应改作“就是”。“二首”应改作“两首”。此处属于行文太随便而失却精准。】

76. “少年中国学会”主要成员除曾琦外，文学艺术方面还有我国现代音乐运动的第一个理论家王光祈，诗人、散文家朱自清，哲学家及诗集《流云》的作者宗白华，哲学家方东美，诗人及散文家易君左，中国话剧运动的先导者之一，后以“谢瑶环”“海瑞罢官”被文革清算的田汉，三十年代与郭沫若联合创立“创造社”的郑伯奇。

【史实错误；标点符号错误。《海瑞罢官》是吴晗的作品，与田汉无关。“谢瑶环”应改作《谢瑶环》，系戏剧作品，应该用书名号。“之一”后面逗号应改作顿号。“文革”二字应标引号。】

77. 怪不得在1982年初，当时重新复出的周扬，为阿英一本书集写序时，还提及此文。

【遣词冗赘；遣词错误；句读错误。“重新”和“复”意义重复。“重新复出”应改作“复出”。“书集”是一个错误的概念。“一本书集”应改作“一本诗集”或“一本文集”。第二个和第三个逗号都应该删去。一句可以流畅表达的句子不应该滥用逗号将句式截断。】

78. 第十七回写到在观音院中唐僧的宝贝袈裟被盗，悟空急纵筋斤云上黑风山探寻，唬得院中大小和尚等朝天礼拜。

【引述错误。此句讲《西游记》故事，“筋斤云”应改作“筋斗云”或“斤斗云”。文学作品中的名称虽然是想象性质的，但是引用文学名著中的名词或概念时不应擅自改动。《西游记》中的原文是：“话说孙行者一筋斗跳将起来，唬得那观音院大小和尚并头陀、幸童、道人一个个朝天礼拜道：……”】

79. 有的故事还说到，当猴群繁殖起来以后，一度食物出现危机还是那只老神猴去求告观音，才渡过难关。

【错别字。“渡过”应改作“度过”。这也是最常见的差错之一，因为很多人不清楚“渡过”和“度过”这两个词的含义与用法上的差别。】

80. 笔者未尝见研究《西游记》的人引用这方面的材料，但想起猪八戒入赘的那个高家庄也是在“乌斯藏”（元、明对藏族地区的称呼），好像也不能说藏族神话与《西游记》绝无关系。

【引述错误。根据《西游记》里的故事情节，猪八戒入赘在“高老庄”。因此，句中“高家庄”应改作“高老庄”。“高家庄”在故事电影片《地道战》里。】

81. 自从佛教传入中国以后，它提供了一种新的世界图式（顺带说一句，“世界”就是一个佛教语汇，中国人本来只说“天下”）。

【概念错误。“佛教语汇”应改作“佛教用词”。“语汇”指一种语言所具备的或一个人、一部作品所使用的词和词组的总和，而此处所指的只是一个语词。】

82. 杨度认为只有“宪政”这味猛药可以直抵病灶，根治中国的“四大顽疾”。下医医人，上医医国，对此，他的自信并不输给孙中山、黄兴和宋教人。

【人名错字。“宋教人”应改作“宋教仁”。宋教仁（1882—1913），中国民主革命家。】

83. 刘师培投靠两江总督端方，公开背叛革命，这不啻是白璧之玷，而是其一生最大的污点，倾江河之水也无法洗刷。

【关联词错误。关联词的准确性取决于关联词之间的逻辑联系。此句中“不啻是……，而是……”不构成关联。因为“而是……”表达转折关系，但是这句句子中想表达的是递进关系，所以应改作“不啻是……，而且是……”。】

84. 陈独秀不谨细行，常做狭邪游，甚至闹出大动静，由于争风吃醋去八大胡同挥拳打场，抓伤妓女的敏感部位，招致京城媒体的围攻。

【错别字。"狭邪游"应改作"狎邪游"。"狭":窄,不宽阔。"狎":玩弄,不庄重地亲近。因此,"狭邪"不构成词组。】

85. 他向所谓"新文化运动"宣战,多么具有堂吉诃德跃马横剑冲向风车的味道呀!
【叙事错误。在塞万提斯的长篇小说《堂吉诃德》里,堂吉诃德跃马冲向风车时手持的是长矛,不是"剑"。作者写作时不严谨,作品往往会产生这类差错。】

86. 如果一定要确定他们之间的相似关系,他会这么写,他们就像两艘驶向不同方向的船只,一支朝西,一支朝东。
【量词错误。"一支朝西,一支朝东"应改作"一艘朝西,一艘朝东"。两艘船不是两支船队,所以句中的量词不应该用"支"。】

87. 他们即使满蕴着对家人、朋友的爱,却拒绝表达,甚至将这种关爱隐藏出来。
【关联词错误;遣词错误。"即使……,却……"应改作"虽然……,却……"。"隐藏出来"是一种没有方向感的错误表达,应改作"隐藏起来"。】

88. 苏珊、福先生、克鲁索、船长,这些叙述者、受述者和叙述文本中的故事人物,他们要么"干的象纸一样",要么就是在海水中浸泡发胀、"胖得像猪一样",只有星期五的身体仍然可以令"我"感受到脉搏的率动和肌肤的暖意。
【错别字。"干的"应改作"干得",系补语。"象"应改作"像",用规范字。"干的象纸一样"应改作"干得像纸一样"。"脉搏的率动"应改作"脉搏的律动"。"律动":有节奏地跳动,有规律地运动。"率动"不构成词组。】

89. 她也一阵见血地指出了这种观点中隐含的男性中心主义立场,让我们不由得回想起大卫·卢里的类似爱欲给梅兰妮所造成的伤害和痛苦。
【错别字。"一阵见血"应改作"一针见血"。这是文字输入时产生的错误。】

90. 本书涉及的概念很多,如"城市""乡村""城市化水平"等,皆属于学界迄今众说纷纭、歧义丛生而又无法避开、必须要面对的基本词汇。
【遣词冗赘;遣词不当。"必须"和"要"意思重叠。"必须要"应改作"必须"。"面对的基本词汇"系遣词不当,因为句中要说的是一些有歧义的具体概念,故不宜视之为"基本词汇",应当删去这四字。】

91. 城市就是这种无标度性(Scaling Invariance)的地理实体,它只能主观定义,而无法客观测量。
【英文字母大小写错误。括号里的英文不是专有名词,单词的首字母都应该使用小写:scaling invariance。大多数作者都不懂英文规范,以致造成这种常见差错。】

92. 从地图上看,清代西北两省的辖区范围与今天的西北两省辖区有很大的区别,其中清代的甘肃省不但几乎包括今天甘肃省、宁夏回族自治区全部区域，还包括青海省青海湖以东的部分地区。而新疆则比现在的新疆省要大得多。

【名称错误。“新疆省”应改作“新疆维吾尔自治区”。行政区划的名称是严格规定的，在这类常识性的事情上不应该出错。】

93. 宋元以来，尤其是明清以来，随着市镇的兴起与发展，乡村逐步“都市化”。

【概念错误。“都市”指大城市，而句中说的是“市镇的兴起”，所以“都市化”应改作“城镇化”。】

94. 1880—1910 年间，西北地区的外来人口迁入数量和速度，要远大于东南地区。

【句读错误。句中应当删去第二个逗号。随意插入逗号必然使语句不连贯，而作者们往往不注意这一点。】

95. 蒙元以来，蒙古退居边外，其地贫瘠苦寒。

【概念错误。“蒙元以来”是一个无法确定时间的错误概念，应改作“元朝被推翻之后”。“蒙古退居边外”应改作“蒙古族人退居边外”。】

96. 据原临潼县政协朱姓委员称，“这里的外省人以山东人为最多，初时是光绪年间焦应龙在这里作县长时，把他的家乡的山人迁来的”。焦云龙，字雨田，山东长山县丁家庄(今山东省淄博市周村区南郊镇清泉村)人，同治十三年(1874 年)进士。焦云龙在陕为官二十八载，历任陕西关中及陕北多县知县、知州，光绪二十七年(1901 年)卒于潼关抚民厅同知任上。

【人名前后不一致。前面一处说是“焦应龙”，后面两处说是“焦云龙”，前后是同一个人，名字却写得不一致。此类资料，查核或有困难，编辑审稿时宜责成作者据实改正。】

97. 高陵所处关中腹地，土属膏腴，号“关中白菜心”，例来地狭人稠。

【错别字。“例来”应改作“历来”。这一类差错可能是文字输入时的错误，但属于“硬伤”。】

98. 为破解困局，左宗棠主张用兵次序宜先捻后回，先秦所陇。

【错别字。“先秦所陇”构词不合理，当是使用五笔字型输入法时的失误，“所”字应该是“后”字之误，应改作“先秦后陇”。】

99. 此事虽然事由军功李德昌不谙事例所致，但从另一个方面也可以看出，彼时激站正酣，安置回族尚无具体章程可以遵循。

【叙事冗赘；错别字。“此事虽然事由”应改作“此事虽由”。凡属可以清晰表述的语句，不应该重复、啰唆。“激站”应改作“激战”。这是汉语拼音输入法失误造成的。】

100. 部分地方团练，也拥有一定数量的火器，甚至包括抬枪这样的重型火器。

【句读错误。应该删去句中第一个逗号。主语和谓语之间不应该用逗号隔断。】

101. 自同治元年天至二年秋天，每有攻城，城上必开炮轰击。

【脱字。“同治元年天”脱一字,究竟是“春天”“夏天”“秋天”还是“冬天”? 作者在交稿之前若能将自己的文字仔细校读一遍,就不会留下如此明显的脱字之误。】

102. 战争期间人口减少的同时,区域人口在空间分布的集中度开始上升,最直观的表现就是,在很多地方战火焚掠、人烟断绝、日趋荒芜的大背影下,部分地方,反而因为战争的原因出现了人口、商业聚集的状态,至少表面上看起来,显得比战前繁盛了。
【错别字;句读错误。“大背影下”应改作“大背景下”。“部分地方反而”中间不应该用逗号断开。】

103. 灾荒、经济退步和传染病等外在性压力是短期性,从来没有对中国人口形成过马尔萨斯的现实性抑制。
【脱字;表述错误。“是短期性”应改作“是短期性的”,否则造成词性错误。“马尔萨斯的现实性抑制”应改作“马尔萨斯所说的‘现实性抑制’”。因为“现实性抑制”不是“马尔萨斯的”,而是他说的一个术语,这两者的意思是不一样的。】

104. 在纷繁芜杂、形形色色的各种战略定义中,美国海军将领约瑟夫·威利(Joseph wylie)从军事角度给出了一个较为清晰定义。
【英文字母大小写错误;脱字。括号里的 wylie 词首小写 w 应该改作大写,人名属于专有名词。“较为清晰”后脱一“的”字。】

105. 那么我们不禁要问,全球语言生态格局无法回避和摆脱全球化的进程,人类世界近 7 000 多种语言在全球化图景中的现实生态如何?
【数字表述错误。“近”和“多”两字都可以用来表达约数,但只应选用其中一个。“近 7 000 多种”应改作“近 7 000 种”,或“7 000 多种”。】

106. 德国学者威廉·洪堡特(Wilhelmvon Humboldt)认为:“语言是一个民族进行思维和感知的工具,每一种语言都包含着一种独特的世界观。”
【外文人名错误;标点符号错误。Wilhelmvon 应改作 Wilhelm von,是两个单词。译名中姓氏洪堡特按《辞海》中的译法应为“洪堡”,是 18 世纪德国著名学者、政治家,洪堡大学创始者。句末的句号应该在后引号之前,因为这里的引语是完整句。】

107. 哈佛大学学者塞缪尔·亨廷顿曾经预言,冷战结束后,世界的基本冲突主要不是来自意识形态,而是来自文明的冲突,各文明间的界限将成为未来的战线。
【概念错误。“界限”应改作“界线”。“界限”指不同事物的分界,或事物的限度。“界线”指两个区域之间的分界线。虽说这两个词之间有意思共通的地方,但在此句中,既然指向的是“未来的战线”,那么理应使用“界线”。】

108. 美国高校在传统的外语教育机构之外,设立了专门的语言和文化教学组织和研究机构。首先在许多大学,尤其是在研究性大学成立专门的语言中心。

【概念错误。“研究性大学”应改作“研究型大学”。这里所指的是大学的类型，而不是性质。】

109. 正如我国外语教育专家所认为的，外语列为学校教育科目，从历史上看，是拉丁语在学校里转变成外语之后沿袭下来的，是人类文化历史的一种传统。

【表述错误；概念错误。“我国外语教育专家”在这句句子中的表述法太过于模糊和笼统，应改作“我国的一位外语教育专家”。拉丁语本身就是一种外语，所以，“转变成外语”应改作“转变成其他语言”。】

110. 老子(约公元前 571—公元前 471)，姓李，名耳，字聃，字或曰伯阳，谥曰聃，楚国苦县人(今河南省鹿邑地区)，伟大的哲学家和思想家，道家学派创始人。

【表述错误。对于像老子这样中国历史上的著名人物，介绍应该准确一些。但是关于老子的生卒年月，历来并无定论。根据《辞海》条目所述，此句宜改作：

老子，春秋时思想家，道家的创始人。一说即老聃，姓李名耳，字伯阳。楚国苦县(今河南鹿邑东)厉乡曲仁里人(一说为今安徽涡阳人)。】

111. 这毕竟是一本学术书，书中除了情节复述、镜头分析、风格论证外，亦有大量的背景揭示、学理阐述、观点分析，这对我差强人意的英语水平构成了严重挑战。

【遣词错误。句中错用了“差强人意”这一成语。“差强人意”的意思是“大体上还能让人满意”，而句中要表达的意思却是“水平不够”，是为错误。】

112. 一说林徽因的《你是人间四月天》是为儿子粱从诫的出生而作，以表达心中对儿子的希望和儿子出生带来的喜悦。

【错别字。“粱从诫”应改作“梁从诫”。“粱”“梁”二字在文字输入时出错是常见现象。】

113. 歌德在 1773 年创造了戏剧《葛兹·冯·伯利欣根》，从此蜚声德国文坛。

【用词不当。句中动宾词组搭配不当。“创造了”应改作“创作了”。“创作”文艺作品是规范的表达法。】

114. 爱默生 1803 年 5 月 25 日出生于马塞诸塞州波士顿附近的康考德村，1882 年 4 月 27 日在波士顿逝世。他的生命几乎横贯 19 世纪的美国。

【概念错误。“横贯”应改作“纵贯”。“横贯”用于空间概念(例如：横贯美国的铁路)；“纵贯”用于时间概念(即句中所说的“19 世纪”)。】

115. 早期现代英语时期最伟大的作家无疑是莎士比亚，最闻名遐迩的著作是詹姆斯国王钦定版的《圣经》。这部著作(莎士比亚的作品除外)使得我们对近代英语的许多特征至今仍然耳熟能详，尽管我们在日常口语和写作中已经不再使用。

【句式错误。“早期现代”的概念是不准确的，应改作“近代”。(英语里 modern 一词既可指“现代”，也可指“近代”，在理解上有时容易混淆。为了有所区分，英语国家的学者会将“近代”表述为 early modern。此句句子的作者将 early modern 硬译成“早期近代”。)《圣经》可称作“书”，但不成为“著作”。此句中将莎士比亚的作品同《圣经》混淆在一起，表述不清。全句应改作：近代英语时期最伟大的作家无疑是莎士比亚。此外，最闻名遐迩的书是詹姆斯国王钦定版的《圣经》。除了莎士比亚的作品之外，《圣经》使我们对近代英语的许多特征至今仍然耳熟能详，尽管我们在日常口语和写作中已经不再使用。】

116. 1755年塞缪尔·约翰逊出版了《英语词典》，这部字典几经修订，在此后的100年之中成为英国词典编撰的权威。
【遣字错误。“这部字典”应改作“这部词典”。既然已标明《英语词典》，却又说它是“字典”，这是混淆概念。“词典”和“字典”是两种类型的工具书。“词典”以“词”为条目，“字典”以“字”为条目。可参看《新华字典》和《现代汉语词典》，比较两者的区别。汉语的基本单位是“字”，而英语的基本单位是由字母构成的“单词”。】

117. 事实上，如果不以一种完全融和的方式看待印度教教徒和穆斯林教徒做出的各种贡献想了解印度的艺术、文学、音乐、电影或者饮食是不可能的事情。
【句读错误。“各种贡献”的后面应该用逗号将句子断开。在应该断句的地方准确使用逗号，能使句子层次分明，结构关系清晰。】

118. 包括宝莱坞在内的创意文化领域也都一样宝莱坞是印度大众文化广阔天地，许多主要的男女演员以及导演都有穆斯林文化背景(与其他一些非穆斯林血统的人一样)。
【句读错误。“也都一样”的后面应该用逗号将句子断开。理由同上一句一样。】

119. 中国曾经创造过女娲、洛神、蛾皇、女英、妈祖等多种多样的女神，但是这些女神并非裸体化的造型。
【错别字。“蛾皇”应改作“娥皇”。“蛾”是昆虫；“娥”用于女性。】

120. 而这种无意的主观选择在客观上恰好符合了所谓的木桶理论。依照木桶理论所体现的规则可知，水桶能盛多少水取决于最短的一块木板。
【事实错误。“木桶理论”是一种以讹传讹的所谓理论。在实际生活中，木桶的桶身木板都是一样长短的，不知道哪一个国家的木匠会用长长短短的木板做一只木桶。有不少作者用这种所谓的“木桶短板理论”来说事，却罔顾常识，以讹传讹。对此，无论作者还是编辑都不应该盲从。】

121. 幸运的是，经过了新中国成立后数次激进主义城建运动的冲击，南京城墙仍存有大约21.351千米。
【遣词错误。如此精确的数字，不应该用“大约”来形容。】

122. 明松江华亭人(今上海)陈继儒即为当时著名“山人”。
【语序错误。“(今上海)”应该紧接在“松江华亭”之后。即：
明松江华亭(今上海市松江区)人陈继儒即为当时著名“山人”。】

123. 时至今日,李小龙已经不仅是一位武打明星,而是武术技击家、武术哲学家、全球极具影响力的华人武打演员、世界武道改革的先驱者,UFC 的起源者,MMA 之父以及截拳道武道哲学的创始人。

【关联词错误;表述不规范。"不仅是……而是……"应改作"不仅是……而且是……"。关联词表述错误也是一种常见差错。句子中夹用的英文缩写词属于不规范表述。"UFC"应改作"无限制格斗(UFC)"。"MMA"应改作"综合格斗(MMA)"。】

124. 2016 年,北京市户籍居民期望寿命为 82.03 岁,高于全球高收入国家和地区水平(80.8 岁)。在全球,仅次于冰岛、日本、瑞士等 13 个国家和地区。

【表述错误。"仅次于"意思是"位列第二",所以只能仅次于 1 个,而不是 2 个或 2 个以上。句中的"仅次于冰岛、日本、瑞士等 13 个国家和地区"应改作"位列于冰岛、日本、瑞士等 13 个国家和地区之后"。】

125. 不过在中外翻译史上也有一些译作却能打破文学翻译的这个"魔咒",在世上长久流传,譬如中国文学史上的《敕勒川》(风吹草地见牛羊),殷夫翻译的裴多菲的"生命诚可贵,爱情价更高,若为自由故,两者皆可抛"等。

【引文错字。"风吹草地"应改作"风吹草低"。引用著名作品的文字,尤其要注意每一个字都要准确。】

126. 公关危机(Public Relations Crisis),也称作为公共关系危机,主要指那些对组织的生产与发展构成威胁,影响到组织生产经济活动的正常进行,或是对组织形象产生重要损失的某些突发性事件。

【叙事错误;英文字母大小写错误。"也称作为"应改作"即"。"公关危机"和"公共关系危机"只是简称和全称的关系,不是不同名称,所以不应表述为"也称作"。括号里的英文词组不是专有名词,所以 3 个英文单词的首字母不应该大写。】

127. 危机公共关系(Crisis Public Relations)的准确性称谓应该是针对危机事件处理时期的公共关系工作。

【表述不当;英文字母大小写错误。"危机公共关系"不是一个概念不准确的词组,后面的文字实际上是释义,所以不应该表述为"准确性称谓应该是"。括号里的英文词组不是专有名词,所以单词首字母都不应该大写。句子应改作:

危机公共关系(crisis public relations)的意思是"针对危机事件处理时期的公共关系工作"。】

128. 减少危机的发生并降低危机的损失,那么唯一的途径就是提高政府预防危机、应对危机、处理危机的效率,并以此构建系统性的危机管理机制。

【表述错误。"那么"之前缺关联词。应改作"如果要减少……,那么……"句式。】

129. 其三,如何传播涉及传播的方式与手段问题,而传播的具体方式就是通讯卫星、广播电视、电影图书、电话电报、互联网、移动网络等系列信息工具。
【句式不当；标点符号错误。按照句子成分的逻辑和相互关系，全句应改作：
其三，如何传播。这涉及传播的方式与手段问题。而传播的具体方式就是通讯卫星、广播、电视、电影、图书、电话、电报、互联网、移动网络等系列信息工具。】

130. 而一般性危机只是在一定程度上影响了组织的发展，且与社会公众的冲突而不大。
【衍字。“冲突而不大”应改作“冲突不大”。“而”字在句中是多余成分，而且破坏句意。】

131. 当负面情绪积攒已久，危机公共关系的爆发属于必然。
【概念错误。“爆发”的应该是“危机”，而不是“危机公共关系”。写作的要义之一是“概念准确”，而不准确的概念往往使句子变错误。】

132. 如企业的形象就包括：产品质量、经营特色、专业管理、服务方式、企业文化、经济效益、社会贡献、技术实力、物质设备和员工素质等等。
【概念错误。“物质设备”是个错误概念，应改作“物资设备”。】

133. 应分析不利因素的重点方面，逐步由强到弱反击，毕竟一拳难敌四手。
【表述错误。俗谚是“双拳难敌四手”。用俗谚来比喻，引语要准确，不应随意做明显更改。】

134. 入则笃行，出则友贤。——儒家代表人物，旬子
【错别字。“旬子”应改作“荀子”。这是一处绝对不应该出现的错误。】

135. 现代社会的日新月异，但总是存在着一部分人不去领悟新知识、新的工作和生产方式，并倚靠已过时的学识和认知来看待社会问题。
【衍字；遣词错误。“现代社会的日新月异”应改作“现代社会日新月异”。“并倚靠”应改作“只倚靠”。否则句子不通。】

136. 当日下午，三鹿集团公司对外发布事件调查结果，所得出的结论是“不法奶农向鲜牛奶中掺入三聚氰胺造成婴幼儿患肾结石，不法奶农才是本次危机事件的真凶，并通过国家卫生部发布会召回婴幼儿奶粉声明”。
【表述错误。句中把不应该放进引号的部分也放了进去，造成引文不合理。全句应改作：
当日下午，三鹿集团公司对外发布事件调查结果，所得出的结论是“不法奶农向鲜牛奶中掺入三聚氰胺，造成婴幼儿患肾结石，不法奶农才是本次危机事件的真凶”，并通过国家卫生部发布会，发布“召回婴幼儿奶粉声明”。】

137. 第一，积极面对危机，并与媒体组织进行迅速而有效地沟通。
【错别字。“有效地”应改作“有效的”。句中用了“进行”作动词，“沟通”作宾语，是名词，则前面应该用定语“有效的”来做修饰词。】

138. 关于记者的服装和穿戴的要求。从性别上来说,可以划分为女性服装和男性服装。从年龄来看,可以划分为幼儿装、儿童装、青年装和中老年装。
【叙事错误。记者的服装中不应该有“幼儿装、儿童装”。作者思路不清,编辑审稿时也未能想一想,结果造成这种可笑的错误。】

139. 最后,请人办事或是会见媒体记者后,在结束时一定要致谢,虽然为是套话但总是能够给人展示出一种礼貌的态度。
【衍字。“虽然为是套话”应改作“虽然是套话,”并加逗号。一个多余的“为”字造成句子不通顺。】

140. 本部分内容将着重介绍危机公关中的记者交际艺术,具体包括口语交际艺术的基本概述与主要技巧、书面交际艺术的基本概述与主要技巧。
【脱字。“记者交际艺术”应改作“同记者交际的艺术”。在危机公关中,记者是公关对象,不是公关主体。】

141. 每门课程采取了课程描述(教学大纲与目标、课程内容与要求、教材与考核形式)、教学方法、学习指南、答学生问、课外拓展的体例,根据大纲要求和学习由浅至深的规律,按一、二、三、四个年级分别编写。
【脱字;衍字。“采取了”应改作“都采取了”,因为前面有修饰词“每门”。“四个年级”应改作“四年级”,在句中是并列概念。】

142. 阅读可以丰富你们的人文素养,帮助你们发现自己,把生活过成自己的样子。
【语病。“把生活过成自己的样子”语焉不详。可改作“提高自己的生活质量”或“按照自己的愿望生活”之类。】

143. 总体要求为:能听懂英语国家人士关于日常生活、社会生活和学习的演讲和会话;能理解大意,领会说话者的态度、感情和真实意图;能做简单笔记;能辨别各种英语变体(如美国英语、英国英语、意大利英语等)。
【知识性错误。“英语变体”是指与英国英语不同的文字变异,但是,英国英语不是“英语变体”。括号里的文字中应该删去“英国英语”四字。】

144. 英国学者提出:“文化战略是一个国家利用符号或图腾等文化力量的战略思想或决策,也是一个民族通过其价值观、态度习惯和行为模式解决问题的手段。”(Booth, 1990:121-128)
【脱字。“英国学者”应该指明具体是谁。根据括号里的引文出处提示,应改作“英国学者布斯提出”。】

145. 1973年,为了提高在国际和欧洲的商务竞争力,英国加入了欧共体。1977年,女王督学团(inspectorate)发布11-16: the red book报告,提出将一门现代外语纳入核心大纲,建议一学期40周、每周4课时教一门外语。

【叙事错误。英国中小学每年有3个学期,每一学期不可能有40周。如果稍有点分析意识的话,应该看到句中的“40周”必定是一个错误数字。每一年一共52周,分为3个学期,还包括假期。如果每一个学期都用40周来上外语课,那么一年要上120周外语课,这岂不是一笔糊涂账?编辑读稿时,一看到“每学期40周”,脑海中应该立即浮现3个字——“不可能”。】

146. 75%的不能用任何10种关键语言对话的英国成年人应该努力学习至少一种新语言的基础知识,响应“掌握未来1 000字运动”(Speak to the future's 1,000 words campaign)的号召。
【叙事错误;概念错误。上半句未能将事实表述清楚,“75%的不能用任何10种关键语言对话的英国成年人”应改作“英国成年人中有75%不会用10种关键语言中的任何一种同人对话,他们”。“1 000字”应改作“1 000词”。】

147. 2006年开始建立资助计划,目的是“培养世界级研究人员队伍,具备必要的语言技能,从事在阿拉伯世界中、中国、日本和苏联在内的东欧的研究工作”。
【表述错误;知识性错误。“在阿拉伯世界中”应改作“各阿拉伯语国家”。2006年,世界上早已没有“苏联”了,“苏联在内的东欧”应改作“包括俄罗斯在内的东欧”。】

148. 翻译教师应该做到能够提供自己的译文,这是起码要求,不能停留在评价现成译文的优劣上。轩治峰《新编英汉翻译技巧》的翻译练习不提供译文,即出于此考虑。
【叙事错误。前后两句的叙事自相矛盾。根据上下文意思,后句的“不提供”应改作“提供”。】

149. 一个人可能因为自认是失败者而去酗酒,然后又因为酗酒而失败地更彻底。
【错别字。“失败地”应改作“失败得”。此处应该用补语。】

150. “临终抢救”成为非物质文化遗产保护领域的关键词,这个词汇形象地体现了城镇化中濒临覆灭的画乡的现状,也反映了有识之士对于我们曾经共同持守的年画记忆的热爱,以及敢于担当的精神。
【概念错误。“临终抢救”是由“临终”和“抢救”两个词构成的词组,所以“这个词汇”应改作“这个词组”。很多人不明白“词汇”这一概念的定义。“对于……的年画记忆的热爱”应改作“对于……的年画的记忆和热爱”,因为热爱的是年画,而不是热爱对年画的记忆。只有表述为对年画的记忆和对年画的热爱,才符合逻辑。】

151. 到清代,年画发展到高峰,从最初被作为辟邪驱鬼的符箓,渐渐地又增加了吉祥如意、多子多寿、娃娃侍女一类的题材。
【错别字;标点符号错误。“娃娃侍女”应改作“娃娃、仕女”。“侍女”是女仆,“仕女”是以美女作题材的画。将“娃娃侍女”连在一起会产生歧义,被理解成“小女仆”。】

152. 武门神造型一般是武将,如《神荼—郁垒》《秦琼—敬德》《赵公明—燃灯道人》等,也有父子、夫妻、兄弟门神,如《关公—关胜》《韩世忠—梁红玉》《马超—马岱》等,通常贴于临街大门上。

【知识性错误。“《关公—关胜》”应改作“《关公—关平》”。关公和关胜不是父子关系。根据《三国志演义》,关平是关羽的义子,所处时代为东汉和三国(公元220年前后);而根据小说《水浒传》的说法,关胜是关羽的后代,所处时代为北宋(公元1100年之后)。即使有关胜此人,同关羽也相差了约880年,不可能成为“父子”。】

153. 青年夫妇房中帖娃娃画,老年人室内贴历史故事、山水花鸟等。

【错别字。“帖娃娃画”应改作“贴娃娃画”。此处当属文字输入时的错误。】

154. 灶王爷的神像一般大都贴在灶房的北面或东面灶王龛里。

【遣词冗复。“一般”和“大都”连续使用,属于冗赘,应该只取其一。】

155.《二十四孝》是元代郭居敬的名著,其教育意义跨越千年,影响深远。

【叙事错误。《二十四孝》故事含有糟粕,应该删去“其教育意义跨越千年”。又,元代距今只七百年左右,不应说“跨越千年”。】

156. 在这种形势下,解放区涌现出了大量富有内涵的作品:如沃渣的《五谷丰登六畜兴旺》、江丰的《念好书》、严涵的《保卫家乡》《军民团结》和《抗战胜利》、元古的《拥护老百姓自己的军队》等,这些作品适应当时的形势需要,极大地坚定了解放区军民抗击日寇的决心。

【标点符号错误;人名错误。句中的冒号应改作逗号,因为后面用了“如”字,否则保留冒号,则删去“如”字。“严涵”应改作“彦涵”,系著名版画家。“元古”应改作“古元”,系著名画家、版画家,曾任中央美术学院院长等职务。】

157. 年画的传承主要有两种方式,一是家传,以血缘关系为纽带,如父子相传;二是师传,师传徒,一脉相承,概不外传。

【叙事错误。“父子相传”属于“概不外传”,而“师传”即师傅传给徒弟,却是“外传”。所以,句中应该将“概不外传”四字移到“如父子相传”后面,才符合事实。】

158. 夏、商、周三代的戏出年画题材主要源于《封神演义》和《武王伐纣平话》等古典小说。

【叙事错误。“夏、商、周三代的戏出年画”应改作“关于夏、商、周三代的传说和历史故事的戏出年画”。因为这里所说的年画不是在夏、商、周三代出版的,而是现代出版物。】

159. 专家认为早期传入日本的中国民间木版年画作品对日本浮士绘产生较大影响。

【错别字。“浮士绘”应改作“浮世绘”。这里牵涉到作者和编辑对“浮世绘”这个概念是否清楚的问题。作者写错,估计是不懂;编辑未发现错误,估计也是不懂。】

160. 法国国家图书馆收藏约有四十多幅中国的年画,产地为天津杨柳青、苏州桃花坞、河南朱仙镇、山东潍县、四川绵竹、上海旧校场年画等。

【叙事错误。“上海旧校场年画”应改作“上海旧校场”,删去“年画”二字,因为这里叙述的是“产地”。】

161. 其中,仅浮世绘就有 505 件的图像数据库,截至到 2002 年 10 月为止,收录数量为 31000 张。

【表述错误。“截至到 2002 年 10 月为止”应改作“截至 2002 年 10 月”。数字“31000”应该有千位空格,即“31 000”。】

162. 作为我国五大年画基地之一的山东潍县年画,以其对比强烈的色彩、质朴明快的风格,独具特色的民间艺术而著名。

【叙事错误;标点符号错误。句中说的是“基地之一”,那么应该指“山东潍县”,而不是“山东潍县年画”。所以应该删去“年画”二字,并将后面“以其”改作“其年画以”。“风格”二字后面的逗号应改作顿号。全句应改作:

作为我国五大年画基地之一的山东潍县,其年画以对比强烈的色彩、质朴明快的风格、独具特色的民间艺术而著名。】

163. 2012 年,几位学者出版了英文版的 *Digital Preservation Technology for Cultural Heritage*《文化遗产数字化保护技术版》。

【标点符号错误;翻译错误。书名是英文,后面的中文译文书名号外面应该加用括号。句末“技术版”应改作“技术”。】

164. 首先要打造一只教师学术团队,充实非物质文化遗产的历史文化知识。

【量词错误。“一只”应改作“一支”。】

165. 会议以“传统木版年画的当代传承”为主题,邀请了俄罗斯和波兰及国内外高校和学术机构专家学者、年画传承人,就传统木版年画的传承与保护、年画文化记忆传承、国际木版年画研究等诸多议题展开深入探讨。

【表述错误。“俄罗斯和波兰及国内外高校和学术机构专家学者、年画传承人”属于表述不当。俄罗斯和波兰属于“国外”,再用“及国内外”就不合逻辑了。应改作“国内高校和学术机构以及来自俄罗斯、波兰的专家学者”。】

从以上 165 条案例中可以看到:

(1) 在现在的正式出版物和终审书稿校样中,由于很多作者水平低下,写作态度越来越随便,再加上排版、编辑、校对的水平欠缺和工作态度的粗疏,不仅造成错别字泛滥,而且造成知识性差错日益增多。如果编辑不能守住审稿这一关,后果可想而知。

(2) 用电脑输入文字时所产生的差错,比手写文字时多,造成文本中的任何一个字都有可能成为错别字。这种情形有时也使许多编辑人员“防不胜防”。也正因为如此,对编辑人员的素质要求就成为一个不可忽略的问题。

(3) 除了错别字和知识性错误之外,语法错误和逻辑错误也越来越成为常见现象。因此,出版单位的编辑校对人员有必要在入行之初、在编辑工作实践中不断地学习和巩固汉语语法和逻辑知识。

附录：编辑审稿常见错别字表

1. 关于“错别字”的定义

根据《现代汉语词典》的定义：【错别字】错字和别字。【错字】写得不正确的字或刻错、排错的字。【别字】写错或读错的字，比如把“包子”写成“饱子”，是写别字；把“破绽”的“绽”(zhàn)字读成“定”，是读别字，也说白字。

但是有学者指出：“错别字包括错字和别字。错字指写得不成汉字，是规范标准的字典中查不出的字。……别字是把该写的甲字写成了乙字，……实际上，写别字，也是写错了字，因而错别字可以统称为‘错字’。”(陈昌来，“第二章：文字”，见张斌主编《新编现代汉语(第二版)》，2008 年，复旦大学出版社，第 139 页)

根据现在电脑输入文字的实际情形，有了字库，已不再出现“写得不成汉字”的字，但是同音错字、近形错字、莫名其妙出现的错字、未及改正而遗留的错字、乱码错字等等，反而比手写稿件和铅排时代更多。这些都可以归作“错别字”。

2. 字表使用说明

(1) 本表内的文字条目排列，按括号内正字的汉语拼音首字母顺序分列。

(2) 编辑审稿时会遇见的常见错别字实际上远远不止表内所列的各条。

(3) 若在审稿时发现表中所列文字有歧义，则可参照《汉语大词典》《辞海》《现代汉语词典》加以甄别。

以下括号里的字是正字。

A	按(安)装	桀傲(骜)不驯	暗(黯)然失色	
B	飞扬拔(跋)扈	甘败(拜)下风	可见一班(斑)	搬(班)门弄斧
	磕磕拌拌(绊绊)	植背(被)	英雄倍(辈)出	并行不背(悖)
	自抱(暴)自弃	疫情爆(暴)发	报(抱)怨别人	金壁(碧)辉煌
	完壁(璧)归赵	原形必(毕)露	遮天敝(蔽)日	针贬(砭)
	土地偏(褊)狭	思辩(辨)能力	辩(辨)证施治	明辩(辨)是非
	飚(飙)升	禀(秉)性	泊(舶)来品	脉博(搏)
	淡薄(泊)明志	按步(部)就班		
C	兴高彩(采)烈	参(掺)杂	精采(彩)	璀灿(璨)
	谄(谄)媚	噪(嘈)杂	苍(沧)海桑田	如愿以尝(偿)
	墨守陈(成)规	相辅相承(成)	松驰(弛)	一愁(筹)莫展
	纂(篡)改	穿(川)流不息	劈斧皱(皴)	鞠躬尽粹(瘁)
	精萃(粹)	笔耕不缀(辍)		
D	披星带(戴)月	穿带(戴)	责无旁代(贷)	明确交待(代)
	新闻报导(道)	中流抵(砥)柱	迭(叠)加	重迭(叠)
	高潮叠(迭)起	更叠(迭)	叠(迭)现	签定(订)
	过度(渡)时期	渡(度)假村		
E	恶(噩)耗	卓而(尔)不群		
F	防(妨)碍	安份(分)守己	辈份(分)	部份(分)
	缘份(分)	份(分)量	分(份)额	过份(分)
	名份(分)	水份(分)	受益非(匪)浅	幅(辐)射
	一幅(副)对联	天翻地复(覆)	反覆(复)	付(副)官

G	言简意骇(赅)	气慨(概)	以偏盖(概)全	麦杄(秆)
	盅(蛊)惑	鼓(蛊)惑	一股(鼓)作气	悬梁刺骨(股)
	粗旷(犷)	食不裹(果)腹		
H	呵(哈)欠	含(涵)盖	震憾(撼)	凑和(合)
	混和(合)	轰(哄)堂大笑	侯(候)车室	候(侯)爵
	诸(侯)候	化(花)钱	涣(焕)然一新	装璜(潢)
	张慌(皇)失措	慧(彗)星		
J	处心极(积)虑	迫不急(及)待	既(即)使	急(疾)驶
	大声急(疾)呼	外藉(籍)	鬼蜮技(伎)俩	一如继(既)往
	汗流夹(浃)背	不加(假)思索	嘎(戛)然而止	历久弥艰(坚)
	草管(菅)人命	缸(豇)豆	浆(糨)糊	直接(截)了当
	恋母情节(结)	慰籍(藉)	籍(借)此	劝戒(诫)
	陷井(阱)	娇(矫)揉造作	挖墙角(脚)	一诺千斤(金)
	不径(胫)而走	竞(竟)然	既往不究(咎)	家俱(具)
	峻(竣)工			
K	不落巢(窠)臼	克(恪)尽职守	烩(脍)炙人口	巍(岿)然不动
L	打腊(蜡)	死皮癞(赖)脸	兰(蓝)天白云	兰(蓝)色
	陈词烂(滥)调	无耻澜(谰)言	嬴(羸)弱	鼎立(力)相助
	再接再励(厉)	变本加利(厉)	亲历(力)亲为	连(联)络
	老俩(两)口	俩(两)人	黄梁(粱)美梦	了(瞭)望
	眼花瞭(缭)乱	高屋建领(瓴)	水笼(龙)头	杀戳(戮)
	痉孪(挛)	美仑(轮)美奂	罗(啰)唆	
M	蛛丝蚂(马)迹	毛(茅)房	冒(贸)然	拾金不味(昧)
	萎糜(靡)不振	风糜(靡)一时	奥密(秘)	密(秘)而不宣
	神密(秘)	海棉(绵)	沉缅(湎)	虚无缥渺(缈)
	缪(谬)托知己	名(明)信片	暝(酩)酊大醉	默(墨)守成规
	大姆(拇)指			
O	沤(呕)心沥血			
P	如法泡(炮)制	敞蓬(篷)	凭(平)添	
Q	分岐(歧)	出奇(其)不意	神祗(祇)	修茸(葺)
	倾(顷)刻	亲(青)睐	磬(罄)竹难书	并驾齐躯(驱)
	入场卷(券)	声名雀(鹊)起		
R	杀身成人(仁)	发韧(轫)	水乳交溶(融)	溶(融)合
	文化熔(融)合			
S	珊珊(姗姗)来迟	瞻(赡)养	少(稍)安勿躁	搔(瘙)痒病
	欣尝(赏)	震摄(慑)	引伸(申)	谈笑风声(生)
	久负胜(盛)名	日蚀(食)	各行其事(是)	人情事(世)故
	有持(恃)无恐	自行其事(是)	额首(手)称庆	追朔(溯)
	鬼鬼崇崇(祟祟)			
T	塌(踏)实	坛(昙)花一现	坦(袒)露	金榜提(题)名
	题(提)纲挈领	服服贴贴(帖帖)	挺(铤)而走险	走头(投)无路
	退(褪)色			
W	英国皇(王)室	痴心忘(妄)想	举步惟(维)艰	惟(唯)物

	趋之若骛(鹜)	好高骛(骛)远		
X	迁徒(徙)	洁白尢暇(瑕)	暇(瑕)疵	闻名暇(遐)尔(迩)
	不象(像)话	肖象(像)	真象(相)大白	想像(象)
	意像(象)	一笔勾消(销)	消(销)声匿迹	九宵(霄)
	响彻云宵(霄)	想望(向往)	水泻(泄)不通	洩(泄)露
	造形(型)	雏型(形)	珍羞(馐)	气喘嘘嘘(吁吁)
	诩诩(栩栩)如生	渲(宣)泄	喧(渲)染	宣(喧)宾夺主
	寒喧(暄)	弦(旋)律		
Y	掩(偃)旗息鼓	膺(赝)品	不能自己(已)	亦(抑)或
	贬意(义)词	断章取意(义)	万马齐暗(喑)	一涌(拥)而入
	尤(犹)如猛虎下山	竭泽而鱼(渔)	滥芋(竽)充数	给于(予)
	世外桃园(源)	援(缘)木求鱼		
Z	算帐(账)	脏(赃)款	醮(蘸)水	戒骄戒燥(躁)
	暴燥(躁)	动辙(辄)得咎	蜇(蛰)伏	装祯(帧)
	饮鸠(鸩)止渴	坐阵(镇)	旁证(征)博引	不知(置)可否
	枝(支)离破碎	仗义直(执)言	灸(炙)手可热	脍灸(炙)人口
	不致(至)于	限止(制)自由	九洲(州)	床第(笫)之私
	姿(恣)意妄为	编篡(纂)	乔妆(装)打扮	作(做)梦
	做(坐)月子	座(坐)落		

第三单元　处理政治性差错的方法

一、与政治问题审稿有关的一些基本概念
二、什么是“言论自由”和“出版自由”?
三、政治性差错的定义和范围
四、书稿审读中政治把关的内容范围
五、发现和认定政治性差错
六、政治性与意识形态性质差错的修改技巧
七、一些具体问题的处理方法
八、书稿政治问题审读者的素质条件
九、审读报告实例

编辑在审稿时应该特别注意的一个很重要方面就是对政治性问题的鉴别和处理。在审稿过程中,编辑应当关注书稿对政治性问题的表述是否正确。对政治问题,编辑不可以忽视,不可以漠视,不可以糊涂和麻木,更不可以持错误立场。在出版业,政治问题不是小问题,政治性差错不是小差错。严重的政治性错误有可能会造成极其不良的后果。

从类型角度,可以将“政治”分为政治立场与观点、意识形态、社会公共道德等几个方面,涉及基本路线、重大方针政策、对政治人物的评价、国家法律、国家领土、政治生活、军事、外交、统战、宗教、民族、国家机密等。具体而言,这些方面的差错可能出现为篇章、段落、句子、语词等在表述、评论乃至翻译中的有意或无意的失误。

当编辑处于工作状态时,岗位职责要求编辑树立正确的政治观、历史观和哲学观,才能使出版物避免片面的、狭隘的思想方法和偏激的言论,消除书稿中存在的各种政治性错误,达到审稿工作的政治标准。对于恶意的政治言论,切记应该采取“零容忍”态度。

一、与政治问题审稿有关的一些基本概念

书稿的政治倾向、政治立场、政治观点、政治表述是编辑审稿的第一重点。审读书稿时,如果只关注了错别字,却忽略了政治性错误,就是重大的工作失误。

作为编辑,以下几条是不可以须臾忘记的:

1. 政治原则

每一个国家的主流意识形态和政治话语，都不容忍“政治性错误”或“political incorrectness”。由于国家利益、社会制度、政治立场、政治观点、政治倾向、意识形态、世界观、伦理道德等方面的根本差异，人与人之间会有不同的甚至是对立的政治观点。但是，政治正确性无论对谁来说都会是一条原则。其中，国家利益是至高无上的政治原则，这是我们处理书稿中政治性差错时必须坚持的核心观念。世界上所有的国家在这一方面都是一样的。

以美国为例。美国一向标榜“自由”，但是美国政府却擅长于操纵媒体，控制舆论。美国著名学者诺姆·乔姆斯基曾撰文指出，美国社会的意识形态与思想控制的深入程度和广泛程度比想象的更甚。美国的所谓“自由”和“民主”，其实都是为了它自己的利益，由此为最高原则来制订它的政治“正确”与否的标准。

以德国为例。2007 年 9 月 10 日，路透社报道，德国一位著名的电视节目女主持人埃娃·赫尔曼在自己的新书发布会上说：“一位狂躁危险的人物曾使德国走向毁灭，那是个可怕的年代。但是我们不应无视它的好处，比如那时的价值观、家庭观、那个年代的儿童和团结精神。”电视台认为她的言论“与她作为电视节目主持人的身份极为不符”，因此解雇了她。

维克托·迈尔-舍恩伯格在《删除》一书中讲到一件事。“想成为教师的史黛西，曾把一张戴着海盗帽拿着酒杯的照片上传到某个社交网站，照片成了她的行为与教师资格不相称的证据。虽然她删除了照片，但是搜索引擎和社交网站都已经将她的照片‘存档’，就算她自己看不见照片，别人也可以通过搜索访问，找到她的‘罪证’。最终，她被取消了教师资格。”（[英]维克托·迈尔-舍恩伯格《删除》，袁杰译，浙江人民出版社，2013 年）

在不同的政治制度下，对政治问题的重视态度都是一样的，这是一种普遍事实。所以，理直气壮地坚持我们自己的政治原则和正确立场，这是无可非议的。

2. 基本概念

书稿里的“政治学的学术问题”往往同“现实中的政治问题”交叉、夹杂在一起。区分这两者的方法是依据学理：历史上的政治活动的典型，以及政治学家、历史学家们对它们的思考，积淀下来的就是学术问题；对当代政治生活中的现象做客观分析并上升到抽象的政治学基本原理的，属于学术问题，但应注意，有些所谓的“学术”实质上隐藏着政治性问题；而针对当下现实的政治主张或观点，必定是现实政治问题。对学术著作中的政治性问题要作合理分析，而对于那些针对现实政治问题的论述，编辑在审稿时要持慎重态度。

3. 政治把关意识

编辑在审读和处理书稿时，对上述概念应该有清醒的意识。要学会在审稿中具有对政治性问题的“敏感”能力。用正确的政治观点来纠正错误的政治观点及其表述的文字，就是“政治把关”。有些作者喜欢对政治问题发表信口开河的评论，喜欢说一些出格的话、自以为是的见解，甚至宣扬错误观点。对此，编辑只有通过“把关”才能纠正政治性错误。

4. 出现政治性差错的可能范围

就作者的文字表述而言，政治性差错可能出现在任何一个学科的书稿里，其叙事或论述的内容，包括政治制度、国家大事、基本路线、方针政策、国家法律、地图国界、政治、军事、统战、外交关系、宗教问题、意识形态、台湾问题、民族问题、保守国家机密等等。政治性差错的表现是五花八门的,除了明显的政治性表述之外,也包括涉嫌宣扬淫秽色情、封建思想、迷信、荒诞无稽的内容,以及违背道德原则的内容,甚至连一处标点符号错误也可能导致政治问题。

案例 3-1

以下是某一部长篇小说里的一个句子:

"可就是这样一群人,却打败了有美国支持的蒋介石八百万正规军,直到把老蒋赶去台湾建立了新中国……"

【"赶去台湾"后面漏了一个逗号,造成了句子意思的严重错误。其实为了避免歧义,句子应该这样写:"可就是这样一群人,却打败了由美国支持的蒋介石八百万正规军,直到把老蒋赶去台湾;也正是由这样一群人建立了新中国。"】

5. 必须改正政治性差错

对于书稿里的政治性错误,必须加以改正。编辑不可以为了图省事而罔顾错误,也不可以谰言"为什么不可以""作者不会错的""别处已经发表过了""这是事实"等等。哪怕只是遇到"中国的污染是世界上最厉害的""中国人达到最低小康,就会给别国带来很大的经济损失"之类的话,也应该意识到这是政治性质的问题,必须做出正确处理。岗位职责要求编校人员心中切记四个字:国家利益!在这个问题上,一切错误立场或糊涂观念都会导致编辑工作失败。

6. 要有博学的政治知识

政治知识也属于博学知识的范围,具体而言,是指政治学知识、政治历史知识、政治生活经验。在编辑自身的知识结构中,应该储备对许多重大政治、历史过程和具体政治、历史事实的记忆。即便没有政治生活经历,作为编辑,对许多事情也应该通过学习和积累而"知道"。否则就是"缺乏知识"。(2007 年,一位 31 岁的编辑问:"林彪这个人是谁?"可算一例。有人说,他们年轻,不知道许多事情,可以理解。但是,编辑不同于一般人,他们对许多必要的知识不能不知道。)政治知识也是编辑审稿的专业基础知识之一。不具备政治知识是很难做好编辑工作的。

有许多政治知识属于编辑工作的必备知识,例如,党和国家的现行政策、政治生活原则、国体政体、立法司法、宪法法律、政策规定、中国近现代史、当代政治、中共党史、国际政治、道德规范、国家安全、领土疆域、行政区划、意识形态、宗教、民族、历史人物、时事时政,等等。

在技术层面上,编辑应当非常熟悉关于出版法律、法规的政策性规定和技术性规定,以及对相关问题的语言表述规范和技术处理规范。

同以前相比,现在书稿中属于意识形态方面的政治性差错越来越多,而且大量出现在正式出版的书刊中。这一现象应当引起编辑工作者的重视。在审读某些领域的相关书稿或论文时,我们经常会面对一些在叙事或论述中事关政治倾向和政治立场的问题,例如:

> 是对反"右"扩大化、盲目"大跃进"、"文化大革命"的否定,还是对中国共产党和社会主义制度的否定?
>
> 是批评当代历史社会中的问题,还是从根本上否定当代中国社会?
>
> 是批评中国共产党在执政中的缺点,还是质疑甚至否定中国共产党执政的合法性?
>
> 是客观地肯定抗战时期中国国民党军队在正面战场上的历史作用,还是借此来全盘否定中国共产党及其领导下的八路军、新四军作为抗战的中流砥柱的功绩?

出于全盘西化的理念或主张，总是拿西方的事情同中国的事情做对比，而否定中国的政治制度、社会文化、民族风俗，是合理的吗？

西方的三权分立、代议制民主制是否只有优点而没有缺点，而中国的政治实践中的协商民主、人民代表大会制度和民主集中制是否等同于“极权”的？

对1949年以后的历次政治运动中产生的一些问题，能否完全脱离当时的历史环境来观察和分析？

把1949年以后的决策错误全部归结为某一个人的作用，是否违背了政治常识和历史事实？

言论自由和出版自由是否等同于想说什么就发表什么？

这样的问题越来越多。其中的核心错误是对中国共产党和社会主义制度的偏见、怀疑和反对。

事涉政治问题的书稿(例如与政治敏感问题有关的研究、国际问题会议论文集等)，作者或主编者本身往往存在一些问题：

(1) 不懂得如何守住政治言论的底线；

(2) 不懂得“内外有别”，不知道研讨问题与正式发表的区别；

(3) 偏激的政治观点表述，有些不一定出于作者固有的政治理念，而是为了引人注目而走极端，迎合少数读者、媒体受众和网民的政治口味；

(4) 有些时候，书稿中的问题属于作者本身所持的立场和观点错误；

(5) 作者或主编者没有负起写作或编稿、审稿的责任。

出版社编辑部的选题应当避免那些对中国现当代政治历史与政治实践一知半解甚至浑然不知的批判观点和言论，抛弃那些仅拾西方意识形态余唾而自以为是却不负责任的老生常谈。

编辑在审稿时应当时时警惕对当代中国政治的攻击性言论。

也许有些编辑不认为这些都是问题，或者编辑本身就持某些相似观点，但是，类似的问题都牵涉到出版的原则问题。

各类政治性质的错误的存在，或者是由于作者的立场问题，或者是由于认识上的模糊，或者是由于文字表述不当，甚至只是技术上的疏忽。但是，编辑在审稿时，不可不明辨是非，不可不纠正错误。

在许多领域里，学术问题往往同政治问题牵扯在一起，但是编辑需要执行的是出版纪律。纪律的理论依据是原则和立场。出版物既代表了水平，也代表了立场。例如，除了“台湾、香港是中国领土(不可称为‘国家’)”“西藏、新疆是中国领土(不容分裂)”“钓鱼岛是中国的领土”这些明确的观念之外，在处理意识形态方面的问题时，不能忘记基本的原则和立场，即：(1)爱国主义的立场——不可以用政治话语、历史描述、文学表现的手法将中国说得一塌糊涂，甚至抹黑自己的国家、民族、文化、社会；(2)客观历史的立场——不可以脱离历史环境而用今天的观点来彻底否定我们中华民族五千年历史(包括现当代历史)，对待历史不可持虚无主义的态度；(3)民族文化的立场——不可以用所谓的“重新审视历史”为借口来否定、恶搞民族历史上的英雄人物和民族文化的代表人物，不可以全盘否定或丑化中国文化等等。

相关的言论及文字，有些表述是明显的，有些表述是隐晦的，还有一些是“打擦边球”的。编辑应该善于识别这些现象。

二、什么是“言论自由”和“出版自由”?

作为编辑,应该知道什么话可以说,什么话不可以说;知道应该怎样说,不应该怎样说。有些编辑对于这些问题有疑惑,他们会认为对政治的表述做出某些规定是否违背了宪法规定的“言论自由”和“出版自由”。在这里,需要指出的是,作为编辑,对“自由”这一概念起码应该有哲学的、政治学的最基本的认识。人类追求自由,但是在人类的历史上,从来就没有过不受限制的自由。所以对“自由”的思考应当基于以下几点认识。

1. 言论自由和出版自由不是无原则的自由

这里所指的原则,主要是政治原则。因为“自由”是一个政治概念。政治原则可能涉及很多方面,其中最主要的是不能违背国家、民族、人民的利益。

2. 言论自由和出版自由不是绝对的自由

自由是受时间和空间约束的,所以总是相对的。言论自由不是绝对的和不受限制的。例如,在美国,你不可以发表言论支持恐怖主义,也不可以号召推翻政府。在中国也一样。

3. 言论自由和出版自由不是不受约束的自由

人们的言论和行为都必须而且必然受法律、道德原则、纪律的约束。从法律的意义上来说,公民对自己的言论和行为是要负责任的。

4. 有纪律才有自由

自由不是随心所欲,无序状态反而妨碍自由。言论自由和出版自由只是事情的一面,它的另一面是遵守纪律和规则。两者共存和互补,才是真正的自由。

5. “政治正确”是普遍原则

编辑应该牢记:在政治问题上是有“底线”的。关于这一点,很多作者不懂,但是编辑不能不懂。理直气壮地坚持正确立场,坚守政治底线,才是编辑的工作职责。

三、政治性差错的定义和范围

什么是政治性差错?“政治性差错”不是一个抽象的概念,而是具体地表现在各个方面。

1. 定义(一):政治原则性质的错误

涉及政治原则的差错,表现得五花八门,包括但不限于以下各种问题:

(1) 常见的政治性阐述文字中不可以有隐含的问题,例如:对涉及中国国家主权、政体、国体等问题的歪曲或攻击性言论,必须删除。对中国共产党、共产主义、社会主义制度可以评论,但不可以有攻击性的言辞。对否定中国当前的主流世界观、道德观的言辞和观点,要做处理。对国旗、国歌不可以有娱乐性的甚至不怀好意的篡改或戏仿。

(2) 不宜发表所谓中国当代的“不同政见者”的错误言论,包括海外作者的错误言论。

(3) 牵涉苏联、东欧、亚洲、拉丁美洲的共产党执政的政府以及共产党领袖时,对文字的处理要慎重。

(4) 严格注意那些宣扬西方主流意识形态、贬低中国当前的政治文化、将目前中国社会存在的局部问题和弊病现象上纲上线到根本政治制度并加以否定的言辞。

(5) 严禁出现“台独”“藏独”“疆独”等言论。

(6) 在少数民族问题(民族、风俗、宗教、历史、名称等等)上不可随意乱说。

(7) 涉及宗教知识,不可乱说。

(8) 注意“用外文直接表述的文字”和“翻译文本”里涉及中国政治时的观点和措辞。

(9) 复制中国地图,无论篇幅大小,都不可漏掉台湾岛,不可漏掉南海诸岛。如果限于版面篇幅,则应将南海诸岛地图用小方框图放在下角。尤其要注意在复制外国绘制的中国地图时,必须严格检查各项要点,特别要注意国界线的画法,不可将 Tibet(西藏)、Manchuria(满洲)标为“国家”或与“国家”名称等同的字号。

(10) 涉及领土问题的地名,除了使用引号的引文外,在叙事中必须使用中国名称。例如:①钓鱼岛不可称作“尖阁列岛”(或英文“Sansako Islands”。使用英文时应该是“Diaoyu Islands”)。②不得将台湾称作“福摩萨”(或英文“Formosa”)。③不得将西沙群岛称作“帕拉塞尔群岛”(或英文 Paracel Islands);不得将南沙群岛称作“斯普拉特利群岛”(或英文 Spratly Islands)。④严禁将新疆维吾尔自治区称作“东突厥斯坦”或“维吾尔斯坦”(或英文 Sherqiy Türkistan,或 Uygheristan)。⑤珠穆朗玛峰不可称为“埃佛勒斯峰”,包括在外文中(例如在英文里,应该是 Zhumulangma 或 Qomolangma,而不是 Everest)。若作者是外国人,这些名称只要出现在我们的出版物里,就必须改正;若是引文,必须加注指出。

(11) 要严格注意“支那”“满洲”在语境中的用法,不能无条件使用。

(12) 在叙事中不可称“共军”,应该称“中国人民解放军”。

案例 3-2

以下这些句子出自不同的作品:

(1) The security structure in Northeast Asia was forged during the Cold War based on a network of bilateral security treaties. On the side of democratic countries, hub and spoke security relations, between the United States on the one hand and Japan (1960 Security Treaty), Korea (1953 Mutual Defense Treaty) and Taiwan (1954 Mutual Defense Treaty; 1980 Taiwan Relations Act) on the other hand, comprised the cornerstone of this network and they still remain as the basis of the security structure in Northeast Asia.

【这段话出现在 2012 年一本政治类论文集里,终审编辑将此段文字全部删除。原因是其中的政治错误:①将台湾列为“民主国家”;②将美国与日本、韩国、台湾之间的军事条约说成“东北亚安全结构的基础”。】

(2) 我们都曾狂热地“爱党、爱领袖、爱祖国”。然后,我们又先后走出国门,为年轻时的无知与荒唐进行过深切的反思。

【此句将“爱党、爱领袖、爱祖国”说成是“无知与荒唐”,这是极其错误的政治立场。】

(3) 乃显示出强力推行计划生育政策是何其的残暴、何其的可怕。

【严格实施计划生育政策 30 年,中国少生了 4 亿人口,这不仅使中国成功地控制了人口的过度膨胀,也为世界做出了贡献,事实证明此句的政治观点是错误的。在有些著述中,将计划生育同所谓的“人权”联系起来,实属混淆视听。在文字方面,“何其的”中的“的”字是个赘字。】

(4) 80年代在思想和文化上的整体性趋于分离,知识分子、民众与主导意识形态已经失去了内在统一性。

【此句站在反对主导意识形态的立场上,对上世纪80年代中国的思想与文化作了歪曲性质的陈述。】

(5) 对于90年代陷入合法性危机的主导意识形态来说,只要不直接对抗,其他任何文化都是可以存在的。

【此句将上世纪90年代的主导意识形态错误地判断为"陷入合法性危机",以西方意识形态的立场和标准来否定中国的政治现实,这是一种错误的政治观点,而且也是严重的方法论错误。】

(6) 我们在这里看到的是,一个精英主义的文人"旧"传统,在当代"新"中国是如何与统驭,甚至迫害与剥夺了人们青春的权力机制,发展成一种畸形的共生关系。

【此句将新中国的"新"字打上引号,整句句子表明作者的"持不同政见者"的政治立场,抹黑政治现实。在文字方面,此句存在语法错误。】

(7) 当"文化大革命"结束,体制开始重新允许"具有社会主义特质的资本主义"时,他便力求离开乡土中国往外发展。

【此句中的"具有社会主义特质的资本主义时"是一种错误的提法。句子中不仅后引号位置被标错,而且存在逻辑矛盾。对于当代中国政治制度和政治体制的描述必须避免各种错误说法。】

(8) 中国共产党自身的组织系统也由于政党转型而难以像计划经济时期一样具有政治组织力量和政治动员力量。

【按此句意思是,中国共产党现在已经不具有政治组织和政治动员力量了,这种表述表明作者对当代中国政治现状的无知。应改为:"中国共产党自身的组织系统也由于政党转型而不会具有像计划经济时期一样的政治组织和政治动员模式。"——因为时至今日,中国共产党仍然具备自身强有力的"政治组织力量和政治动员力量"。】

(9) 为了反对党内资产阶级思想,就要反对体现资本主义生产方式的商品、货币、私有财产。所以他在政治上举行政治运动来反对右倾,批评资产阶级思想,直至发动"文化大革命",在经济上建立合作社、人民公社等。

【终审编辑删去最后的"在经济上建立合作社、人民公社等"14个字。句中的"他"指毛泽东。这里有几个问题:(1)合作社是农民自发建立后得到中央政府肯定和推广的,不是毛泽东个人主观要建立的;(2)合作社的财产仍然是私有的;(3)人民公社的体制是"三级所有,队为基础",归集体所有的是生产资料,不是私有财产。此句的错误还在于将"商品、货币、私有财产"说成是"体现资本主义生产方式的",表现出作者在政治经济学方面的知识贫乏。作者并不了解毛泽东在这一问题上的观点,属于"不懂却乱说"性质。】

案例 3-3

以下各条文字内容出自一篇印度人的恶意攻击中国的文章,原文是英文,收入一本论坛文集。作者系印度军方原副总参谋长,退役后创办印度"陆地战争研究所"。终审编辑将整篇文章全部删去,并向论坛文集的编者指出,让这样的人到中国来大放厥词,甚至还将这种恶意攻击中国的文章编入文集,本身就是一种严重的政治错误。

"亚洲的安全环境继续受到以下各种历史争端的影响:……中国日益增长的经济与军事潜力;……"

【恶意抨击,作者认为中国的和平发展会影响亚洲的安全环境。】

"具有巨大软实力的一些国家会仍然面对它们在外交方面的合法性问题。例如,中国缺乏有意义的政治改革,又同发展中世界的独裁者们保持友谊,这就产生了一个合法性问题。""此外,像日本、韩国、台湾等国家都在所谓的核保护伞的保护之下。"

【作者在国际关系上罔顾事实,毫无常识,或甚至可以说是恶意的。作者恶意将台湾说成"国家"。】

"在南亚,中国向巴基斯坦、孟加拉、缅甸等国家输送武器和装备,有害地影响了南亚地区的军事力量平衡。""冲突……仍然存在的中国—台湾僵局……"

【作者恶意污蔑中国,分裂中国。】

"……在北面,中国于1950年入侵西藏之后变成了[印度的]隔壁邻居。中国仍然占领着喜马拉雅山地区西部的阿克赛钦地区,并且声称对印度的阿鲁纳恰尔邦(Arunachal Pradesh)拥有主权。"

【阿克赛钦是中国新疆的一个地区;Arunachal应属于西藏南部,是被印度非法占领的地区。作者恶意将西藏说成国家,而且明明是印度在帝国主义国家支持下侵占中国领土,却倒打一耙。】

"中国的国家关键特点是事实上的独裁,而印度或许可以恰当地称为多元主义。"

【作者污蔑当代中国政治是"独裁"。】

"在中国,资本是根据命令来分配的,国内储备通过政府拥有的银行为渠道来对困境中的国有企业再度注资。银行本身都是破产的,证券市场处于无效率的状态,而资本找不到最需要它的地方。"

【作者违背事实,毫无根据地污蔑中国的经济状况。】

"然而,需要指出的重要一点是,尽管近年来中国和印度的商业合作迅速上升,但是始终存在'信任缺乏',使得合作不可能走得很远,除非中国停止觊觎居住有印度人的领土,迅速解决长期存在的边界问题。"

【中印边界问题有史可查,但此人一再颠倒黑白,并且发表破坏中印合作的言论。】

"中国没有可以与之[注:指印度的维韦卡南达和迪帕克·乔帕拉]相比的文化大使。原因之一可能在于两个国家的政府在文化方面的角色不同。即使中国在1978年开放以后,'先增长,后自由'的口号在电影业实行得最无情。……在中国,权杖从总理们转移到将军们再到党的干部们手中。""中国缺乏这种[文化]大使显然同中国共产党在过去几十年里对文化活动的态度有关。"

【此段既表现出作者夜郎自大的心态,又捏造中国的所谓"口号",又胡说中国的权力"转移",表现出此人无知和狂妄的性格。】

"中国的权力游戏——利用巴基斯坦来激怒印度——现在已经过时了。"

【现代历史的事实是印度先制造了原巴基斯坦的分裂，又将孟加拉(原东巴基斯坦)纳入自己的势力范围。】

“中国是亚洲和世界上的一个崛起的大国，这本身会尽一切可能阻止它周边其他权力中心的崛起。它在1960年代是这样做的，在今天也是这样做的。中国同巴基斯坦建立了全天候式的友谊，它还试图增加在尼泊尔、孟加拉、缅甸的影响力，它坚持不承认印度的一些领土，它不支持印度成为联合国安理会以及其他地区性和全球组织的成员，它不愿意支持美国—印度核条约，这一切的意图都是要阻止印度崛起和发挥重大作用。中国长期地、成功地寻求这种战略。”

【明明是印度寻求成为亚洲霸主，作者却反过来将罪名加在中国头上。字里行间处处透露出野心。】

“受崛起的中国影响最大的国家是印度，中国周期性地在边界争端上提高赌注，而且对解决问题毫无兴趣。中国频繁地、刺耳地对印度沿阿鲁纳查尔邦和锡金的‘实际控制线’领土提出主权要求。中国在它同印度的边境地区迅速而且有效地发展基础设施，在印度看来这是一种威胁。”

【做贼心虚式的表述。】

“中国一向视印度为一个地区玩家，并且试图将印度限制在全球政治的边缘。在美国开始向印度求爱之后，中国大量增加了针对印度的言论。中国还进一步确立自己在印度的邻国中的地位。中国和印度之间竞争全球能源正在势头上。印度尽管受到挑衅，本可以利用西藏问题，但没有利用。尽管达赖喇嘛对中国许诺了一系列政治让步条件，但是北京拒绝答应西藏人的哪怕是最基本的要求。”

【作者恶意支持达赖喇嘛分裂中国。】

“……一个咄咄逼人的中国的出现……”“一个崛起的中国不会容忍一个崛起的印度成为它的同等竞争者。即使崛起的印度无意成为地区霸主，中国仍然会尽力在很大程度上像过去一样对待印度。”

【作者诬蔑中国阻止印度在地区成为霸主。】

“由于中国的规模，由于它从历史角度来看待自己，由于它对印度、对台湾、对南中国海等地方的领土要求，所以它的崛起关涉这个地区，甚至这个地区以外。中国强大了，会使它们退缩。中国不透明的政治制度使它的行动无法预测，更增加了外界的关注。”

【作者对中国的和平发展心怀恐惧。】

“中国对印度的领土主张，而且确实，中国对印度的军事压力，依靠的是它对西藏的直接军事占领。中国人公然打西藏牌来同印度斗。然而印度不愿意针对中国来打西藏这张牌。在公认的西藏精神领袖达赖喇嘛同中国人之间的合理和解，有利于中国，有利于西藏人，也有利于印度。……全世界都需要向中国施加压力，使它透明地、真诚地对待达赖喇嘛。”

【作者明目张胆地发表分裂中国的言论。】

“……然而不能让中国在亚洲自由行事。该地区的其他玩家应该警惕中国以政治等等为代价来寻求主宰权。”

【作者挑拨离间其他亚洲国家同中国的关系。】

"中国在印度成为安理会永久成员的问题上精心而又暧昧的立场需要改变。同样,它也不应该反对印度民用核部门的国际合作。如果说俄国、英国、法国能支持印度的候选,而且这些国家由美国领头,能在核问题上支持印度,那么,如果中国希望同印度建立一种有力的、向前看的合作关系,又为什么不应该支持印度成为亚洲第二个最大的强国呢?"

【作者明目张胆地宣称印度想依赖西方的支持而成为地区霸主。】

"如果中国继续以过分的态度对待印度,那么印度将会作出反应。"

【作者威胁中国。】

"否则,若印度不介入,就会造成以中国为中心的轴心在中亚和印度周边成形,包括东盟、台湾、韩国最终都会跟从。最终,日本和澳大利亚也会接受中国在这一地区的卓越地位。而在默许中国在欧亚的新卓越地位时,美国和欧盟就会衰落。后者会使中国不光在跨国贸易和金融结构方面,而且也在一种新的亚洲安全建设和权威主义国家的意识形态方面成为亚洲的规则制订者。"

【作者试图挑起日本、澳大利亚、美国、欧盟对中国的恐惧心理。】

案例 3-4

以下例子出自一部书稿,其中充满了错误的政治观点和错误的提法:

[第三节(一)的标题说中国当代的体育事业是]"全民战争思维的具象化呈现"

【作者将当今中国的体育事业说成是"全民战争思维",是荒唐的说法。】

"国家体委的出现,引起的是一场文化的革命和革新。它诞生的原因是多种多样的,但是其精神方面的基石则是弥漫于百年战争之后的国家整体性战争思维。"

【作者将国家体委这样一个政府组织部门说成是以"国家整体性战争思维"为精神基石,亦属于信口谰言。】

"中国的文艺水平直接受制于文艺审查制度"

【文艺审查制度和新闻出版制度一样,是和谐社会的必要制度。每个国家都有根据自己的意识形态而规定的审查制度,不过形式不一而已。文艺水平直接地、主要地受制于创作者的个人创作水平。】

"要指出的是,真正能够体现毛泽东动斗哲学的是抗美援朝战争。如果说肃反、大跃进、反右和发动文化大革命是革命集团内部的再度革命的话,那么,发动抗美援朝战争则是毛泽东动斗哲学对外扩张的积极尝试。"

【什么是"革命集团内部的再度革命"?列举的这 4 次政治运动都不可以说成"革命集团内部的再度革命",这种说法同事实出入太大。抗美援朝战争不是毛泽东"发动"的。抗美援朝不是"对外扩张",无论从哲学还是军事的角度来看。作者对抗美援朝的发生原因一无所知。"动斗哲学"系杜撰词,毛泽东只讲斗争哲学。】

"二战以来,日本政府人员对靖国神社的反复祭奠以及 2012 年开始的对中国钓鱼岛的主权要求活动,正从反面说明了征服与崇拜具有简单的因果关系。毛泽东思想未曾成为加害中华民族族类的惩罚主体,则是导致出现中国人无力约束日本朝野朝拜靖国神社以及一度无以实际控制钓鱼岛的直接原因。"

【日本对我国钓鱼岛的侵占，不是“主权要求”，也不是从2012年才开始。“毛泽东思想未曾成为加害中华民族族类的惩罚主体”，这是由语病产生的政治错误。】

“毛泽东的动斗哲学，依然流淌在国家的各种政策纲领当中，且对文艺和体育政策具有直接的统治力和管束力。由于毛泽东思想巨大的传播影响力，战争思维成了国家、政党、民众的习惯性及主流思维。”

【说这样的话，有什么依据？我们今天的文艺和体育政策仍然在所谓毛泽东“动斗哲学”的“统治力和管束力”之下？我们的国家、政党、民众的“主流思维”是“战争思维”?】

［作者认为胡锦涛同志的十八大报告］“同样沿用了‘举旗’与‘前进’等战争术语。”

【有些词即使原先是军事术语，但后来进入普通语汇，意义已经转化，不属于军事范畴，而“举旗”和“前进”也属于一般用语。因此，不能说十八大报告用的是“战争术语”。】

［说抗美援朝］“这场战争属于近代以来中国最具有主体性独立形态的战争，在本土以外的领域上挑战当时世界上最强大的战争机器——美国，则促使朝鲜战争成了中国宣泄百年郁积的标志性战事。”“毛泽东发动的抗美援朝战争，表面上看是为了保家卫国，实质上是宣泄百年战争的余力。”“唯一遗憾的是，中国这次选择的对手略有失误，过于咄咄逼人的美国激怒了处于悲愤状态将近百年的中国人，曾经加害过中国人的日本却在不经意间逃避了中国的这次复仇式打击。结果，遗留下了更大的历史性遗憾。”

【这些话严重地歪曲了历史，歪曲了现代国际政治和国际关系。】

“东方不亮西方亮的规则造就了全民性好战思维的根性留存。”“以好战名扬天下的毛泽东思想，成全了中华体育的今朝辉煌，却成了扑灭中国文艺柔美与柔媚精神的无形洪流。”

【这些话歪曲事实，像是闭着眼睛瞎说。】

［书稿里有一些提法：］“中国革命刚刚结束”“一种类似革命有理论的无限革命的呼声”“中国是个具有长时期霸主记忆的国家”“中国的中华帝国梦想”。

【这些提法都是错误的。】

“新中国成立后，由于国家领导人的习惯依赖心理，决定了在体制上完全照搬苏联的做派。”

【历史事实并非如此。】

“2008奥运会……反映的是国家和民众丧失理性的集团心态，是国家主流宗教缺失和百年历史积怨在非常态时代的无端呈现现象。”

【此处诽谤自己的国家和人民。】

“国家体育总局更像是和平时期的国家战争机器，是国家武装力量的蜕变与递进，升华与抽象，符号与象征。”

【尽管用了“像是”两个字，但是这种类比是错误的。尤其是比作“国家政治机器”。】

［说当代中国人是］“中华帝国国民后裔”。

【自称“帝国”，是一种政治错误。“中华帝国”的说法更加错误。】

2. 定义(二)：意识形态性质的错误

政治性概念和术语往往带有明显的甚至强烈的意识形态立场和话语特点。在书稿里常常会出现一些属于意识形态方面的错误,需要认真处理。最近三十几年来,有些作者对马克思主义和社会主义持否定态度,这方面的言论和观点屡屡见诸文字。我们认为,对马克思主义理论和社会主义制度可以探讨,但不应该攻击或挖苦。

书稿中常见的错误言辞,大多出自作者接受和认同西方主流意识形态的话语、措辞。最近三十多年来,一些作者热衷于使用这类西方术语,或者抄外国作者的文章而不加甄别、修改。例如"后共产主义""共产主义的垮台""1975 年西贡沦陷""将社会主义乌托邦扔进历史垃圾箱""中国进入了后社会主义社会""政治自由""中国共产党的禁欲主义",将共产党执政的国家称为"极权主义国家""Communist tyranny(共产党的暴政)""Communist China""Mainland China"等。对这一类错误说法,编辑在审稿时应该做出相应的处理。

在一些书稿里,作为著作主调的"民主社会主义(第三条道路)"、"新自由主义"、历史虚无主义、拜金主义等错误思想和思潮,不可不引起编辑的注意。

时至今日,仍然有一些作者抱残守缺,认为中国未经过资本主义阶段,所以在政治、经济、社会发展等方面都是"不合法的"。编辑在审稿时,对这一类观点应该做出明确的判断。

涉及宗教问题,党和政府都有明确的法律和政策。编辑应当熟悉这些法律、法规、政策,在审读相关的文稿时,对与宗教有关的内容不可采取偏激态度,不可违背政策和法律,尤其不可背离事实。但是,正面宣传有神论的文章不可出现在教材中,因为根据《中华人民共和国教育法》,"国家实行教育与宗教相分离"。而在学术著作和一般文化读物里,既要防止书稿中出现歪曲性陈述,也要防止大肆宣扬的倾向。

案例 3-5

在一本《大学新英语视听说教程》的书稿里,编写者选录了一篇颂扬上帝的基督教赞美诗,又选录了一首歌曲的歌词 *God Bless America*(《上帝保佑美国》),终审编辑认为,这两篇选文作为教学内容是不妥当的,应该删除。

3. 定义(三):带政治色彩的胡说八道

在编辑审稿过程中,有时候会遇到一些不学无术却又喜欢卖弄小聪明的作者,写文章时歪曲事实、故作惊人之语,或者信口开河、随意编造,或者道听途说,或者以讹传讹,或者记忆错误,于是往往写出一些违背常识、不顾事实、有悖常理的文字来。正所谓"墙上芦苇,头重脚轻根底浅;山间竹笋,嘴尖皮厚腹中空"。编辑对此不可一笑了之而不加纠正,或者不负责任地放任自流,以免造成不良后果。

案例 3-6

在一本《英汉写作对比研究》的书里,作者毫无根据地乱说乱写:"In China, … presenting the 'self' too obviously would give people the impression of being disrespectful of the Communist Party in political writings and boastful in scholarly writings."(译文:在中国,……过于明显地在政治文章中表现"自我"和在学术文章显得自负,就会给人造成不尊重共产党的印象。)

案例 3-7

在一本书稿的终审稿里，作者讨论“理性与洞识”，却捏造事实：“但是从 10 世纪的宋代开始，高领就逐渐成了妇女服装典型的特征，并一直保留到现代，直至共产党的连衫裤工作服使其成为传统经典服装。”

4. 定义（四）：不健康的道德观

在书稿中不得出现不加批评的颓废的思想主张、不健康的道德观、粗鄙下流的语言。不应渲染格调低下、封建迷信、恶俗的性观念等等方面的内容。

案例 3-8

在一本研究生综合英语教材里，作者编了两段文字作为汉译英练习：

“何谓婚姻？是一张证书，是一对成年男女搭建的生命存在形式的展现平台。何谓家庭？是这对男女生育了真正属于两个人共同所有的子女。为了维系这个家庭，妻子让丈夫快乐并忍受着，丈夫让妻子幸福并埋怨着。夫妻秉承上一辈的传统，并把自己没有实现的所有希望和企图转嫁给了子女。”

“现代青年人活得既实际又舒适，他们不想受到限制和束缚，一条短信或一个眼神，就足以让他们共同在一起生活。适时的释放和瞬间的闪耀，把他们的生命装点得神采奕奕，激情飞扬。共同享受却不必为对方承担责任，彼此曾经拥有，不会计较‘明天会成为别人的新郎或新娘’。那张似乎非常神圣的结婚证书对他们来说，所追求的不是形式，而是内容。”

【终审编辑决定：删去这两段文字，通知作者另选两段练习内容。】

案例 3-9

一本博士后专著《英语文学汉译中的性禁忌》书稿中，作者用大量篇幅，汇集中外文学作品中描述性器官、性交、强奸过程的成段文字，总量占全书篇幅三分之二以上，对这些描写文字只作罗列，不作任何理论分析，而且全稿各处反复提及性器官名称和以性交词为形式的骂人粗口。

【终审编辑决定：退稿，并且严肃地向作者指出其错误。】

案例 3-10

一本《外国语言文学论丛》书稿中，收入一篇某副教授的荒唐“论文”——《国骂研究：结构、类型、功能及其含义理解——从语用学的角度剖析》。该“论文”有好几种错误：(1)列举各种各样的下流骂人语词，尤其是表述男女性器官的粗鄙字；(2)文章选题不当；(3)其中“国骂”概念无限扩大，例词下流粗鄙；(4)结论错误。

【终审编辑决定：退稿，并且严肃地向作者指出，搜罗各种下流语词来做所谓的“论文”，趣味恶俗，格调低下，出版社不会认可这种文章。】

案例 3-11

某英语教材的“汉译英练习”中有一段文字,将所谓“网络红人”木子美、凤姐等人吹捧为“表达了当代中国青年昂扬向上的精神”。

【终审编辑决定:删去整段文字,并且向作者指出其中的问题。】

这一类问题还包括违背良善道德和风尚的文字表述,包括淫秽色情、封建迷信、荒诞无稽的内容。对于“妈的”“屌丝”“哇噻”“牛 B”“SB”“TMD”“NB”一类的粗鄙下流语词和露骨的肮脏话,应当一律删除。

四、书稿审读中政治把关的内容范围

编辑审稿中的政治把关内容范围包括但不限于以下几个方面:

1. 根据国务院发布、2011 年 3 月 19 日起施行的《出版管理条例》等相关规定,书稿中禁止以下内容:

(1) 违反宪法确定的基本原则,煽动抗拒或者破坏宪法、法律、行政法规实施的;

(2) 危害国家统一、主权和领土完整的;

(3) 泄露国家秘密,危害国家安全,损害国家荣誉和利益的;

(4) 煽动民族仇恨、民族歧视,歪曲民族历史和民族历史人物,伤害民族感情,破坏民族团结,侵害民族风俗、习惯的;

(5) 违反国家宗教政策的;宣扬邪教、迷信的;

(6) 扰乱社会秩序,破坏社会稳定的;

(7) 宣扬淫秽、赌博、吸毒,渲染暴力、恐怖,教唆犯罪或传授犯罪方法的;

(8) 侮辱或者诽谤他人、散布他人隐私、侵害他人合法权益的;

(9) 危害社会公德,诋毁民族优秀文化的;

(10) 有国家法律、法规和规定所禁止的其他内容的。

(11) 以未成年人为对象的出版物,不得含有侵害未成年人合法权益的内容,不得含有诱发未成年人模仿违反社会公德和违法犯罪的行为的内容,不得含有恐怖、残酷等妨害未成年人身心健康的内容。

2. 书稿中应该删除或彻底修改以下内容:

(1) 曲解中华文明和中国历史,严重违背历史事实;

(2) 曲解他国历史,不尊重他国文明和风俗习惯;

(3) 贬损革命领袖、英雄人物、重要历史人物形象;

(4) 篡改中外名著及名著中重要人物形象;

(5) 恶意贬损人民军队、武装警察、公安和司法形象;

(6) 夹杂淫秽色情和庸俗低级内容。

3. 应该引起注意、并做适当修改的内容:

(1) 颠倒真假、善恶、美丑的价值取向;

(2) 混淆正义与非正义的基本性质;

(3) 宣扬消极、颓废的人生观、世界观和价值观；

(4) 刻意渲染、夸大民族愚昧落后或社会阴暗面；

(5) 违背相关法律、法规(例如：保护生态环境)精神的。

4. 涉及国家机密的政治审稿

拟出版的内容中,不得涉及国家机密,不得损害国家安全和社会公共利益。

这里所说的国家机密,指(1)国家事务重大决策中的秘密事项;(2)国防建设和武装力量活动中的秘密事项;(3)外交和外事活动中的秘密事项;(4)国民经济和社会发展中的秘密事项;(5)科学技术中的秘密事项;(6)维护国家安全的秘密事项;(7)追查刑事犯罪中的秘密事项;(8)其他经国家保密部门确定应当保守的国家秘密事项。

五、发现和认定政治性差错

如今有些作者,尤其是人文科学和社会科学的作者,在叙述现当代政治社会历史的时候,常常在立场、观点、史实等方面存在错误,甚至是严重的错误。编辑应当根据出版工作的原则,严格审稿。本单元和本书中的其他相关章节内容可以作为参考。

在一部分现当代人文科学和社会科学的翻译作品书稿中,存在着政治性问题。西方的学者出于意识形态偏见和政治立场,否定共产党的合法性,否定社会主义制度的实践,他们往往会无限地放大社会主义制度、共产党的执政实践中的缺点和由于政治经验不足而造成的失误,而忽视(甚至故意忽视)社会主义制度的实践成就和共产党各级组织在有效地组织社会生活方面的成绩,有时甚至达到恶意攻击的程度。在这一方面,编辑在审稿时应当仔细地做出判断。

我们的出版物应该实事求是地研究政治制度在实践过程中的成败得失,总结经验教训,而不是从敌对的意识形态立场上攻击共产主义,否定社会主义,抹黑中国共产党。对于编辑而言,这是出版工作的基本政治立场。

一部分来自台湾省和香港特别行政区的书稿(或转让版权的书稿),以及中外合作研究、大陆与台湾或内地与香港合作研究的社会科学专题(包括学术会议论文汇编)书稿中,某些作者出于自己的政治立场,往往也会带有各种各样的政治和意识形态性质的错误,编辑对这类书稿必须采取慎重态度,认真处理。

影印或重排外文原版著作(多数是现当代各学科的著作)时,要注意严格审读,对其中的政治性问题要做出适当处理。

外语教材的编写者们为表明所编教材中的语料是“原汁原味”的外国图书、报刊文章,却往往忽视了其中可能存在的政治性错误。对此,审稿者必须严格关注,有错必纠。

掌握政治审稿的标准和尺度,是编辑业务知识的最重要的内容之一。善于发现和认定政治性差错,是编辑的特殊本领。在审稿中,对政治性差错要逐一改正或删除。凡是遇到把握不准的问题,一定要向上级请示,或者向专家咨询。对于一些有严重政治问题的书稿或校样,在审读和处理之后,要写“审读报告”备案。(参见本单元“附录”的 3 份审读报告。)

六、政治性与意识形态性质差错的修改技巧

遇到政治性质的错误,编辑可以根据具体情况,采取相应的办法,审慎地处理好文字。以

下是 4 种改稿技巧：

1. 删除法

对书稿文字中出现的明显的政治错误，用直接删除的办法来处理。即：删除一些语词、语句、段落。至于如何删除，删除多少文字，应根据具体情况来定。在做删除处理时，要注意删除后的上下文衔接。

2. 淡化法

有时候，若删去文字，会造成上下文意思断裂。在这种情况下，需要做的是既要处理掉不妥当的文字，又要保持文字意思连贯。相机的处理办法是修改字、词，使内容不妥当的文字变得"淡化"，或者在删除一些文字之后，补写过渡性的文字。

3. 模糊法

有时候，成段文字表达的意思在政治上有不妥之处，但不是光删除字词、修改语句、淡化文字的政治色彩就能解决问题的，在这种情况下，可以使用"简化段落文字"——言辞过于尖锐或敏感之处变"模糊"的办法。编辑修改段落的水平体现在用简单平实的文字表达出原文的一些意思，但不含政治性差错。

4. 加注法

若遇原文系不当内容，但却是引文，若改动文字则会造成上下文不连贯，因而无法做直接删除或淡化处理时，可用"[编辑注：……]"方式表明出版社的立场和态度。

出于政治原因而必须改稿时，有一点不可忘记：在审稿结束后要告诉作者，或在做文字处理之前同作者商量修改方案。这样做，既是为了尊重作者，也是为了纠正错误，将书稿文字修改得更好。

七、一些具体问题的处理方法

*在审读书稿时，必须注意政治问题和意识形态问题，防止出现严重差错。*在发现各种政治性差错时，编辑或审读人员应该遵守 3 条工作原则：

1. 必须按照政策和规定，对文字内容做严格处理，不可遗漏必须纠正之处。

2. 如果删去著作中的必要引文会影响叙述，则可以保留文字，但需要加"编辑注"，以表明出版社的政治态度和立场。

3. 若在审读时无法定夺，须报总编辑或副总编辑终审决定，或在征求相关问题的专家意见之后，决定处理方案。

八、书稿政治问题审读者的素质条件

对书稿的政治审读，考验编辑人员的政治素质。"政治素质"包含了丰富的内容，除了政治立场之外，主要还应具备以下三个方面的素质：(1)公正客观的历史观；(2)正确健康的世界观；(3)趣味高尚的审美观。

如何看待和叙述历史，如何看待和分析社会与人生，如何表现我们的文化，编辑的知识和观点决定了在审稿过程中处理这些问题的能力和水平。

立场和观点体现在 3 个方面。其一是要树立主体意识，即坚持中国的国家立场。其二是要确立主流意识,亦即坚持正面观点。其三是要熟悉各种政治话语方式。

要想达到这些要求,编辑必须有深厚的政治素质基础。这里所指,首先是要有政治生活经验,其次是有政治书刊阅读的积累。

总之,编辑要懂政治(政治史、政治理论、现实政治),在审稿工作中要坚持正确的政治立场,即编辑的角色立场。

懂政治,才能在审稿中坚持正确的政治立场。许多编辑由于不懂政治(不懂政治理论,不熟悉政治历史,不了解政治生活),所以在政治审稿方面无能为力。有些编辑也许自己持有某种政治立场和观点,所以面对政治错误却不以为错。这两种情况,都是编辑应当在工作中纠正的。

九、审读报告实例

1. 关于《技术、制度与媒介变迁——中国传媒改革开放三十年论集》的终审意见

应二审编辑的要求,对书稿中的四篇文章作了重点审读。这四篇文章的政治倾向性是存在一定问题的,因此宜对文字做慎重处理。具体意见如下:

(1)《从精英主义新闻观到无产阶级新闻自由》

建议此文抽掉不用。理由:

① 文不对题。文章的结构思路与题目主旨不对应。题目本身的意义(含义和意指)很含混,若以这一题目先做"破题",能否得出现在的文章思路?

② 在"精英主义新闻观"名下,罗列柏拉图、马基雅维利、希特勒、列宁、斯大林、毛泽东六人的言论,显然很不妥当。作者是在讲"新闻观"还是在讲"意识形态"? 这六个人之间的基本政治立场和观点的差异很大,将他们混为一谈,是学术上的错误。为何不见新闻理论家(传媒理论家)的观点?"精英主义新闻观"的定义究竟是什么?

③ 从文章的主调来看,作者是赞成"民主主义新闻观"的,但是作者并未深刻理解"民主"和"自由"的政治含义,因此文章带有民粹主义色彩。

(2)《报告文学的"事实演绎"》

建议此文抽掉不用。理由:

全文表露的话语方式有问题。文中反复提及"知识分子与国家权力之间的关系",而实际上的观点则表现为以下一些文句中的思想倾向:

"我们依据的是一个基本理论前设,即由于任何大众媒介文章都可以被视为知识分子与国家政治的博弈场所,……"

"……批判的声音、挑战制度的典型一般比较容易出现在相对宽松的政治形势下。"

"从延安整风到'文革',中国共产党领导下的历次政治运动的中心之一都是改造知识分子,在一个高度一体化的'总体性社会'里,被收编、'御用化'几乎是知识分子参与社会的唯一出路。"

"……在'事实演绎'的价值提升上更多朝向人性、平等、自由等普世价值而非现实政治需要,因而其中批判型知识分子的价值立场与国家权力之间的关系要更为紧张和微妙。"

“党政干部本身也就逐渐蜕化为吞噬人民脂膏和蚕食社会主义的蛀虫，党和群众的关系也随着恶化了。”

“党内开明取向的改革派和渴望改革的知识分子结盟，……”

“以1989年为分水岭，理想主义激情冷却，商业逻辑于思想沉寂处粉墨登场，知识分子处在严重危机当中。”

“他明确质疑了‘社会主义市场经济’这一国家政治话语的合法性，……”

(3)《中国传媒改革的风险考量》

此文似应作一些修改：

① 主要是阐述意见时的话语方式(立场、角度、表达方式、用词)颇多不妥之处，许多说法或结论性的语言都比较武断，未经仔细考察和分析，喜欢说过头话。

② 第133页第1节讲媒体改革的“政治风险”。作者只认为媒体若违背国家意志“将会给媒体或个人带来很大风险”，却不懂得媒体的不当行为会引发社会动荡，给国家和人民带来政治风险，所以比较偏狭。

(4)《西方新闻传播观念的导入与中国新闻改革》

建议抽掉此篇不用。理由如下：

全文的主旨、基调就是主张“新闻自由”，全面引进西方新闻传播观念，作为“解放思想”的标志和标准，将“西方新闻传播观念的导入”同“思想解放”画上了等号，乃是浅薄之见。

2. 关于 Docu-realism in Contemporary Chinese Film 的终审意见

书稿原系剑桥大学博士论文(英文)，全稿的关键词列出3个：地下电影、审查制度、招安。

书稿的焦点集中在中国当代电影的一些相关问题上，作者持极端观点，认为中国的意识形态控制压制了电影制作。

(1) 首先的问题是，作者混淆了一个基本概念。将×××等导演制作的一些电影作品说成是 underground film(地下电影)，这不符合事实。×××等人的作品不是偷偷摸摸制作、偷偷摸摸放映的。他们是将作品送到主管部门接受审查，只不过是未通过审查而已。但是作者却在书稿里无数次地使用 underground film 这个概念，以致造成文章基本思路和基本观点的错误。在汉语里，“地下的”一词有其特定的含义，不是英文里的概念 non-mainstream(非主流)，作者滥用 underground film，说明她连基本概念都不懂。

(2) 书稿里用相当多的篇幅讲述对中国现代文学、现代文学理论的看法，其中引用的多是外国评论家的观点，而外国评论家的许多说法同中国的现代文学艺术事实有较大的出入，例如关于现实主义文学的看法。

(3) 书稿通篇使用西方意识形态立场和话语，主调是抨击当代中国政治、政府、政策。例如作者这样说：“1989年以后，中国进入了一个前所未有的时代，其特点是政治与经济发展的不平衡：20世纪90年代经济大幅度增长，在新世纪又加快了增长速度，与此同时，是中国共产党加紧全面控制和限制意识形态。”(校样第80页)“随着经济的发展，官方对意识形态的控制不是松了，而是紧了。邓小平提出的‘中国特色社会主义’实质上是社会主义名义下的资本主义。在这种伪装之下，目的是维持共产党掌权。经济的改革，产生了对相应的政治改革的需要,它会潜在地破坏共产党统治的一党制。共产党国家意识形态同实质上的资本主义化的经济制度之间的冲突,导致越来越严格的审查制度,以维护稳定和繁荣,而媒体产业正处于受限制的焦点;……”(校样第82页)

除此以外,书稿还有以下学术上的问题:

(1) 作者所述及的几位导演及所涉的作品,实际上仍属于虚构故事,其文学范畴属于“现实主义”,而不是书名所冠以的“docu-realism”。英文“docu-”作为电影术语,是指新闻纪录片,而不是指经过艺术加工的影片,即便是所谓“原生态”的故事片。

(2) 涉及主题的部分,基本上只是罗列现象,复述影片的故事情节,并无深入的研究。

(3) 知识错误:将恩格斯的话(“再现典型环境中的典型人物[性格]”)安在毛泽东名下,张冠李戴。

(4) 全稿的英文书写有很多用词和语法方面的错误。

总之,这部书稿在政治上、学术上、文字能力方面都有很多错误和缺陷,应该退回作者修改后再发稿。

3.《近代国学教育思想研究》政治审读意见

审读结论:有政治问题的章节是第五章第二节“蒋介石复兴儒学的国学教育思想”(第174—195页),这一节应当全部删除。具体意见如下:

第五章的内容是“儒学意识形态的瓦解与重建:国民政府时期的国学教育思想”。

这一章只论述蒋介石和梁漱溟两人。其中第二节“蒋介石复兴儒学的国学教育思想”有以下两方面的严重问题:

第一, 政治性错误。蒋介石常说的“礼义廉耻”和他极力推行的“新生活运动”,作为意识形态手段,目的是维护国民党的反动统治。作者虽然在第177页简单提及蒋介石背叛革命,发动反革命政变,但是在整个章节的论述过程中却转变为肯定性的介绍和归纳。

第二, 将蒋介石列为同梁漱溟并列的“国学教育思想”两个代表人物之一,这是学术上的严重失误。蒋介石的言论只是政治手段,不能视作“国学教育思想”。

第二节的篇幅大约18 000字,几乎全部用来正面介绍蒋介石的所谓“国学教育思想”,正面阐述并肯定蒋介石的“新生活运动”,介绍蒋介石的所谓修身方法。这种叙事,其错误在于割裂历史,只对蒋介石的表面言论做正面叙述,而且对蒋介石的所谓“国学教育思想”的肯定,实质上就是否定了五四新文化运动,否定了共产党领导下的人民革命的合法性。书稿既然说到蒋介石在这方面所做的一切都是为了“抵抗共产党革命思想的影响”(第177页),那么就不应该在总体上肯定他的言论。

所谓“新生活运动”,是指1934年至1935年由国民党反动派领袖蒋介石提出并竭力推行的一项政治活动,其政治目的性很强。它虽然标榜“新”生活,内容却是“旧”的儒家伦理思想,在实际运作中并不是要推行“伦理纲常”,而是捕杀革命者和普通群众。蒋介石一面对中国工农红军连续发动军事“围剿”,另一方面在国民党统治区实行文化“围剿”,企图用封建的伦理纲常来控制人民群众的思想、言论和行动,用对生活细节的要求来转移人民对政治现实和社会问题的不满，以抵制中国共产党的思想影响，维护国民党反动派的统治。

书稿的主调和文字都有很大错误。例如：

“蒋介石一方面向国民党军政人员开展内在道德修炼的国学宣讲，提高个人道德水平，以挽救败坏的党纪军纪，另一方面在新生活运动中渗透以礼义廉耻为主要内容的国学教育，向广大民众推行社会教化，养成新国民道德素质。”(第 175 页)

“为了和各种腐化做斗争，1929 年，蒋介石号召各级军官加强自身身心道德修炼，……”(第 176 页)

引用蒋介石的话，说“共产党是我们国民的敌人之一”，“要时时刻刻提防共产党的诱惑”，“赤匪最怕的是我们中国固有的美德——礼义廉耻”。(第 177 页)

认为“蒋介石恢复固有道德还有应对民族危机的考虑。‘九・一八’事变以后，民族生存危机日益严重。面对民族危机，蒋介石大力倡导国魂论。”(第 177 页)

“蒋介石将良知确立为国学教育的本体。”“蒋介石对良知的恢复通过其国学教育得以实现。”(第 179 页)

“那么回复传统道德修炼的目的是什么呢？按照蒋介石的观点，其目的在于亲民。”“可见，蒋介石所谓亲民，即强调统治者通过自身道德修炼，引导和督促民众之道德水平日新又新、进步不已。”(第 180—181 页)

“为此，蒋介石发动新生活运动，恢复儒家礼义廉耻固有道德，向民众推行以道德教化为主要内容的国学教育，培养新国民，形成新社会道德秩序。”(第 185 页)

“另一方面，日本自 1933 年与中国签订《塘沽协定》以后，侵华步伐有所缓和，蒋介石得以腾出手来专注国内建设。……蒋介石以培养新国民为目标，从收复的苏区开始发动新生活运动，其中首要问题就是社会道德秩序建设。”(第 186 页)

“在这种背景下，蒋介石以培养新国民为目标，从收复的苏区开始发动新生活运动，其中以礼义廉耻为主要内容国学教育是恢复社会道德秩序的重要途径。”(第 186 页)

引述蒋介石的话：“一般官兵打了败仗，也不知道倒霉，给敌人做了俘虏，受了敌人的钱，吃了敌人的饭，他还偷生活着，不知道可耻。”(第 189 页)[**按：这是蒋介石 1933 年 8 月的言论，此时他正准备对中央苏区实行第五次“围剿”。**]

“但是从根本上说，蒋介石国学教育思想并非仅仅是传统儒家道德教育思想的简单恢复，而是服务于他‘革心’需要。依据蒋介石的观点，近代以来，尤其是民国以来的社会政治变革导致固有道德的瓦解，从而使国人精神泯灭、社会秩序瓦解，这是形成国家危亡局面的根本原因。蒋介石试图通过倡导国学教育，推动个体道德修炼以及民众道德教化，恢复民族固有道德，从精神层面改造民众，形成新国民，进而恢复民族精神、重建社会道德秩序。可见，蒋介石推行国学教育是他进行国民精神的重要途径，具有重要的政治意义。”(第 192—193 页)

“尽管蒋介石国学教育思想并未达至预期意图，但是并不能因此而否定其尝试解决问题的努力，无论如何，这种尝试对于后人都有重要的启发意义。”(第 195 页)

提醒作者和初审、复审编辑：对民国时期的历史人物作评价时，不应无视历史事实。

第四单元　学术审稿要点

一、学术著作编辑工作的目标
二、对各类著作学术水平的评判标准
三、对学术书稿编辑素质的要求
四、一般审稿方法
五、审读报告案例

畅销书尽管可以赚取利润，但是一般寿命都很短，尤其是靠媒体造势而热闹地吹捧出来的畅销书，其生命如蜉蝣转瞬即逝，很快成为过眼云烟。

而真正有价值的学术著作除了寥寥数种有机会幸运地旺销之外，一般都在特定学术圈内传播。

相比之下，民族的思想瑰宝的传承大多由学术著作来支撑，而出版事业是文化传承的推手。若能将学术著作的出版从精品做到经典，就能使书获得永恒存在的生命。

改革开放 40 年来，出版业大体上靠畅销书赚钱，靠学术书挣名。坚持出版理想的出版社对学术著作的出版至今依然十分重视，尽管面对的业态很不理想。

学术出版是一桩严肃的事业，而编辑审稿是其中重要的一环。通过编辑审稿，学术书稿达到出版物的内在质量水准，这是学术出版的基本要求。在审稿过程中，编辑追求的是学术理想。

出版事业追求两方面的效益——社会效益和经济效益。学术著作的出版，大多数项目从经济核算角度来看，往往会出现亏损情况。但是，假如我们将学术著作做成精品，将文本做成善本，那么就完全有可能使之变成长版书，达到持续销售的目的，被一代又一代学习者购买，而且会永久地站立在图书馆的书架上，也能成为网络在线阅读的常备读物。

学术领域大致分为人文学科、社会学科、自然学科、技术学科等等。但是目前从总体情况来看，各个学科都有不少作者的作品很难尽如人意，学术研究和写作能力也普遍地愈见低下，学术界粗制滥造的现象频频出现在书稿里。事实上，并非每一个人都具备学术研究和学术著述的能力，但是在现行学术考核体制下，学术机构、研究机构、教学机构的每一个人每年都必须发表论文或著作，导致许多人只是为了获得学位、为评上职称而写书、编书，匆匆急就，草率成文。有不少作者其实并不具备著书立说的条件，勉强为之，难免问题成堆。更有少数作者，学风不正，见识混乱，下笔不负责任，甚至剽窃他人作品。有些作者粗心至极，连抄书都会抄错。有些书稿由多人文章汇编而成，或书稿各章由多人执笔，虽然设有主编者，但是文章良莠不齐，内容与文字错误百出，这是主编者的失职。有些作者在不同时间、不同报刊或博客等媒体上发表文章，将自己有限的学识、有限的经历反复表述。这在单篇文字中自无妨碍，但又将这些文章汇集出版，而不加删削，徒使文集里事事重复，处处冗赘，令读者生厌，作者却敝帚自珍。诸如此类，学术审稿者应当明察。

学术审稿比起其他种类的审稿来，难度更高，要求更严。学术著作旨在传道解惑，惟其如此，涉及真理与知识能否得到准确传授，编辑人员不可不重视，不能不认真对待，这里面蕴含了一份担当，一份责任。

一、学术著作编辑工作的目标

学术出版的成功与否，取决于书稿内容的水平、编辑的高明识见和精湛的编校工作，以及读者的评价。

编辑对学术著作的审稿，首先是要确认书稿的学术价值。学术价值体现为：具有新思想的智慧；学术研究方法严谨，或有创新方法；见解深刻，学识渊博。其次是善于发现和纠正书稿内容的缺陷，包括作者本人的知识结构缺陷，对所述问题一知半解，不懂装懂，滥竽充数，以假乱真，等等。

学术审稿中需要关注的有三方面的问题：

(1) 属于学术性的问题——例如研究方向不对、研究方法有误、学理不充分、思维逻辑混乱、论述原因与论述结果脱节、史料错误、引证不规范(例如断章取义)、结论不合理、缺乏思想成果和创新观点等等。

(2) 属于知识性的差错——例如由于人名错误造成知识谬误(将《长生殿》中的“唐玄宗”说成“唐太宗”，将巴尔扎克笔下的吝啬鬼“葛朗台”说成“高老头”，将《评新编历史剧〈海瑞罢官〉》的作者“姚文元”说成“王洪文”，等等)；翻译错误造成知识谬误(例如将“which took place on Calvary[发生在耶稣受难的骷髅地]”误解成毫无来历的人名，错译成“发生在加尔瓦雷身上”)；常识性错误；年代错误；牵强附会的解释；等等。(许多此类例子，可参见本书第二单元的相关案例和笔者编著的《文字纠错3000例》，复旦大学出版社，2017)

(3) 属于写作方面的问题——例如注水现象(文字表述中水分太多、无关主题的文字堆砌、对同一内容的相同叙述在书稿的不同部分反复出现)；过度引用他人的观点和表述文字；故作艰深(将简单的问题复杂化)；老生常谈，了无新意；观点不明，含糊其辞；材料与观点之间没有逻辑联系；文不对题；大题小做或小题大做；等等。

所以，在学术审稿中，必须遵循以下三条原则。

1. 确定书稿的学术质量，提高书稿的学术水平

对学术著作的审稿，并非只改正一些错别字就算完成任务。任何一部学术著作，它的价值必须体现在学术水平上，所以审稿的第一要务是对书稿从学术水平的角度做出判断。倘若书稿学术质量差，那么无论文字怎样准确，修辞如何优雅，都毫无意义。

书稿的学术质量可以分为“优秀”“一般”“差”三类。

对于优秀的学术著作，编辑在审稿结束后应该写出评价和推介意见，着力宣传，以弘扬学术成果。切不可将优秀的出版资源浪费了。

对于学术水平一般的书稿,编辑需要做的最重要的事情是:分析其学术质量不高的原因,研究如何帮助作者改进著述,争取修改成较好的书稿。

对于学术水平较差而且很难修改提高的书稿,一般应该取消选题,以免在出版后成为无人问津的废书。

时下做博士论文的规范格式被尊为学术范式,但有相当多的博士论文当作学术著作交付出版时,其洋洋一二十万言,内含太多抄录别人的文字而太少作者自己的创见。作为学术著作,其价值大打折扣。林同济先生在 20 世纪 40 年代就指出了它的弊端:"运用着一种迫近机械式的实验派方法,先标出种种个别的,零星的,以至暧昧的'问题'(problem)而到处搜罗其所谓有关的'事实'或'材料',然后再就一大堆的乱杂事实与材料而类别之,分析之,考据之,诊断之。风尚所被,居然弥漫一时。"(林同济著/译《形态历史观　丹麦王子哈姆雷的悲剧》,复旦大学出版社,2016)这种毛病至今仍然普遍存在。编辑在审稿时应当注意,"博士论文"和"学术著作"在写作方式上是有区别的。

还有那种心灵鸡汤式的作品,作者喜欢引经据典,引文从天文地理、历史哲学,一直到俗世事物,显示自己的渊博,但往往信口开河,记忆失误,制造出不少差错,而且有很多内容往往是人所共知的"道理",并无新意。

对经典著作的解释,必须以"准确性"来体现学术质量,否则就会造成以讹传讹的后果。

2. 纠正学术性、知识性差错

对于已经确定属于优秀的和较好的学术著作,在进入审读和修改程序时,重点要放在纠正差错上,使书稿更加完善。

时下有相当一部分作者,心浮气躁,做学问远不如老一辈学者态度严谨,文字功底也差距甚远。我们在书稿中,甚至在已出版的书刊报章里,常常可以见到各种各样的学术性、知识性的差错。以下是一些具体例子。

案例 4-1

(1) 中国有句俗语说,谁笑在最后,谁笑得最好。

【此句的错误在于作者不知道这句"俗语"从何而来。这原本是一句英国谚语:He who laughs best laughs last. 不应算作中国的俗语。】

(2) 还有张鷟的《游仙窟》,今已失传。

【这一说法是错误的。《游仙窟》是一篇唐人小说,一度失传,但保存在海外,后传回中国。由汪辟疆校录的《唐人小说》(1959 年中华书局上海编辑所修订重版,1978 年 2 月上海古籍出版社新 1 版)中收有此篇,系据忠州李氏平等阁抄本校录。】

(3) 毕竟,写作不用毛笔更不用钢笔了,印刷也早不用泥活字了。

【这里存在叙事逻辑的错误。中国的书写工具,毛笔早于钢笔。故此处应改作"写作不用钢笔,更不用毛笔了"。"泥活字"也以改作"铅活字"为宜。】

(4) 数字媒介易携带,容量可以无限大,只要有一个终端,可以阅尽世界上绝大部分的图书。

【古今中外,世界上的图书浩如烟海,大部分并未转化为电子文档,更不可能"阅尽"。

此处应改作"可以阅读世界上很多图书",才符合事实。】

(5) 要在统一战线中实现协调发展,就要在爱国主义和社会主义的旗帜下,协调好各方面关系,引导各党派、各阶层、各民族、各宗教及其海内外同胞和谐相处。

【句中用错"及其"一词,造成句意错误。此处应改作"以及"。这两个词的用法是不可以混淆的。】

(6) 必须培养和形成与全世界对话的能力、消解世界对中国崛起的疑虑,消解中国"威胁论"等。

【引号用错位置也会产生原则性的差错。应改作"中国威胁论"。因为这是西方的谰言,不是中国有"威胁论"。】

(7) 民主党派强调重点做好"代表性人士"的工作,其成员也多是由各界的高级知识分子组成。

【此句中有一处知识性错误。"高级"应改作"中级、高级"。】

(8) 对苏州附近民间流行的山歌进行整理而成的《叙山歌》,就刊行了多达三百多首山歌选集。

【虽然句中的差错只是多了句末的"选集"一词,但是说明了作者的叙事方式存在问题。想要正确地表述意思,靠的是对语言的准确把握。】

(9) 他有两种关于清代学术史的专著——《清代学术概论》和《中国近三百年学术史》,前者较为简略,约五万字;后者最为详细,约四十万字。

【两者之间的比较,不可以用"最"字。此句中只需简洁地表述为"前者简略……后者详细"即可。】

(10) 是上天堂入地狱,还是灰飞烟灭一了百了,还是进入一个新的世界从新生活,一切都是未知,都是不可控的黑暗。

【此句陈述的是不符合科学常识的言说。生与死,都是明确无疑的事实,世上既无天堂,又无地狱,更无轮回,何谈"一切都是未知"?】

(11) 在海外,China(陶瓷)甚至成为中国的国家名称的英文表述,而景德镇更是这种符号的最优体现。

【此句作者不懂英文 China 是"中国",而 china 才是"陶瓷"。一个英文字母大小写之差别,导致括号内"陶瓷"与前面英文单词的词义不对应。】

(12) 研究问卷包含四个不同的量表,包括中文版人际反应指针量表(Chinese Interpersonal Reactivity Index)。

【此句中的差错是概念翻译错误。Index 不是"指针",而是"指数"。】

(13) 通识教育本身源于 19 世纪,目的是培养学生独立思考、对不同的学科有所认识,能将不同的知识融会贯通,最终成为一个完全、完整的人。

【所谓"完全、完整的人",应该包括道德行为。但是仅仅融会贯通不同学科的知识,只能是"知识结构相对比较完整的人"。】

(14) 在这种理念的基础上,古典人要学习"七艺"。

【"古典人"的概念是不准确的,应该是"古代人",或者是"古典时期的人"。】

(15) 很多少数族裔或来自低收入家庭的学生并不是无法申请到或负担起明德学院,

而是他们并不愿意加入这种白人资产阶级文化。

【“负担起明德学院”应改作“负担得起明德学院的学费”。句中的说法,明显是编译自英文 could not afford,但是又不谙英文词义。】

(16) Case Study 部分提供一个案例,通过对案例的分析,旨在加深学生对课文的理解并培养学生的思辨性。

【“学生的思辨性”是错误概念,应改作“学生的思辨能力”。】

(17) realtor, a person whose job is to sell houses, buildings and land, and who is a member of the National Association of Realtors(房地产经纪人[尤指美国房地产行业工会成员]).

【National Associatin of Realtors 中的 Association 应该译作“同业公会”,而不是“工会”。英语中的“工会”是 trade union。】

(18) 老师在讲台上边做边讲,现场烹饪,我则认真记录,不耻下问,回家后坚持琢磨、实践。

【知识性错误导致乱用成语。“不耻下问”是在上者对在下者的行为,例如教师向学生请教,而不是学生向教师提问。】

从以上例子中可以看到,学术性、知识性的差错可能在任何语境里出现。

3. 善于质疑和求证

审稿人员要读懂书稿,准确把握作者的思路和书稿的脉络;要细读每一行文字,纠正每一处谬误;不能只做书稿运转流程的“搬运工”。在技术层面上有两点需要牢记,即“大胆怀疑,小心求证”。第一,要敢于质疑。凡是对文字存有疑惑之处,宁可大胆质疑,不应轻易放过,因为存疑处可能真的会有错。第二,存疑处也可能没有错,但是为了证实是否有错,就必须小心求证。求证的结果,无非是两种,或者使谬误得以改正,或者证实作者是对的,编辑也从中学得和巩固了知识。有时候,提出质疑的理由会引发作者进一步思考,拓宽他们的思路,将研究引向深入,从而提高书稿的学术水平。

编辑在审稿时,往往会遇到这样的情况:对书稿里存在的学术性、知识性差错,凡属于编辑熟悉的专业知识,可能比较容易发现。而若是编辑不熟悉的知识,则可能不以为错。因此,需要考虑以下对策:①在安排编辑人员时,应该考虑专业对口。②如果没有对口专业的编辑人员,则应该聘请专家审稿。③增加审次,尽量发现隐藏的差错。④从事编辑工作的人应当勤于案头工作,在审稿前,先找两三本同类书来阅读,补充自己的知识,以供参照比较。

二、对各类著作学术水平的评判标准

事涉学术,其范围涵盖各门学科的学术专著、各种教材、各类文化读物。就知识而言,则应指向每一本书稿。在学术审稿中,首先应该对书稿做出学术价值方面的评判。这种评判不是毫无根据、漫无标准、主观随意的,它以确定的标准为依据。

从事学术书稿审读的编辑,要知道“学术”与“非学术”的区别,明白“学术”与“伪学术”的界线。

1. 对学术著作价值的评判，重点在考察书稿有无创新观点，是否运用正确的学术研究方法，论述的结构和逻辑是否合理，知识体系有无失误，写作水平即驾驭文字的能力如何。

以下是通行的学术评审的评估体：

(1) 选题意义/理论创新/方法创新/描述创新

① 选题具有重大理论价值，能填补本学科研究空白（不是鸡毛蒜皮似的所谓“填补空白”）。

② 提出新的学说或系统理论观点，使研究取得突破性进展（即高于学术界已有的理论成绩）。

③ 提出新的研究方法，使研究取得突破性进展（指与众不同的研究思路与方法）。

④ 对重要领域或重要问题做出系统描述、分析和概括，总结出规律性认识（但不是拾人牙慧，重复前人或同时代其他人的结论）。

⑤ 通过新的系统论证，丰富和发展了某种重要学说（即发现新的材料和证据，从而使之更加完整）。

(2) 阐述的系统性

① 阐述全面、精当（具备理论写作能力，思维缜密，思考问题不片面）。

② 知识结构系统、完整（不会由于欠缺知识而造成论述过程有破绽，从这一点上能看出作者的知识功底究竟如何）。

(3) 论证的严谨性

① 理论前提科学（如果理论前提不科学，那么全部论证都将是不符合真理和事实的，其论著也会失败）。

② 概念明确（涉及对概念和对文字的准确把握，表述时不含糊其辞）。

③ 逻辑严密（论述层次清晰、合理，论证过程的思路不混乱，没有漏洞）。

④ 资料准确、充分（要善于识别资料是否准确，是否可靠；不以孤证取信）。

⑤ 研究方法科学、适当（不应使用非科学、伪科学的方法，即虚假的方法和错误的方法）。

(4) 引证的规范性

① 引证规范（引文完整，不断章取义；信息准确；转引即二次引证时，还应说明转引情况）。

② 所有引用资料、来源清楚（即包含出处、原作者姓名、出版者、版本、页码）。

(5) 研究难度如何

① 问题十分复杂（例如关于“文化大革命”的问题、扑朔迷离的古代历史、无证可稽的传闻等等）。

② 理论难点多（存在各种难于探究的理论环节或理论要点）。

③ 所涉学科迄今基础薄弱（因为基础薄弱，所以很难推动研究进展并取得成果）。

(6) 资料搜集难度是否很大

① 难度不大，容易获得可靠的资料。

② 难度较高，虽然应该有可靠的资料，但不容易获得。

③ 难度很高，所研究的课题缺乏必需的资料，或资料本身稀少。

(7) 学术价值/社会价值

① 对解决重大理论或现实问题有推动作用（在理论研究方面或实际效用方面是有效的，而不是“屠龙术”式的空谈、大话）。

② 对学科发展有奠基作用(能根据现实需要来推动学科发展,或创建新的学科、新的研究方向)。

③ 对社会发展具有重大意义或作用(例如在国策研究、社会发展研究、经济发展研究等方面)。

2. 教材的系统性、基础性、创新性。

教材是一种让学生奠定知识基础的书籍。判断教材的学术水平,主要看几个方面:

(1) 与同类教材相比,其构思与体系有无新意,主体内容有无创新价值。

(2) 教材是否体现了学科的扎实基础。

(3) 教材整体是否具有相对完备的系统性。要尽量淘汰那种毫无新意、人云亦云、抄来抄去的平庸教材。

(4) 优秀的教材还应该体现前沿性,与时俱进,随时修订,更新内容。

3. 一般读物的知识准确性、可读性。

一般文化读物也都是传播知识的载体。有些作者"艺不高,胆很大",敢写,但笔下常常出现知识性错误。编辑在审读与评判时,有三点应当记住:

(1) 知识的准确性以学术作支撑。

(2) 深入浅出地表述知识是一种学术功力。

(3) 文笔流畅的叙述是学术水平的体现。

三、对学术书稿编辑素质的要求

鉴于学术审稿的高标准,要求编辑具备良好的学术素质,否则无法担负重任。学术编辑应该从以下几个方面努力:

1. 要扎实地、系统地掌握所审书稿的学科基础理论,以能检验书稿在基本概念、基本原理方面是否有错;要熟悉本学科的前沿课题,以能检验书稿表述的理论、观点、材料等方面是否处于学术领先地位;要了解同类书的同行出版情况及出版物水平,以免选题撞车或出版没有价值的作品。

2. 应该具备对所审书稿的学科的一般研究能力,以及与相关的其他学科有联系的综合知识基础。编辑具有学术研究的能力,就对书稿有了发言权,而相关学科的综合知识基础更能使编辑登高望远,具有独到的眼光,同时也不致判断失误。编辑若能具备学科领域的较高研究水平,则有利于同作者在较高的层次上探讨学术问题。

3. 要善于发现学术性差错(至少是明显的差错)。编辑要有"慧眼识珠"的本领,也要有"火眼金睛"辨别错误的本领。一般说来,书稿中明显的失误,甚至是低级错误,是容易识别的。而一些隐性的差错,以及超出编辑的知识能力的差错,往往不容易被发现。在这一方面,编辑应当有深刻的认识,并且立志在审稿和学习中不断磨炼。

4. 要具有较强的编辑查证能力:善于使用工具书和权威性参考书。善于质疑,善于查证,是编辑的专业能力。未经查证的质疑,只不过是质疑。只有查证确实,才能作为改稿的依据。所谓"较强的"查证能力,首先是知道遇到问题该到何处去查证,其次是会使用"互证"和"多方查证"的方法,以免得出的是错误结论。常备的语言文字工具书,汉语方面可用《汉语大词典》和《现代汉语词典》,英语方面可用《牛津英语词典》《剑桥英语词典》《韦氏国际英语大词典》。百科知识方面可用《辞海》《中国大百科全书》等等。权威性的参考书应是学界公认的经典著作，并且是善本。作为编辑，若将查阅或通读工具书作为自己的兴趣爱好，必然受益无穷。

5. 要广泛涉猎，善于读书。博览群书的益处不言而喻，对编辑工作而言更是意义非凡。编辑应该“嗜书如命”，以读书、扩充知识为爱好。不喜欢读书的编辑不是好编辑。

四、一般审稿方法

审读学术书稿的方法，既包含一般的审稿方法，也具有特殊性，即重点关注学术方面的问题。具体的要点是：

1. 对书稿做严格的学术评估。这是学术编辑的存在价值和意义。在判断书稿的学术水平时，注重确认前沿性学术观点和创新方法。同时也要学会写出有质量的审稿小结。这是考验学术编辑功力的方法之一。

2. 注意书稿结构(即书稿的学术框架)是否合理，是否失衡，是否水分太多。学术书稿的框架结构，主要指各个部分的内容要按照逻辑次序来展开论述，呈现严密的体系，总述部分与分述部分的层次要明显合理。论点不能前后矛盾，论述的内容不应该重复。应该详述的部分不能简单敷衍，应该简述的部分不啰唆冗长。每一章节的主题都应该是明确的，内容应当紧扣主题。

3. 注意作者表述的核心观点是否鲜明、清晰，是否具有真正的学术价值，力戒在观点上含糊其辞。

4. 仔细审读书稿的文字。作者的语言文字能力应该表现为规范的语法、准确的语词、语体风格符合主题要求等方面。编辑在审稿之前和审稿过程中必须做到字斟句酌。要关注作者的论述水平的高下，若有需要，应该帮助作者提高书稿学术性表述水平。

5. 特别注意纠正事实、史实、数据等方面的差错。

6. 遇到自己难以判断的问题，在查找不到依据时，不要忘记向专家请教，或向有关方面咨询，或与同行讨论，以便得出正确的定论。

五、审读报告案例

以下几篇案例，是笔者以往在审稿工作中的记录，供读者参考。

1.《中国人学史》初审意见

书稿形式：作者来稿(样稿)

(1)《中国人学史》目录

(2)《百年中国人学史》目录

(3)引言；绪论；上编“中国人学理论史”第一章(一、二、三、四)共231页，69千字

---

(1) 关于书稿的学术性

① 该书稿的宗旨是写出一部中国“人学”史。但因中国古代、近代都没有这一概念，故所

能用的材料与哲学史、思想史大抵是共同的，只是换了一个名称来叙述，成史的区别特征不明显。“人学”的定义模糊不清。缺乏一套基本范畴和基本概念，这是学术上的致命伤。

② 该书稿罗列了一些不同的学说和思想，但缺乏综合性的深入分析，尤其对各种思想之间错综复杂的关系，文中虽有观点整理，但无系统判别，因此只是一本陈述很多、评论很少的“述评”。

③ 作者对人学、人性学说、其他相关问题三者之间的关系，思考和论述得过于简单。同时，未涉及人学的社会性与历史性等因素，因此在学理方面欠缺很多。

④ 书稿中所说的道理大多属于中国古代、近代的统治阶级策论和伦理道德规范。参照今日国情与世界的大趋势对中国社会以及人的观念的影响，有些内容已经明显过时，而书稿在这一方面也缺乏学术性的探讨。第 33 页上说“治国者不可不读《资治通鉴》，也不可不读《中国人学史》”，将作者自己这部书稿同《资治通鉴》并列，此话太过分。

⑤ 直接引用文言资料篇幅太多，会影响多数读者的阅读。其中有许多文字在今日恐怕只有少数熟谙文言文的人才能读懂。

⑥ 先秦部分取材太泛。对先秦人与汉朝人观点区别的归纳与结论很牵强。

⑦ 第 6 页，以鸦片战争来划分人学史的前后两大时期，这种分期法实在太笼统。说前期“儒家思想占统治地位”，这不确切，因为汉代以前并非如此。作者自己在第 7 页以后即对此作了否定，那么，前面的结论如何成立？观点自相矛盾，这是严重的学术错误。

⑧ 第 131 页，说“孔子将人或分成二等，或分成三等，或分成四等，体现了在这个问题上思想的不够成熟”。这里“不够成熟”一语有美化之嫌，是否“为尊者讳”？孔子的思想是他那个时代产生的封建阶级思想，从今天的立场来看是反民主的，即使在当时，也违背了历史发展趋势。“五四”时期的反孔，是因为孔子的思想与学说妨碍时代进步。这一点望斟酌。

⑨ 从个人观点出发来评述历代人学思想之得失，固然无可厚非，但若缺乏历史主义的客观视角，以及时代与环境条件下的历史合理性，则会缺乏思想深度和理论价值的分量。写史的通病之一，是从现时的观点和个人的观点出发，对以往的事实做出轻率的褒贬，这样做，往往会造成一种有欠公正的态度，而且也忽略了在一般情况下每一种思想之产生的当时客观合理性，否则它怎能产生？在什么基础和条件下产生？

(2) 关于书稿的结构方面的问题

作者考虑的是：上编“块面结构，按纵向的历史顺序”，下编“条状结构，横向排列，逐一叙述历史演进”，“上编侧重史，下编侧重论”。这样的安排，理由何在？全书如何体现“史”的体裁？“史”应该是有机结构的系统，而不是“史”“论”各占一块的脱节编排。书稿在这一方面有很大欠缺。

(3) 读稿质疑

① (目录一、三 1)关于孔子的“仁本主义”的提法，缺少理论性阐述，显得很单薄。

② (目录一、三 5)说荀子“人学本恶”，这种说法很不严谨，太过随意。

③ (目录三、三)修养、房中术、养生，不应该属于“人学”范畴。

④ (目录三、四 1)男女房事、养老之道，不应该属于“人学”范畴？

⑤ 出现了两个“第六章”，显得作者的著书态度比较粗疏。

⑥ 在“现代人学”部分，关于启蒙与救亡，作者的看法值得商榷。“救亡”难道不是一种政治的“启蒙”吗？

⑦ 在“《百年中国人学史》目录·上编二 2”中，谭嗣同的“通商之义”“理财之道”也被纳入“人学”范畴，概念如此宽泛，内涵无所不包，这在学理上是否妥当？

⑧ (下编一 1、2)对毛泽东的评价要慎重。

⑨ (下编一 5)顾准提出的“多元政治”和“社会主义两党制”理论的实践可行性是什么？这种理论可靠吗？

⑩ (下编四～五)内容欠斟酌。

⑪ 时常遇见错别字。仅举几例：p.104，字女【应改作：子女】；马尔萨期【应改作：马尔萨斯】；p.115，被浮【应改作：被俘】；p.211，弱不劫弱【应改作：强不劫弱】。

(4) 审读结论

该书稿不够成熟，应作退稿处理。

2.《西方精神史》初审意见

书稿形式：作者来稿(部分)：总目录，第一、二、三、四、十、十一、十二章，共 7 章(缺：导言、第五、六、七、八、九章)

审读情况：(1)仔细研究全书目录；(2)通读送来的 7 章；(3)重点审读第十二章(总量约 140 千字)

(1) 关于著作主题和写作宗旨

作者意图“从时代精神演进及其与社会实践的互动角度切入”，广泛涉及人文科学和社会科学的所有方面。但是审读了送来的稿件后，我认为作者的学术水平、研究能力、资料准备等各方面的条件不够，未能写成一部西方精神的发展史。作者对西方社会的意识形态和历史发展了解得比较肤浅，只有一些片面的书本知识，未曾大量阅读文献资料，也缺乏深刻的思想体验，因此，要写出据作者自称的“时代精神史”，其难度之高，为作者之力所不及。

该书稿基本上是资料综述，而不具备作者所称的“原创性”。从事历史写作，能做到“客观性”已属难得，至于“原创性”，那是不可能的。这一点，作者似乎不明白。从书稿来看，学理、逻辑、方法等主要方面都有很大欠缺。

根据作者的观念，仿佛“精神＝时代精神＝各种理论＋社会历史现象”，但是有许多基本理论概念和思路需要探讨。例如该书稿的中心概念，“精神”基本上属于理念范畴，而“时代精神”是一种合力的表现，它们是两个概念，理念不等于合力。再者，时代精神的“演进”与社会实践的“互动”之间究竟是什么关系，这有待于作者以演绎法或归纳法来做“命题——论证——结论”，而不是简单地陈列同一时代、甚至不同时代的各种现象(这是违背著史原则的)。该书稿由于缺少综合向度的研究，所以只有名词解释和现象罗列，离写史的要求很远。

根据书稿的现有情况，它的定位应该是“以马克思主义的历史唯物主义和辩证唯物主义方法论为基础，综述西方社会历史自古希腊以来发展进程中时代精神的流变，从宏观角度系统地把握西方文化精神，可供各学科的学者尤其是大专院校学生作为一本有价值的参考读物”。至于作者自己在“书稿简介”中自视甚高的四点“价值与意义”，恐怕只是最初的意愿，是当不得真的。

(2) 书稿的主要缺点

① 除哲学学科知识以外,作者在其他所有学科的基础知识方面非常薄弱。在叙述各学科的理论和观点方面,错误太多。

② 议论发挥汪洋恣肆,思考却往往草率、片面。简单臧否多,正确理解和客观分析少。

③ 结构失衡。尤其是第12章(20世纪)同其他各章之间行文篇幅差异太大。第12章内部的框架和内容、理论与社会现象的铺陈(全稿都是如此)都有很大问题。从目录来看,林林总总,集大成,但只是将有限的中文资料(作者可能不熟悉任何一种外文)用一个框架装起来,但是缺失甚多(有太多的内容还需要直接从阅读英、法、德、俄等文字的原始资料才能获得)。例如在第12章里,20世纪上半期不完整,缺失马克思主义运动、"红色的30年代";20世纪下半期缺失新左派、1968年反叛思潮、福利资本主义、新保守主义、新怀疑主义、后殖民主义、文化批评、新历史主义、女权主义运动等等,对这些重要的思潮只字不提。20世纪下半期一些最有影响的思想家(例如乔姆斯基、拉冈、德里达、福柯、罗尔蒂等人)都未提及。如此写法,岂能成"史"?

④ 写作思路很乱,抄资料太多,其中有许多或无关宏旨,或太繁琐,或文不对题;有些话多次重复,有些事件或理论现象与观点没必要一再重复讲述。

⑤ 概念理解错误,思维不够缜密。研究和分析少,没有新的结论和创见。

⑥ 资料欠缺。例如论述文学上的现代主义和后现代主义,真正的参考资料只有六七本中文书,近乎开玩笑。同时,很少反映学术界最近10年里的学术研究成果。

⑦ 最关键的是,每一个时代的"时代精神"究竟是什么,作者没有作出明确的交代。

(3) 关于第12章中内容的严重失误

① 这一章写得是最失败的,需要推倒重写。

② 首先是标题"当代西方精神",作者对于什么是"当代"的概念不清楚。这一章的大多数篇幅所涉及的内容都是近代和现代。西方精神现象和思想史的"当代",时间应该划在1968年以后。

③ 作者在"当代史"的篇章中写了(抄了)太多19世纪以及更早时代的内容,导致本章不仅文不对题,而且结构臃肿,行文不精练。

④ 1968年以来的重要思想家一个也没有提到。

⑤ 抄录了许多关于享乐主义、性自由、吸毒的资料,但是不写政治意识、左翼思潮、右翼思潮、民族问题、宗教问题、后殖民主义、国际新秩序等等。

⑥ 许多重要的精神现象都没有涉及,对罗列的现象的评论就事论事,很肤浅。

⑦ 质疑:

p.1,当代、现代概念不清。一、1内容太简单。

p.2,2和3过于简单。

p.3,二、"当代西方精神",大多数篇幅不是当代的。

p.12,前3节有问题,对浪漫主义和道德规范的理解很片面。

p.13,此页开始,所举思潮或流派都不是现代、当代的。

p.13,说"浪漫主义就是对情感的崇拜",这是不懂文学理论的表现。

p.20,讲弗洛伊德主义,只字不提荣格和拉冈,是不完整的。

p.32,"工具理性"一节,仅写了技术现状,并未介绍和分析"工具理性"。

p.38,"瑞士的行政权……",这类文字无关紧要,可删。(类似多处,有的甚至占很大篇幅。)

p. 39-40,关于对民主制度的批评,光有托克维尔和门肯的话是不够的,这两人所持的是保守主义立场。

p. 44,“二次世界大战……珍宝岛战役……”,将珍宝岛战役同二次世界大战扯在一起,是属于胡扯了,再说发生在 1969 年的中苏之间的“珍宝岛”战事只是一场小小的战斗,何来“战役”一说?

p. 52,“如今麦卡锡主义(在美国)已不受欢迎”——此说未免对美国当今社会与政界太不了解。

p. 57,作为标题,“利益驱动”和“利益原则”上下文不统一。

p. 58,以歌德笔下的浮士德为例,属举例不当。文学人物不是历史人物。

“罗伯特”——应该是“罗伯特·李”,或“李将军”。此人是美国南北战争时南方的首领。

p. 59,“美国梦”另有解释(例如肯尼迪总统所作的解释),作者只写了渴求成功的一面。

“利己主义”一节,只从抽象观念出发,而且说法前后矛盾。

p. 60,关于总统竞选人佩罗与两大政党之间的关系,以及竞选与金钱的关系问题,作者的说法自相矛盾。

p. 61,享乐主义的兴盛;p. 62,沉迷性欲;这两节写得过分详细,没有必要。

p. 67,第 7 行脱字。

“迷惘的一代”与“垮掉的一代”不是同时出现的。

p. 67—82,大部分内容文不对题。“现代主义和后现代主义”是文学概念,“现代化”是另外一类概念,两者不是等同的。

p. 70,19 世纪的事情讲得太多。

p. 77,“实证主义”(19 世纪)、p. 81,小说的兴起(18 世纪)都归入现代主义和后现代主义,这是混淆时代的错误。

p. 81,“而有钱能使鬼推磨,何况人乎?”这句话是错的。难道世界上真的出鬼了?这样的话若出现在小说人物之口,大可无妨,但是“精神史”一类的著作中不可以这样写。

p. 82,“绝不仅仅是……”以下的内容,此类断言欠推敲。

p. 89,“现代派作家多短寿”,此话有何根据?统计过吗?

海明威是现代作家,但在严格意义上不属于现代派,不应该作为例子。

p. 90,语句严重不通。

p. 92,阿拉贡不是未来派的代表人物,甚至根本不是未来派的。他是超现实主义派的。

p. 93,将“现代主义”说得太简单化了。

p. 94,“多余元”——什么意思?是不是“多元”?

p. 95,“现代主义”,此处应该是“后现代主义”。

“没有一个中……”语句严重不通。

p. 96,《等待戈多》应该是“后现代主义”作品。

p. 99,对弗洛伊德学说的理解走样了。

p. 101,对 Humanism 一词的理解有错。

如此等等,不逐一记录。

(4) 对书稿的总体评价

总的说来,该书稿构架虽然庞大,但是结构不完整;作者理论功底太浅,掌握资料不多;作者只罗列理论现象和社会现象,写得很散、很乱,像开杂货铺;内容的各个部分之间缺乏内在的系统性,也没有作者一以贯之的中心观点和思路;作者不具备写这一类学术著作的经验;各类事实、例证差错很多;文字比较粗糙。

(5) 建议

① 鉴于书稿已经有了一定的素材,建议作者花工夫好好修改,若有需要,编辑可以参与讨论,提供具体修改意见,但需花一定的时间,不要急于出书。

② 如果作者不愿意,则做退稿处理。

3.《中华民族道德生活史(宋元卷)》审稿意见

全稿 44 万字审读完毕。

该书稿基础极差,致使审稿人用红笔满篇修改、订正、纠错,为修改书稿而殚思竭虑,斟酌字句,改正错讹,费时费力。但因原稿太差,终究无法使之彻底改观。

全稿主要错误有以下几个方面:

(1) 全书没有紧扣“民族道德生活”,多数篇幅写的是政治活动历史,以政治生活取代道德生活,或者两者混淆而不作揭橥。作者不止一次点明自己在说的是“宋代政治文化”“政治伦理文化”“政治伦理思维方式”,但是对学界乃至普通读者熟知的一系列政治事件的描述连篇累牍,巨细无遗。这种喧宾夺主的写法,有悖书名所指的主旨。

(2) 既没有一以贯之的历史观,又没有前后连贯统一的基本观点。例如,提到宋朝,作者不断地称它是“积贫积弱”,但又在多处说它“社会经济飞速发展,科学技术取得很大进步”,观点极其矛盾,由此使书稿失去价值。

(3) 叙事啰唆,内容、语句、意思等不断重复。同一段文字,在前后行文中反复出现。一件事情用文言引用一遍,马上又用白话解释一遍,叠床架屋。此种情形在全书稿中很多。

(4) 对帝制时代的旧伦理纲常(例如忠、孝、贞洁,包括“贞节牌坊”“二十四孝”等等)只加叙述,不作分析,论述过程中的基调是大加赞赏,而只在简短的结论里写几句毫无分量的“批判”,其伦理观的不正确和自相矛盾,是书稿的又一大严重缺陷。

(5) 引用古文时,错讹与通假相混难分,其中不乏引用时写错的字。

(6) 作者的古文根基、现代汉语应用能力、标点符号使用规范、写作知识等各方面的能力都很弱,各类文字性差错不计其数。文字拖沓、粗疏,语病比比皆是。

(7) 文体混乱。引用太多的文言文献,影响一般读者阅读。用现代汉语叙事时夹杂文言,或者忽而文言,忽而白话,文体不一致。作者尚无能力用古汉语写作,却不时地使用古汉语,造成一些明显的错误。而文体混乱本身也是一大错误。

(8) 错别字泛滥成灾,差错率高到令人难以置信的地步。

建议退作者修改。除了审稿人的具体修改之外,作者应当从观点、思路、结构、文体、核对引文等方面认真地对书稿作一次调整和改进。

4.《中华民族道德生活史(现代卷)》审稿意见

(1) 全部书稿共41万字。从总体上看,这部书稿有两方面突出的优点:

① 角度比较完整地书写了现当代的一部分专题历史,比较好地克服了一般作者常犯的片面性的缺点。

② 在现当代史的许多事件和现象方面,提供了翔实的佐证材料,有助于读者全面了解历史和思考问题。

由于这两方面的优点,这部书稿可以比同类叙述文本更具有认识史实方面的价值。

(2) 书稿内还存在较多问题,主要有以下方面:

① 书稿的结构和写法。

该书稿以“分块述史”的结构来铺排内容,而每一板块里又比较详细地介绍各个时期的政治、社会背景,导致在对总体现象和具体史实的描述方面有一部分内容多次重复。

在各章节里,与本书主题有关联但关系不太紧密的文字内容过多,冲淡主题。对材料的组织也未能完全紧扣“道德生活史”,故显得结构比较“散”。

自从引进“剑桥史”系列之后,国内史学界也尝试打破原先的学术范式,从专题角度来撰写历史,确实也获得了不少学术业绩。但是本书稿以“道德生活”为主题,已经是一个具体的叙事范围了,内中再细分为“道德建设”“政治改革”“经济关系”“婚姻家庭”“职业变迁”“文化发展”,就不可避免地造成许多话需要反复言说。目前的书稿,有点像“论”而不太像“史”。

如果仍然按照编年史的写法,那么将1949年以来的历史“断代”地分成(a)1949—1956;(b)1957—1965;(c)1966—1978;(d)1979—1992;(e)1993—现在,这样可能更容易写得好一些。

② 另一个主要问题是,在不同的章节里,作者有时从传统(正统)的立场出发,大力赞扬前30年的“革命的道德精神”,有时又用现在的话语来批评改革开放前“不顾个人利益”“压抑人性”,观点颇有矛盾。又如在历次政治运动的评价问题上,“正统”观点和“反叛”观点同时得到肯定,于是在对两者的评判上,显示出理论立场和关联度方面的不平衡。

③ 本书稿的写作主旨是整理和书写中华人民共和国的道德生活方面的历史,但是在叙事过程中,政治历史背景的篇幅过多,喧宾夺主,而且重复。

④ 在叙事风格方面,套话较多;说教成分比较明显;衍生的议论也过于多了一些。

⑤ 少数几处属于政治上的提法有些不妥(见书稿上红笔修改处)。

⑥ 有一些内容,涉及年份数据,显得信息滞后,似应更新。例如第38页第19行讲述“截至2007年6月30日,我国内地网民总人数达1.62亿”。这是6年零3个月前的统计数据,而在2012年,网民人数已迅猛发展到5.64亿。两者差异情况很大。建议在书稿各处采用新数据。

⑦ 文字粗疏。这一方面的差错很多。我在审读过程中对明显的各类差错处都用红笔修改了,其中一部分做了记录(见后附的“审稿记录表”),这些都还不是全部。在错别字、语句语法方面还有很多不妥之处,不及逐一修改,请作者逐字逐句斟酌修改。

(3) 建议

书稿退作者修改。并希望作者在交稿前仔细校订文字。

5. 对《19世纪美国家庭小说道德主题研究》的评审意见

这部书稿以19世纪美国女性作家的“家庭小说”为研究对象，设定以道德主题为叙事核心，并将小说作品中反映的道德主张和道德理想同美国建国后的社会政治联系起来，阐明两者之间的关系，以说明道德建设同家庭、女性之间关系的重要性。书稿对这一主题的历史背景、作家与作品在一定程度上做了详细叙述与评论。

(1) 总体上的问题

从总体上来看，这部书稿还存在许多问题，主要有以下几个方面：

① 在各章的论述过程中，作者添加了不少多余的背景介绍和情节(与“道德主题”关系不大)，因此使书稿未能很好地紧扣主题。从总体上看，各章的内部结构比较松散。

② 除了对背景的介绍和对小说作品情节的介绍之外，作者的评论显得很肤浅，往往缺乏思考的深度，理论概括很一般化，也缺乏有新意的见解。

③ 在写作方面，同样意思的语句在书稿中不断重复，使书稿的论述思路显得烦琐，叙事逻辑不够严密。

④ 在背景知识方面，对美国历史和宗教情况缺乏必要的知识储备。

⑤ 作者在使用文学理论的基本概念和术语方面显得很混乱，显然不太清楚术语的概念和范畴。例如：女性文论、女性主义文论、女性主义批评(p. 2—3, p. 4)，文体、类型(p. 2—3)，文学伦理学、文学理论学(p. 6)。

总的说来，书稿还很不成熟。

(2) 具体存在的问题

① 叙事错误

例如，“使独立战争造成的分裂的民族重新团结起来”(p11)，“以美国独立战争为背景……**为不同政治观点而打的内战**最终会有结果”；作者搞错了美国独立战争的性质，并且将独立战争与南北战争这两件事情搞混淆了。

② 标点符号错误很多

标点符号错误之多，造成的后果是无数句子发生歧义，逻辑不通，破坏句法。作者在汉语写作的基础方面有很大欠缺。

③ 译名不统一

例如：尼娜·贝姆(p. 4,155,167)与妮娜·贝姆(p. 49,53,142,151,152)；

杰斐逊(p. 32)与杰佛逊(p. 38)；

塞奇威克(p. 83)与塞齐威克(p. 83同一页)；

《美国妇女的家》(p. 102)与《美国妇女之家》(p. 103)。

④ 文字差错(以下记录的仅是一部分)

p. 3，这也是美国家庭小说**在国内**没有得到充分、恰当的认识原因之一。【**应改作：在中国**】

p. 6，不仅仅是……**而是**……【**应改作：而且是**】

p. 7，原著**以**难寻觅【**应改作：已**】

p. 10，图书业的产值从1820年估计的250**美元**增至1840年的550万，……【**应改作：250万美元**】

p.11,相对与历史、政治、神学这些严肃文学来说【应改作：相对于;文献】
p.16,宗教阪依【应改作：皈依】
p.19,及到了【应改作：涉及】
p.23,曰益【应改作：日益】
p.28,美利坚名族【应改作：民族】
p.31,妇女亨有选举权【应改作：享有】
　　阿尔盖比【应改作：阿比盖尔】
p.34,国会的批【应改作：批准】
　　杰明·拉什【应改作：本杰明】
p.37,著书立作【应改作：著书立说】
p.41,启蒙运动的幸福和进步【应改作：启蒙运动带来的幸福和进步】
p.49,19世纪上半叶50年间,美国分别在1817、1837、*1857*年经历了3次重大的经济危机。【1857年在"下半叶",时间归属错误。应该删去】
p.52,密西西档案历史馆【应改作：密西西比】
p.54,家庭崇拜和女性崇拜意识形态【应改作：意识】
p.58,人际交流【应改作：人际交往】
p.61,沃纳的小说虽已家庭和女性为立足点【应改作：以】
　　笔者分析有一下几点原因【应改作：以下】
p.69,权力争分【应改作：纷争】
p.71,也不太会说英语了【应改作：不太说】
p.73,印度安【应改作：印第安】
　　公众告诫【应改作：公开告诫】
p.75,要她第二天交绑票【应改作：交赎金】
p.77,凯旋而归【应改作：凯旋】
　　以美国独立战争为背景……为不同政治观点而打的内战最终会有结果……【美国独立战争不是"内战"】
p.86,……对所谓正统、虔诚的基督教家庭……【应改作：加尔文教派家庭】
　　卫理公会教和贵格教【应改作：卫理公会教派和贵格教派】
p.89,势力的姑姑【应改作：势利的】
p.100,詹姆斯·奥斯丁——莱【应改作：詹姆斯·奥斯丁-莱】
p.103,凯瑟琳·比彻在美国教育史具有重要的地位【应改作：教育史上】
p.104,笔竿【应改作：笔杆】
p.105,斯陀夫人*53*年的欧洲之旅【应改作：1853年】
p.106,定了婚【应改作：订了婚】
p.107,赶在哥哥之面【应改作：之前】
p.108,苏珊见到丈夫当夜就死了【应改作：苏珊见到丈夫后,当夜就死了】
p.109,我要把你们的盛宴便成哀悼【应改作：变成】
p.117,不知觉【应改作：不知不觉】
　　他的千禧年神学著作【应改作：他的论千禧年的神学著作】

p.124,辨证思维【应改作：辩证】
p.129,一阵见血【应改作：一针】
p.134,铁青这脸【应改作：着】
p.138,不由地【应改作：不由自主地】
p.143,呆在家里【应改作：待】
p.145,和父亲、哥哥回合【应改作：会合】
哈利也改变的想法【应改作：哈利也改变想法】
p.148,一支银表【应改作：一只】
p.149,一支船【应改作：一条】
p.152,一只只路灯【应改作：一盏盏】
p.153,美国的现代都市波士顿、纽约、巴尔的摩、费城、加利福尼亚等等【加利福尼亚不是“都市”】
p.154,铁路的发展更是缩短了美国大陆的距离【应改作：美国大陆各地之间的距离】
p.157,西蒙·波伏娃【应改作：西蒙娜】
p.159,亚里士多时代【应改作：亚里士多德】
p.160,做出的了决定【应改作：做出了】
p.161,而爱伦·坡处于城市“人群中的人”却永远孤独【应改作：爱伦·坡所说的处于城市“人群中的人”却永远孤独】
p.163,艾米莉眼睛失明与菲利普不能容忍继父对他的误解而举拳相关【句子令人费解】
p.180,以子之茅攻子之盾【应改作：矛】
p.193,卡莱尔在《拼凑的裁缝》中写到【应改作：卡莱尔在《旧衣新裁》里写道】
p.194,……而作母亲的给儿子缝制了那么多衣服,儿媳是不必要的。【应改作：做母亲的;不需要的】
她的妻子【应改作：他】
p.195,说到【应改作：说道】
p.197,马克思的商品拜物教【应改作：马克思揭示的商品拜物教】
截止十八世纪初【应改作：截至】
p.198,涂鸦女学究【应改作：涂鸦女作家】
p.210,个人拯救【应改作：个人获得拯救】
p.211,人际间【应改作：人际】
这位男性多是牧师出生【应改作：大概是牧师出身】

第五单元　审读翻译书稿的方法

翻译作品是中国现代出版史上一个不同于原创作品或编选作品的大类。引进和出版外国优秀的学术著作、文艺作品、大众读物、科技文献、儿童读物，对于我国出版事业的发展起了极大的推动作用。

改革开放以来，翻译作品琳琅满目，在一定程度上也影响着我们的思维方式、审美观念和话语体系。

但是，由于许多客观原因(例如：原作的语言理解难度、文化差异、译者的实际水平、受众的接受意愿、编辑的审稿能力等等)，使最终出版的翻译作品既有不少优质良品，也有许多芜杂之作。

为了能出版优良译作，除了对译者的要求之外，对审稿编辑也提出了很高的要求。作为翻译作品的编辑，本身应该有一定的翻译功底，善于思考与翻译原则和翻译技巧有关的问题，并且熟悉一般的翻译理论，更主要的是有比较符合编辑审稿工作现实的翻译观。

一、编辑的翻译观：什么是翻译

翻译作品有各种文类之分，翻译标准也因不同文类而异。翻译的最高原则是“对等”(reciprocal)，最高标准是“对应”(equivalent)。一般的衡量标准是“准确”(exact)。但是，由于文化差异和概念差异，对应是相对的，不是绝对的。有些名家提出的翻译标准只是理想状态，在实践中不一定行得通。翻译是一种实践,实际上没有多少理论可说。

关于“翻译”的定义和标准这两个问题,译界已经讨论(或争论)了一百多年,至今仍在继续。也难怪,由于语言是一种异常丰富和复杂的现象,而从一种语言转换到另一种语言的过程中,存在着太多变数和许多无法简单下结论的问题,所以,只要翻译的实践活动仍在“进行时”,关于翻译的定义和标准一定还会讨论下去。

译者和读者一般不关心“翻译是什么”和“应该怎样翻译”,但是做译文编辑工作的人遇到许多实际问题,不免常常想弄清楚这两个问题。以下拟从几个常见的问题提出一些看法,以期进一步追究翻译实践中的若干本质现象,并且有助于编辑在审读翻译类书稿时,心中有一些基本概念。

1. translation 和 translations(翻译和各类翻译)

第一,“翻译”这个中文词的概念,对应的两个英文词是 translation 和 interpretation,通常指 translation 为“笔译”,指 interpretation 为“口译”。两者形式不同,含义基本一致。译界的争论,主要集中在“理想的翻译标准”和“可译/不可译”两大问题上。争论者各抒已见,每每涉及“何为翻译”的定义之争。为此,余光中曾经建议用“传真”来代替“翻译”,大概是考虑到“翻译”包括了争论所含的原则、标准、评价等等,仿佛越讨论越含糊,故从定义着手来破解实质。但是,“传真”二字尽管比“翻译”二字的“能指”和“所指”都清晰了许多,然而何为“真”,恐怕依旧要引发许多辩论。

无论从理论还是从实践角度,在从事实际翻译工作的人中间,大概不会有人真的以为翻译就是将每一个原文词(译出语)都准确无误、丝毫不走样地用译文(译入语)表达出来。理由很简单,每一种语言里都有无数个词或概念在另一种语言里根本没有对应的词或概念。例如,笔者见到,中文里的“馄饨”“饺子”“汤团”甚至“粽子”,都被翻译的人一律译作 dumpling;而《英汉大词典》在 dumpling 条下也无奈地定名为“汤团,团子;饺子;水果布丁”。如果这样译来译去,试问,“饭店里还供应馄饨、饺子、汤团、粽子、团子、水果布丁”这句话该如何准确翻译?是否译作“The restaurants also supply with dumpling,dumpling,dumpling,dumpling,dumpling and dumpling”?想到这里,不禁莞尔。好在近来国外也开始慢慢地接受一些汉语拼音式英文译名,部分地解决了一些译法难题。

抽象概念的词,discourse 译成“话语”是准确的吗?anti-hero 译成“非英雄”或“反英雄”是准确的吗?这究竟是“归化”了还是“异化”了?毛泽东名言“枪杆子里面出政权”的权威英译是“Political power grows out of the barrel of a gun”,外国人却弄不明白为什么政治权力会很具象地从一根枪管里跑出来。“三个代表”起初译作“three representatives”,有外国人问:是哪三个人?在约瑟夫·海勒(Joseph Heller)的《第二十二条军规》(*Catch-22*)里,主人公尤索林说了一个词 patriotism(爱国主义),紧接着又说了一个生造的词 matriotism,这个词谁也无法翻译出来,因为其中的双关意思无法用一个汉语词表达出来。在“信”和“归化”之间,往往是一种“两难”。

究其原意,translation 是“传达”,而 interpretation 是“解说”。如果这样理解,那么,所谓“对应”就是相对的,而不是绝对的。

第二,“翻译”的 translation,应该是 translations,即“各类翻译”。不同的类别之间,无论从艺术角度还是从技术角度来看,各有特点,相互之间有一定的差异。翻译的主要类别,大致可分为:文学翻译(诗歌、小说、戏剧、散文、文学理论、文学评论等等,尤其是其中的诗歌一类),

人文与社会科学学术翻译(哲学、历史、政治、经济、法律等等,其中的抽象概念的翻译最难),技术翻译,日常语言和交际语言翻译。

翻译实际涉及的是具体对象,不是笼统地指一切对象。物质实体的名词是可译的(只要找到对应的物名,如果没有,可以造一个)。抽象概念是难译的,译得不准确,就会引起极大的想象、误解和思想混乱,例如将 totalitarianism 译成“极权主义”,将 democracy 译成“民主”。诗是不可译的;诗的意思可传达,但是形式是译不出的;故凡译诗,最好旁附原文,让懂原文的读者欣赏原诗的形式美。风格是不可能通过翻译来表现的。不能假设一切都是可译的。诗的“翻译”只能审慎地说是 paraphrase(译释)。所以译诗者,姑妄译之,读诗歌译文者,姑妄读之也。译者译的是“大概”,读者读的也是“大概”。

此外,语言(作品)的多义性和朦胧性也决定了译者所“译”的只是个人的理解。若将某篇原文的不同译文放在一起,比较优劣,就可以发现他们的见解也会受到个人理解能力和角度的局限,例如莎士比亚《哈姆雷特》中的名句“To be,or not to be”中“be”一词究竟是什么意思,此句究竟应该译成“生存,还是毁灭”,还是“活下去,还是不活”,抑或“干,还是不干”,等等,译文差异很大,至今争论不休。笔者曾向英汉词典编撰大师葛传椝先生请教译法,他回答说:“吾译不出。”

在纷繁的译法和评论中,涉及“译”这个字的精确定义。一个“译”字,其实是很模糊的,以致产生对“翻译标准”的大量歧义。

2. 翻译标准:理论与实践的距离

当我们处在实际翻译过程的状态中时,面对语词、搭配、句式、语法、文体风格,会认识到,翻译是一门实践的艺术和技术,其实比空谈理论更重要的是翻译的经验(审读译稿的编辑应有大量翻译经验的储备)。翻译理论的局限性是一个无法克服的问题,因为翻译实践中有太多说不清的问题。翻译活动本身极其复杂,其内部的复杂性在于,每一次单项翻译都有可能与其他的翻译完全不同,而人的禀赋又天生各异;其外部复杂性在于,翻译不是单一的生产活动,翻译有无数种类,造成任何一种想涵盖一切的理论都显得比较片面。总之,翻译的根本问题不是理论,而是实践经验;而翻译实践的决定性因素有三:基础、经验、技巧。

从以往的翻译(包括文学翻译)的实践中产生过一些经验法则,但是还未有真正的普适性理论。或者说,理论远不如实践经验重要。尤其要忌讳的是缺乏实践经验而空谈理论。值得珍视的是从亲身实践中总结的经验之道,而对这种经验的提炼和提升才是真正的翻译“理论”。当代欧美翻译理论界提出了不少关于翻译理论的观点,但是其中有不少高论,对于有丰富翻译实践的人而言,本来就是不言自明的道理,无须将其抽象化、复杂化。中国译界历来争论的其实只是翻译的标准问题。

近百年来,中国的翻译界在翻译的“标准”上各抒已见,标新立异,一些著名的翻译家根据文学作品翻译的要求,提出了一些言之有据的“标准”说法。大概主要有以下几种:

(1) 严复:译事三难,信、达、雅。

(2) 鲁迅:我要求中国有许多好的翻译家,倘不能,就支持着“硬译”。

(3) 林语堂:忠实,通顺,美。

(4) 朱生豪:保持原作之神韵,忠实传达原文之意趣。

(5) 傅雷:神似。

(6) 钱钟书:化境。

(7) 王佐良：文化对等。

(8) 许渊冲：意美，音美，形美；译语优势竞争。

(9) 余光中：翻译是有限的创作。

(10) 罗新璋：外译中，非外译“外”；文学翻译，非文字翻译；精确，非精彩。

(11) 刘重德：信、达、切。

(12) 辜正坤：多元互补。

这12种提法基本上针对的是文学翻译。

关于翻译的标准，实际上不存在对各类翻译都有效的普适原则，只能根据各个不同学科的特点，建立不同的要求。不同的翻译文本应该遵循不同的标准。普世标准有时不很适用，甚至很不适用。家用电器和药品的说明书、法律文书的翻译只能是直白、准确、实事求是，不可能是“化境”，更不可能是“神似”。

若按照某些“翻译的标准”来要求，则实际上理想的译者极少，天下(全世界)不知有几人能够胜任，已经译出和发表的大量译作将被判为不合格。因为有些名家提出的翻译标准只不过是一种理想状态，而在翻译实践中不一定行得通，或者因为追求某个很高的目标而造成译文失真。

案例 5-1

钱钟书提出“化境”的标准，是因为他自己国学根底深厚，运用古汉语得心应手，外文能力上造诣很高。但是在实际翻译中，有时未免过分求“化”而失误。以下例子见于钱钟书《管锥编》(中华书局，1986年第2版)。

[第1卷第93页] 皆异于故作波折(suspense)。

【按：suspense应译作“悬念”。】

[第1卷第181页] 则指人心之造境(subjective feeling)。

【按：subjective feeling应译作“主观感觉”。】

[第1卷第188页] (苏格拉底弟子撰野史，记皇子问克敌之道，其父教之曰：)“必多谋善诈，兼黠贼与剧盗之能”(The man must be designing and cunning, wily and deceitful, a thief and a robber, overreaching the enemy at every point)。

【按：此句应译作：“这人必须工于心计、狡诈、诡计多端、善于骗人，既是贼又是强盗，每时每刻都压住敌人。”否则“雅”而“化”之，造成信息丢失。】

[第1卷第209页] 犯戒而不失为守戒(rules for the breaking of rules)。

【按：rules for the breaking of rules似应译作“为打破规则而制订的规则”。】

[第1卷第210页] (如狄更斯小说中描写选举，)从欢呼声之渐高知事之进展(suddenly the crowd set up a great cheer etc.)。

【按：suddenly the crowd set up a great cheer应译作“人群突然爆发出一阵巨大的欢呼声”。】

[第2卷第612页] “止境归宿之形”(the end of the process of becoming, the form)。

【按：此处译得走样，当译“生成过程之最后，即是形式”。】

[第 2 卷第 629 页]　西方近世说诗之“事物当对”(objective correlative)者是。

【按：objective correlative 应译作“客观对应物”，是指观念与外在事物的对应，而不是“事”与“物”之间的“当对”。】

[第 2 卷第 818 页]　古希腊小诗嘲丑人云：“尊范如此，奉劝莫临清可鉴人之水。水仙花前身为美男子，池中睹己影，慕恋至丧厥躯；君若自见陋容，毕憎恨饮气而死”(Having such a mug, Olympycus, go not to a fountain nor look into any transparent water, for you, like Narcissus, seeing your face clearly, will die, hating yourself to death)。

【按：上述汉译颇有林纾风格。但从意思对应的角度，似应译作“有了这样一个大陶杯，奥林比库斯，/ 别去泉边，也别看清澈的水，/ 你若像那喀索斯，清楚看到自己的脸，/ 就会死去，恨自己恨到死”。】

案例 5-2

许渊冲提出“意美，音美，形美”和“译语优势竞争”的标准，这三“美”是非常高的要求。但是，他本人的译文似乎也难以做到意、音、形俱美。例如在《约翰·克里斯托夫》([法]罗曼·罗兰著，许渊冲译，湖南文艺出版社，2000 年 1 月，第 1 版)里可以读到这样令人费解的译文：

“老耶南乐意吃神甫的，但若是神甫吃得好，他也会和他同吃分享。”(下册，第 610 页)

“唯一救了他们的，是绝望到了极点，使奥里维痉挛了。”(下册，第 637 页)

“你要过一个人的生活，你会有一个家庭，你会幸福，我要这样，我要！”(下册，第 637 页)

此处举例，并非贬损名家，而是要说明翻译中那些极高标准的实行之难。

有丰富实践经验的翻译者都明白，在翻译时，最直接面对的困难是准确把握原文的一些词或词组的含义，并将它们在译文中确切地表达出来。

真正的标准是：将各种合理的原则与方法有机结合，灵活使用，融合成一种娴熟的翻译能力。如果翻译一部四五十万字或七八十万字的书，也许时常会有精彩的“信、达、雅”，有点“神似”，偶尔进入“化境”。但是不可能字字珠玑，句句“意美，音美，形美”，绝大多数译文最多只是平实对应的意思传达。只要做到了不出现意思翻译错误，并且语句通顺，就是基本符合了出版要求。

翻译的最高标准是“对应”，最高原则是“对等”，包括语义、内容、形式的对等。严复提出“信、达、雅”，作为一种目标，也作为一种标准，其实是难以做到的三点。为此而可行的策略是：信是追求的第一目标，达是第二目标，但雅字尚可存疑。如果原文是雅言，那么译文应当有文采。如果原文不雅，译文何须雅？原文不雅，如何在译文中信而后雅？原文不雅，译文雅了，就违背了“信”的原则。于文艺作品而言，如果以“雅”译“俗”，无疑是破坏了原作的风格。

3. “归化”的困境

早在 1848—1880 年，来华传教士为将 God 究竟译作“上帝”还是“神”而爆发了经久不息的辩论，故《圣经》汉语版分为“上帝版”和“神版”两种，后来又增加了“天主”的译法。这堪称“归化”之困境的典型案例。

还有两桩公案值得再次一提。

关于“牛奶路”的翻译公案。赵景深将 Milk Way 译为“牛奶路”，确实译错了，所以被鲁迅批评。可是至今仍然有人为赵译辩护，认为 Milk Way 是“路”，不是“河”，不应该译成“银河”。但是，“牛奶路”之错误，不是因为 Milk Way 不可以译成“奶路”，而是不可以译成“牛”，因为根据希腊神话典故，Milk Way 的 Milk 不是牛的奶——那是神的奶。当然，赵景深的译文还有上下文，说 Milk Way 被洗得发白，那么，译成“天河”在该处语境里确实也不合逻辑：“河”怎么能被“洗”呢？至于到底怎样译才确切——是“天路”，还是“神奶路”，或者还有什么别的译法，倒是颇费斟酌，故此，到目前为止仍然姑且通译作“银河”。

关于《飘》的译法公案。书名 *Gone with the Wind* 有三种译法：《飘》《乱世佳人》《随风而去》。傅东华先生翻译 *Gong with the Wind* 时的策略，按现时的理论说法是“归化”。译本将地名、人名都做了汉化处理，例如地名 Charleston(查尔斯顿)译作“曹氏屯”，男女主人公的姓名汉化为“白瑞德”“郝思嘉”，等等。故事读来仿佛发生在中国，而不是南北战争时的美国南方。当然，这还不是主要的问题。关键的争论集中在书名的译法上。这部小说作品的主题思想是：一场南北战争，像飓风一样，将美国南方以往的社会制度和生活方式刮得一去不复返了。因此，《随风而去》既是直译，又深含意蕴，很贴切。相比之下，《飘》是错译(gone 不是 floating)；而《乱世佳人》尽管也不是不可以，但是离主题较远，而且有点媚俗。所以，将 *Gone with the Wind*(《随风而去》)译成《飘》是游戏之作；译成《乱世佳人》是媚俗之举；两者都损害了书名翻译和文学的价值标准。

将“胸有成竹”和“to have a trumpet card in sleeve(袖中藏有王牌)”互译，意思是对等了，但是在汉译英时，中文的文化和意境却失去了。而在英译汉时，同样也丢失了英语文化的“能指”。这正是：得到了文字翻译，失却了文化意蕴。

若是为了“形美”“意美”，为了使译文读上去像纯粹创作，而任意改变原文的文字和意思，或过度翻译，或略去某些语词，就既违背了原作品，也违背了翻译的原则。有学者认为，英译者将莫言小说的结尾作了改写，是“归化”的范例。可是这样做，就已经不是翻译了，甚至连“编译”都不是，而只是“改写”。若是翻译都可以“改写”，那还是翻译吗？

说到底，为了让读者读到异域文化的意味和形式(按克莱夫·贝尔所说，那是“有意味的形式”)，更准确地把握和体味原作，“异化”比“归化”更重要。

4. 直译、意译与“不译(音译)”

针对无数个译文的文本，大致可以将各种译法分为：死译、直译、意译、活译、拟译。一般认为，翻译的方法是两种：“直译”(literal translation)和“意译”(free translation)，其他相关的说法，例如“硬译”和“化译”，大致也出不了前面两种定义范围。殊不知，应该还有第三种方法——“不译”(一种是只做解说性的表述，另一种是“音译”)。若在“直译”和“意译”之间衡量孰重孰先，则应该首先是“直译”，然后才考虑“意译”。“直译”比“意译”重要。但是，实践需要三者灵活结合。

“不译”有三种方法：(1)直接写出外文，后面用括号注释意思；(2)给出一个译法，但不能确定是否译正确了，就在后面加括注，填写原文；(3)采用音译(transliteration)方法。

《圣经》的中文译本里有不少音译词：阿门(Amen，意即“诚心所愿”“希望如此”)、哈里路亚(Hallelujah，意即“赞颂上帝”)、和散那(Hosanna，意即“求你拯救”)、以马内利(Immanuel，意即“主与我们同在”)。汉文是音译，英文也是源自希伯来文或希腊文的音译。这种音译方案足具优点，既显示异国风貌，又带着宗教神秘感。同样，佛教的《金刚经》中的“般若”(智慧)和

"波罗蜜"(到彼岸)亦是如此。但在另外的情况下,"不译"比"译"更好。前文提到的"馄饨、饺子、汤团、粽子、团子"自然最好的解决方案是不译(即:音译),写作"*huntun*, *jiaozi*, *tangtuan*, *zongzi*, *tuanzi*",让外国食客边吃边体验中国特有的文化。当然,译入语采用不译(即:音译)方法,也有很大缺陷,因为不经解释,百分之九十九的人根本不知道原文是什么意思,例如"阿门"。

即使是文学作品,有时别说是"神似""化境"的要求,连"直译"或"意译"也难以做到。例如"杨柳轻飏直上重霄九"一句,无论怎样翻译(据说毛泽东诗词已出版十多个英译本),总令行家读来摇头,因为其中的双关语构造的意境是译不出的。

以上之所以花很多篇幅探讨关于翻译的概念和理念,是因为它们同编辑审读翻译稿时的策略和方法有关。

二、译者与译稿

"译者—译稿—编辑—读者"是一种共生关系。从总体上说,译者是生产译稿的人;译稿赖译者得以产生,并且要接受编辑和读者的评判;编辑帮助译者推动译稿的出版;而读者对译稿的鉴赏与批评直接或间接促成了译者的进步,同时也促进编辑的翻译出版工作。

1. 译稿问题

目前,学外语的人很多,但是优秀的译者很少。翻译类书稿中的差错往往特别多,译稿水平普遍较差,翻译水平上乘之作很少见。当然,这样的问题已经存在一百多年了。然而出版单位审读译稿的高水平编辑也不多。

(1) 翻译稿与著作稿的相同点与不同点

著作稿讲究原创性,翻译稿讲究准确性。著作可以无限发挥,翻译的发挥余地有限,即所谓"带着镣铐跳舞"。这两类书稿产生错误的重点不一样。目前的译稿主要有三类(外译汉、汉译外、文言译白话)。外文译成汉文,关键在于理解(正确与否)和表达(准确与否)。汉文译成外文,首先是译者对汉文含义的把握(正确与否),其次是外文的表达(译出的外文准确与否,以及是否符合外文的表达方式)。文言译成白话文,重点在对文字的准确理解,其中,古文基础和现代汉语表达水平两方面都十分重要。

(2) 译稿的一般状态与可能存在的问题

从一般情况来看,译稿即使基本符合出版要求,也难保其中没有问题。常见的问题主要有以下几种:

① 错译。未能准确把握原文意思,因而在译文中做出错误表达。

② 漏译。应该译出的实质性内容,却未译出。

③ 过度翻译。任意添加原文中未曾表达的意思,或因追求文字华丽而损害原文意思。

④ 译名不一致。在同一个译文文本中,对同一个名称的翻译使用了不同的文字表达。

⑤ 译文语句不通顺。译文本身的表达不符合语法,或因词不达意而造成读者理解困难。

⑥ 一般文字差错。例如错别字、概念错误、用词不当、标点符号错误等等。

⑦ 影响理解的欧化句子。在理论性作品或法律文本中,外文原文为保持意思准确,往往使用表达修饰关系的复合句式。水平较高的译者有能力将它们的曲折关系表达得比较准确,但是一般读者在阅读和理解这类句子时比较吃力。最好的译文是避免复合式的长句,运用简

洁的短句式，而又不损害原文的意思。最差的情况是译文仿照原文，译出欧化汉语长句，却产生了损害原文意思的表达。

如果译者水平不够，而译稿又未经校译，那么上述各种问题可能会比较多。

即使是水平较好的译稿，只要存在几处差错，也会遭人诟病。

(3) 译文的一般常见问题与编辑审稿必须注意的几个主要方面：

① 对照原文，检查译文语词概念是否走样。

② 检查译者是否正确理解了原文的语法关系和语句逻辑。

③ 检查译者是否正确地把握了原文的思想与文化特质。

④ 检查译文有无知识性方面的差错。

⑤ 检查译文里的同一专有名词的译法是否前后一致。

⑥ 译文里有无政治、道德、宗教等方面不妥当的内容。

⑦ 仔细核对译文中出现的各类数据。

⑧ 审视译文语句是否通顺。

⑨ 检查回译的准确性(涉及中国古代文献或名言、人名时必须核对权威性的文献资料)，例如已经发生过的将“孟子”从英文回译成错误的“孟修斯”，将“孙子的《兵法》”回译成错误的“桑·楚的《战争的艺术》”，将“蒋介石”从俄文回译成错误的“常凯申”。

案例 5-3

人物姓名的回译原则有 3 条：

(1) 约定俗成

一些著名人物的姓名英译已经固定，须按照约定俗成的译法。例如：

孙中山(Sun Yat-sen)

宋庆龄(Soong Ching-ling)

一些外国人给自己起了中文名字。在中文与外文互译时应当注意。例如：

龙华民(Nicolaus Longobardi)

马礼逊(Robert Morrison)

郭实腊(Karl F. A. Gützlaff)

高本汉(Bernhard Karlgren)

赛珍珠(Pearl S. Buck)

(2) 按照规定

根据已有的规定(参见本单元第八节“关于人名、地名的汉译英规定”)，中国人名翻译成英文时，不再使用旧式的威妥玛拼写法，而必须使用规范的汉语拼音写法。例如：

毛泽东(Mao Zedong)

邓小平(Deng Xiaoping)

(3) 不改引文

如果不规范的拼写法出现在引文中，则不作改动，而采用加“编者注”的办法写明正确的拼写法。例如：

Mao Tze-tung [编者注：即 Mao Zedong]

(4) 对译文质量(好、一般、差)的判断和评估标准主要有以下几点：

① 译文准确度(不改变原文意思)；

② 译文通顺程度(无生涩、别扭、莫名其妙的表达)；

③ 译文是否接近原文文体风格的表达；

④ 译文中有无百科知识和语言知识方面的差错(尤其忌讳非专业性的外行翻译)。

2. 译者水平问题

在审稿中发现，有不少译者的译文是不合格的。除此以外，即使水平较高的译者，他们的译稿里也往往存在一些差错。

在一般情况下，译者若有扎实的外语基础和汉语基础，具有相对丰富的知识储备和合理的知识结构，同时又具备一定的翻译经验，那么就有能力使译稿基本达到出版要求。

水平高的译者，一般除了具备上述语言基础、博学知识、翻译经验之外，还应该有敏锐的语感，有直接把握语言文字的深层含义和娴熟转换语言文字的能力，使译文成为精彩的典范性文本。

水平较差的译者，一般是由于外语基础差、汉语基础不扎实、知识面窄、缺乏翻译经验等原因。上述四条原因中，译者只要缺乏其中一条，就会使译文错误百出。

应当注意的是，即使译者水平较高，也不等于译文里不会出现差错。疏忽、知识盲点、疲劳等等，都会导致高手失误，遑论一般译者，甚至生手。

还应当注意的是，学术类著作的翻译者应该熟悉所译内容的专业，方能保证译文传递的是正确的专业知识和准确的术语概念。如果译者外语基础较差，对许多概念的理解是错误的，那就往往将语句译得使人误解。

文学作品的翻译，对译者的要求是很高的，对译文的要求是很严的。译文的语言不仅要准确，而且要生动，还要贴近原文的文体风格。许多小说译本读起来味同嚼蜡，大多数诗歌的译文不像诗歌，这些属于翻译水平的问题，编辑在审稿时应当关注，并且对译稿、译者持严格要求的态度。

法律、法规文件的翻译，除了语词、术语概念的翻译必须准确之外，还要严格关注，不可漏译语词。

3. 翻译的生态

时下的翻译生态并不尽如人意。这一方面是由于人才缺乏(人才的成长需要良好环境)，另一方面是由于心浮气躁和急功近利的风气所致。其表现有：(1)译者率性随意，对待翻译工作不认真，草率从事，不认真查考资料，不仔细斟酌文字；而出版社在选择文本和译者两方面都欠缺合适的考虑。(2)一般人在认识上存在误区，他们以外行的观点来看待翻译工作，以为只要懂一点外文再加上翻查词典就可以愉快胜任，不知翻译之艰难，相反却误以为翻译是一件很容易的事情。(3)出版者为市场、为经济效益，而罔顾翻译工作的规律，造成为赶上预设的出版时间而催促译者，使译者没有时间精心推敲译文和校读译文，遂使翻译总是变成“遗憾的事业”。(4)译者所得报酬太低，与其所作贡献不相称。著名翻译家傅雷和草婴都是专门的翻译工作者，他们每天只慎重地翻译一千字，并且反复推敲和修改译文。而今天的译者若也是每天译一千字的话，按时下通行的稿酬每千字人民币五六十元，肯定无法维持生计。这种情况造成如今绝大部分翻译工作者对翻译都只能是“业余行为”，因此很难产生新一代大批优秀的翻译家。(5)译者地位很低。翻译工作不被当作学术活动，也不被当作艺术创作，翻译成果不能作为提升职称的依据。而一旦翻译作品获奖,出版单位大出风头,译者却被冷落在一边。如此种种,形成今日不良的翻译生态。编辑们在这一方面应当有所觉察和认识。

4. 翻译类图书的选题策略与挑选译者策略

俗话说“天下文章一大抄”,中外皆然。美国作家乔·梅西在《文学的故事》(*The Story of Literature*, 1924)的序言中说:“绝大部分书籍互相重复着、仿制着,并且合法或非法地进行着剽窃、抄袭。”(见《文学的故事》,中国档案出版社,2001 年,序言第 3 页)

选择和引进翻译类图书,选题应当根据这一事实,转而寻求内容新颖的作品,摒弃老生常谈的“作品”,力求“人无我有,人有我优”和“像避免瘟疫一样避免雷同”,以“经典、精华、精粹”作为取舍标准。

一般说来,一部著作以一个译者承担翻译为好,而多人合译容易产生译名不统一、译文风格不一致等毛病。

选择合适的译者,指译者应当有翻译该类作品的经验,发表过同类作品的译作。若未发表过译作,则需要审读其试译章节。“合适的译者”指的是译者应当具备扎实的外文基础、扎实的中文功底、广博的知识和认真的态度。

另外,还应该选择有时间保障的译者,以免影响出版计划。

三、编辑的能力与资格

审读译稿的编辑应该是有知识、有能力、有水平的内容/文字工作者,应当甚至必须具备以下各种条件:

1. 外文水平

编辑如果缺乏应有的外文水平和外国各学科的文化知识,也没有能力对照原文审读译文,就不应审读译文书稿,否则面对差错都无法识别。

2. 中文水平

编辑要凭较高的中文水平来评判译文是否准确、通顺地表达了原文的含义,并且善于发现译错或表达不当的文字。

3. 博学知识

任何一本书的内容里都有可能包含了范围很广的各类知识。外文作品中牵涉许多学科以及外国文化(历史、地理、民族、宗教、社会、文化、典章制度、风俗习惯、形而上概念等等)的各种背景知识,而作为编辑,应该有能力应对,其中包括查找各种资料的能力。

4. 翻译经验

编辑自身若具有一定的翻译经验,那么对审稿工作会大有裨益。因为只有自己具备了翻译经验,才有可能充分了解和理解译稿的水准或瑕疵,乃至译稿产生各种差错的原因,以便更好地审读和修改译稿。

5. 编辑工作经验

比起译者和译稿来,对编辑审稿工作还有另一条特殊要求,即编辑人员必须具备审读译稿的编辑工作的专业经验。经验越丰富,审稿工作就越有成效。审读译稿时,通读方式与校读方式有很大区别。理想的方式是采用校读方式来审读译稿,对照原文一字一句审读译文,这是审读译稿的最可靠方式,此时的编辑人员无异于校译者。当然,时下往往在“时间要求”和“编辑人员素质条件”两方面都难以这样做,而只能采取通读的权宜方式。但如果是通读译稿,至少必须保证在确认译者水平可靠的前提之下。编辑工作经验也在很大程度上决定了编辑人员有无能力根据译文句子不通、概念可疑、文字使用不当、叙事方式别扭、遣词生涩等表面现象来发现差错、遗漏、译文不符合语言规范等多方面的问题。

四、审稿准备工作

审读译稿同审读著作稿一样,不宜一接到译稿就立即进入审读程序。以下是几项必要的准备工作:

1. 了解译者的翻译能力和水平;只接受译文质量合格的来稿。约稿时,首先了解译者的外文、中文、翻译能力:(1)看译者先前发表的翻译作品。(2)审校翻译样稿,对照原文仔细阅读,对译稿质量作出判断。

2. 案头必须有外文原文文本(一般由译者提供,用于备查或对照原文审读译文)。切忌不对照原文而审读译稿,因为译文流畅不等于译文准确。

3. 案头必备合适的双语词典和相关的工具书、参考书。这里指的是权威性的双语词典,权威性的原文词典,与译稿专业相关的参考书,专业词典(例如:哲学、金融、生物学、文学,等等),专门工具书(例如:人名译名手册、地名译名手册、世界地图册,等等)。

4. 坚守基本理念:(1)对翻译书稿的译文质量,大致可用“信、达、雅”的要求来衡量。(2)理清审读译稿的基本原则。(3)认定译稿必须达到出版物的一般标准。(4)注意对不同文类的译作在审稿时参照不同的标准。(5)注意译稿对不同语体的忠实体现。

5. 在约稿阶段就要提醒译者做到:(1)不要漏译。若有删节,需要作出说明,以便应对读者质疑。(2)防止因疏忽而漏译句子、段落,避免造成译稿残缺。(3)对不适当的内容作必要的删节,即删除出版法规明令禁止的内容、重复的内容、毫无意义的文字,等等。(4)对于理应删除却又不得不保留者,须加详细说明,以表明态度。

五、预审译稿

预审译稿是一项很有必要而且非常有效的编辑工作措施。具体方法是:

1. 抽样预审

抽样预审是为了检查译者的翻译水平(对中外文的理解和准确把握)和文字能力(准确、流畅的文字表达)。预审时,切忌不看任何原文而只审读译文。预审作为审稿的主要措施之一,是为了保障质量和进度,同时也是为了在审稿过程中减轻编辑的工作负担。抽样预审的方法是:随机抽取原文 3 页(例如原书第 51 页、第 61 页、第 71 页)和相应的译文,或译稿中间任何一处的连续 3 页译文(或者 10 页译文;抽读的页数越多,判断越可靠),逐词逐句对照细读,检查译文质量。这一环节也可约请专家审读,但要支付较高的专家审校费。

2. 退修译稿

若发现译文质量未达到出版要求,则在指出具体的翻译错误之后,退回译者修改。若译者没有能力修改译文,则让译者约请翻译水平高的人校译;若译者请不到合适的校译者,编辑可帮助约请合适的人选。校译者有权署名(×××校译),并从原定稿酬中获得合理的部分(一般不另付)。这一点牵涉到知识产权问题,先前在这方面有过多起纠纷案例,但有其他约定的除外。

3. 再次抽样审读

退回译者修改之后,对译者交来的修改稿再次审读另外3页随机抽取的原文,根据译稿上对应的译文,逐词逐句对照细读,检查译文质量。若是合格,则可接受译稿。若仍然不合格,则要考虑退稿。

4. 何为"不合格译稿"

笔者在上世纪80年代初就"何为不合格译稿"向上海译文出版社时任社长包文棣、总编辑孙家晋(这两位都是著名翻译家兼资深编辑)请教,他们的回答是"一页稿纸中文500字,若发现3处或3处以上实质性翻译错误,则视为不合格"。此系行家经验之见,虽非规定,但可资参考。

六、翻译类书稿的编辑处理技术

审读译稿,在技术和技巧层面上主要有以下几个方面:

1. 应该对照原文来审读译稿。比较合理的方法是先读原文,再读译文,当发现有疑点时,再回看原文,确定错误所在,并决定修改方案。

2. 注意译稿有无政治上不妥之处(参照本书第三单元相关内容)。人文学科和社会学科译稿里可能出现的政治性问题和意识形态方面的内容差错一般比著作稿里多,编辑在审稿时需要特别注意。如果发现明显错误,就直接改正。如果对是否有差错存有歧义,应就不妥当之处同作者商量修改。

3. 审读译文时,若发现译文的语句不通顺,或语词、译法方面有各种可疑之处,则需要仔细回查原文(此时会发现,这些地方往往有可能是翻译错误或对原文的理解错误)。这一点涉及对编辑的外文资质和审稿经验的要求。

4. 要注重译文的文字和概念的准确性。在译稿中,往往由于文字和概念翻译得不准确,造成逻辑混乱,概念生涩,语句不通,这就需要检查翻译准确与否。一些关键概念最好在首次出现时用括号附外文原词。

5. 注意译文语句要避免"外化汉语",即生涩的、拗口的、别扭的、不符合汉语表达规范的语句。避免搬用原文语序,使译文也出现从句套从句的古怪表述。译文句式应该服从汉语语法,遵守汉语的行文规范。

6. 注意文字(译法)和版式的前后统一性。尽可能避免因译法不统一而造成的文字混乱的情况,影响阅读理解。为达到"一致性"的标准,必须遵从一些通则:

(1) 对同一个术语、概念、专有名词的译法,全书要统一。在审读中,首次看到时,便应该记住。必要时还可以在案头准备一张译名记录表,以便在继续审读时参照统一。比较可靠的方法是以通译法为准,凡是与通译法相违者,一律按通译法修改,这样可以比较方便地达到前后一致的目的。

(2) 对著名人物、地名、机构、作品名称等等人所共知的专有名词的翻译,若采用约定俗成方案,可参照权威工具书,例如《辞海》《中国大百科全书》和几种已出版的新华社译名手册。若需要纠正明显差错而必须别译,那就应当在首次出现时,用括号注明外文原名称。

(3) 纠正明显的错音字。注意各语系、各民族的人名、地名的译音和译法。

(4) 注意回译的专有名词(人名、地名、书名、机构名等)的准确性。

(5) 在用括号附原文时,要注意字母大小写的区别和单词拼写的准确性、规范性、一致性。

此中的编辑技巧是:如果是学术类的作品,先审读原书的“索引”(Index,现当代外文学术著作一般都有附录的索引表),请作者提供 Index 中术语或专有名词的译法,检查有无错误;在定名时,既需查阅各类权威性的词典和工具书,也需参照文中的上下文来确定词义和译法。如果是文艺作品或一般文化读物,则在审读过程中随时注意专有名词和关键词的译法一致性。如此便可使编辑在审稿时省时省力。

7. 在审稿时,容许编辑就原文中的不当内容对译文做必要的删节,或做淡化处理。若遇到原文系不当内容,却无法删除或淡化处理(即,如果会影响理解或内容的连贯性),则可以保留原文,但应该用“编辑注”表明立场、观点和态度。

8. 若其他出版社已经出版过同一作品的译本,那么审稿编辑还有必要将译稿同已有译本对比,目的不仅是为了比出新译本的优点,而且也为了防止剽窃现象,或因文字雷同过多而可能在日后引起著作权纠纷。

七、常见的差错类型案例

翻译中可能产生的译文差错会有无数种,以下是几种常见的类型。

1. 由于译者不懂外文普通单词组合在一起时的语词意思,以致造成低级错误。例如:

某书稿将 professors of liberal arts 错译成“自由主义艺术教授”。

【正确的译法应该是“文科教授”。】

2. 由于译者知识面狭窄,缺乏外文阅读经验,结果将自己有限知识中的一些东西用来充数,或者自以为如此,结果造成翻译中的专名错误或术语错误。例如:

(1) 将美国历史上的著名事件 Salem Witch Trial 错译作“耶路撒冷巫婆的考验”。

【准确的译法是“萨勒姆逐巫案”。】

(2) 将美国的电影公司名称 Time-Warner 译成“泰姆—华尔纳”。

【准确的译法应该是“时代—华纳公司”。】

(3) 将美国地名 Milwaukee 错译作日本人名“三井川崎”。

【准确的译法是“密尔沃基”。】

(4) 将著作权专门术语 copyright and related right 只凭字面意思译作“著作权和相关权”。

【准确的译法是“著作权和邻接权”。】

3. 由于译者不熟悉哲学、语言学、医学、宗教等学科知识,因而在理解上出错。例如:

(1) 康德所提出的前想象力(a priori imagination)的功能。

【应该是“先验想象力”。】

(2) by striking the period at the end and inserting another punctuation(将结尾处的时期去掉并且插进另一个标点符号)

【period 一词在这里被错误理解成“时期”,从上下文意思来看,应该译作“句号”。句子应该改作:“将结尾处的句号去掉,换成另一个标点符号”。】

(3) Vitalism and reductionism in Liebig's physiological thought(在 Liebig 的书中对生理学的看法可知,维生素使症状减轻)

【正确的译法应该是"利比格(Liebig)生理学思想中的活力论与还原论"。】

(4) Dominican Santa Cruz Hospital(多米尼加共和国的圣达克鲁茨医院)

【此处的 Santa Cruz 是美国加利福尼亚州的城市,Dominican 被误解成"多米尼加共和国",实际上这里指的是基督教的一个教派。应该改译作"圣克鲁兹多明我教会医院"。】

(5) Law of large numbers(数字的大法则)

【此处由于不懂数学专业知识而译错。应该译作数学名词"大数法则"。】

4. 对历史事件很陌生,以致将人名张冠李戴,造成严重失误。例如:

他还说,我们很快就会发现,整个电影就是美国的麦克阿瑟主义的控诉。麦克阿瑟主义鼓励所有人密切监视其他人的活动。这是对与日俱增的美国刺探文化发出的一种强烈的批评。

【此句的译者将 McCarthy 错误地认作 MacArthur,以致传达了错误信息。"麦克阿瑟"(Douglas MacArthur,1880—1964,道格拉斯·麦克阿瑟,美国陆军将领)和"麦卡锡"(Joseph Raymond McCarthy,1908—1957,约瑟夫·雷蒙德·麦卡锡,美国共和党参议员)两人不应被混淆。就此句上下文的意思,或根据外文原文,这里是 McCarthyism,应该译作"麦卡锡主义",即臭名昭著的美国法西斯主义政治家的主张和活动。此句应该改作:

他还说,我们很快就会发现,整部电影就是对美国的麦卡锡主义的控诉。麦卡锡主义鼓励所有人密切监视其他人的活动。这是对与日俱增的美国滥行监视的文化发出的一种强烈批评。】

5. 有时候光读译文就能发现翻译肯定有错误。例如:

(1) 在社会分析中,文明划分粗暴的现象。

(2) 世界人口被是否一定,或者一般会存在冲突的问题了。

【这两句句子都是读不通的。第一句应改作:"从社会学的分析角度,文明和野蛮是明显划分的两种现象。"第二句应改作"世界的人口问题被说成是否一定会或者一般会存在冲突的问题。"】

6. 中文错别字引起英译错误。例如:

The most renowned artists of Peking Opera in recent China are Mei Lanfang(梅兰芳),Cheng Yanqiu(程砚秋),Shang Xiaoyun(尚小云)and Gou Huisheng(苟慧生), and they are referred as the Four Famous Dan Characters(四大名旦)。

【京剧四大名旦中"荀慧生"被错成"苟慧生",于是英文(中国人名的汉语拼音)就错成了 Gou Huisheng。】

7. 汉译英遣词错误。例如:

《孔子世家谱》(Family Tree of Cofucius)

【family tree 是"家谱图"。"家谱"(同"世家谱")是 family history。】

8. 译音明显错误。例如:

约翰·H·路南(John H. Noonan)

【此处“路”应改作“努”。汉语方言中，有些方言地区的人将h和n对换，f和h对换，于是在翻译中造成音差。】

应该说，错误类型还远远不止这些。更多的翻译错误源自对原文的语法、句式理解错误，或者对人物或事件的背景不了解，或者对某一领域的知识完全陌生，或者不熟悉外国文化，或者译文表达有问题，等等。以下案例采自一本日译汉书稿：

案例 5-4

(1) “茶人”两字，较早见于白居易《山泉煎茶有怀》：“坐酌泠泠水，看煎瑟瑟尘。无由持一碗，寄予爱茶人。”如清人《采茶曲》有“后茶哪比前茶好，买茶须问采茶人。”

【叙事错误。白居易诗中是“爱茶人”，《采茶曲》中是“采茶人”，都不是“茶人”的概念。概念不应被偷换。】

(2) 日本茶道形成初期，从丰臣秀吉时代所谓豪华的“书院茶”起，中国进口的各种茶器，尤其是唐宋时期的茶器，就成为日本茶会上的展示品乃至炫耀物。

【叙事错误。“中国进口的”应改作“从中国进口的”。根据句意，应该是日本从中国进口，而不是中国从他处进口。】

(3) 现在的“茶汤”(茶の汤)一词，英语一般翻译为“teaeeremony”或者“teaeult”，并为一般人所熟悉。

【英文词组写错。teaeeremony 应改作 tea ceremony；teaeult 应改作 tea cult。】

(4) 真正的风流人，在这一意义上就可谓“茶人”，比如萨克雷(Sakelei)，当然还有莎士比亚，他们都是茶人。

【英文人名书写错误。Sakelei 应改作 Thackeray，即英国19世纪著名小说家萨克雷，其代表作品是《名利场》。】

(5) 百粒米饭有一粒生成，一滴滴的水能汇成大江波涛。

【错别字。“有一粒生成”应改作“由一粒生成”。】

(6) 这不是迂远的思想而是眼前的现实。

【错别字。“迂远”应改作“遥远”。】

(7) 首先必须有所“见”，不许见到实物，由此才有可能深知。

【文字输入错误。句中的“不许”应当是“必须”。】

(8) 他们把出售的茶器吹嘘得天花乱坠，于是奇怪的事情发生了：作为卖家的富人一方面被阿谀奉承着，一方面却上了店家的圈套。

【文字输入错误。句中的“卖家”应当是“买家”。】

更多的案例，可参见笔者编著的《文字纠错3000例》(复旦大学出版社，2017)中的相关例句。

八、文字修饰

编辑在审读和修改汉译英译稿时，除了改正用错的语词，有时还锦上添花地在修辞方面帮助译者将译稿修改到符合英语表达习惯的程度。以下是两个例子。

1. 中文原文

中国文学源远流长。它在数千年中虽屡屡向异质文化汲取养分，却始终保持了一个连贯的、从未中断的发展过程，这在世界上是一个独特的现象。正因如此，中国文学形成初期——这里大致是指先秦——的某些基本特征对后来文学的影响也就格外深远，值得注意。

译者的译文

Chinese literature has **a long**, long history. **During** several thousands **of** years, although it has assimilated **nutriments** from cultures **other than its own**, it has nevertheless maintained a consistent and continuous process of development, **which is a distinctive phenomenon in the world. Accordingly**, **a number of** basic features, **which were formed in the** early (primarily the pre-Qin) period of Chinese literature and have since exerted a profound and **lasting** influence on its later development, merit our attention.

编辑修改的译文

【Chinese literature has **an extremely** long history. **For** several **thousand** years, although it has **continuously** assimilated **elements** from **other** cultures, it has nevertheless maintained **its own uniquely** consistent and continuous process of development. **As a result**, **certain** basic features **of its** early (primarily the pre-Qin), **formative** period have since exerted a profound and **far-reaching** influence on its later development, **and** merit our attention.】

对上述修改的说明

(1) 原句中 a long, long history 改为 an extremely long history，是因为语体风格不对，a long, long history 用于儿童故事的开头。

(2) During several thousands of years 改作 For several thousand years，是使译文简洁。

(3) "养分"是比喻说法，译文直译的 nutriments 一词本指"营养品、食物、促进生长之物"，改成 elements 更为确切。

(4) 原文的"屡屡"在译文中未译出，故加上 continuously 一词。

(5) cultures other than its own 改作 other cultures，比较简洁。

(6) a consistent… which is a distinctive phenomenon in the world 改作 its own uniquely consistent 是将作为修饰成分的定语从句改成一个短语，使句子结构更加紧凑。

(7) "正因如此"引导出前文的结果，所以将 accordingly, a number of 改作 As a result, certain…。作为修饰词的定语从句 which were formed in the 改作 of its。

(8) formative 一词是补译原句中"形成"一词。

(9) 用 far-reaching 来译"远"，比 lasting 确切。

以上各处对译文的修改，是因为译文不符合英语表达习惯和英语国家读者的阅读习惯。此外，有的词译得不够准确，所以改译。

2. 中文原文

一种文学最初的特征，是在它所从属的文化土壤中萌发和生长起来的。中国上古即秦以前的文化，经历过漫长的孕育，至商、周时期逐渐成熟；尤其是周代，形成了中国文化的一系列元典，确定了包括文学在内的中国文化的某些基本流向。

译者的译文

The early characteristics of a literature sprout and grow from **its embedding** soil of culture. The culture of ancient (pre-Qin) China, after a lengthy period of **breeding**, gradually reached maturity during the Shang and Zhou **ages**, **in paticular** the Zhou **period**, **during which a series of** early Chinese classics came into being, **setting directions for Chinese culture**, literature included.

编辑修改的译文

【The early characteristics of a literature sprout and grow from **the native** soil of **its** culture. The culture of ancient (pre-Qin) China, after a lengthy period of **gestation**, gradually reached maturity during the Shang and Zhou **periods**, **paticularly** the Zhou, **when the** early Chinese classics came into being, **and determined the direction of its future development of Chinese culture**, literature included.】

对上述修改的说明

(1) 译“从属的”一词,the native 比 embedding 更明确。

(2) 译“孕育”一词,gestation 比 breeding 更准确。

(3) 译“时期”一词,periods 比 ages 更准确。

(4) in paticular the Zhou period 改作 paticularly the Zhou 是修辞上的简洁,而 during which a series of 改作 when the 亦然。

(5) “确定了……某些基本流向”,用 setting directions 是用词错误,这里的真实含义是“决定了”,因此改作 determined the direction of its future development。

九、关于人名、地名的汉译英规定

对中国人名、地名的翻译是有国家标准的,并且已经由联合国通过,各国政府必须遵守。

对中国地名的罗马字母拼写,国务院早已规定采用汉语拼音作为统一规范,并于 1977 年经联合国第三届地名标准化会议通过而作为国际标准。

2000 年,中国以法律的形式把汉语拼音作为中国人名、地名拼写的统一规范。因此,个别城市中“在街道路牌上对地名的罗马字母拼写未采用汉语拼音”,而采用旧拼法,或用英文及其他外文译写的做法,都是违背我国政府做出的、并经联合国通过的规定,这会在国内外造成不良影响,也会给地名标准化造成混乱。希望能引起有关城市相关部门的重视。

背景资料:

• 1957 年 11 月 1 日国务院全体会议第六十次会议通过《国务院关于公布汉语拼音方案(草案)的决议》

• 1958 年 2 月 11 日第一届全国人民代表大会第五次会议通过《中华人民共和国第一届全国人民代表大会第五次会议关于汉语拼音方案的决议》

• 1977 年 9 月 7 日《联合国第三届地名标准化会议关于中国地名拼法的决议》

• 1978 年 9 月 26 日国务院批转中国文字改革委员会、国家测绘局、外交部、中国地名委员会《关于改用汉语拼音方案作为我国人名地名罗马字母拼写法的统一规范的报告》

• 1979 年 6 月 15 日《联合国秘书处关于采用“汉语拼音”的通知》

• 1984 年 12 月 25 日中国地名委员会、中国文字改革委员会、国家测绘局《关于颁发〈中国地名汉语拼音字母拼写规则(汉语地名部分)〉的通知》

• 1987 年 12 月 2 日中国地名委员会、城乡建设环境保护部、国家语言文字工作委员会《关于地名标志不得采用"威妥玛式"等旧拼法和外文的通知》

• 2000 年 10 月 31 日第九届全国人民代表大会常务委员会第十八次会议通过《中华人民共和国国家通用语言文字法》

五十年代末期,全国人民代表大会批准了汉语拼音方案,应用汉语拼音方案为汉字注音来帮助识字和统一读音,这为中外人士学习汉语提供了统一的标准和途径,也为中国在对外交往中人名、地名的拼写标准奠定了基础。

1977 年 9 月联合国第三届地名标准化会议关于中国地名拼法的决议为:"建议:采用汉语拼音作为中国地名罗马字母拼法的国际标准。"1978 年 9 月 26 日国务院批转的《关于改用汉语拼音方案作为我国人名地名罗马字母拼写法的统一规范的报告》中指出:"改用汉语拼音字母作为我国人名地名罗马字母拼法,是取代威妥玛式等各种旧拼法,消除我国人名地名在罗马字母拼写法方面长期存在混乱现象的重要措施。"

从 1979 年 6 月 15 日起,联合国秘书处采用"汉语拼音"的新拼法作为在各种拉丁字母文字中转写中华人民共和国人名和地名的标准。

《中华人民共和国国家通用语言文字法》第十八条规定:"国家通用语言文字以《汉语拼音方案》作为拼写和注音工具。《汉语拼音方案》是中国人名、地名和中文文献罗马字母拼写法的统一规范,并用于汉字不便或不能使用的领域。"

对以上这些法律或规定,编校人员应当认真学习,并在审稿、校对中严格执行。

第六单元　英文书稿审稿要点

一、英文书稿的主要类型与特点
二、判断英文书稿的总体水准
三、关注语篇的政治性
四、审读英文学术著作、论文的内容
五、结构、体例、格式
六、审读英文文本
七、英语教材编辑审稿
八、辨别抄袭文字
九、符合英语的语言规范和表达习惯

在目前的出版物中，有一部分是英文文本。但是英文版的出版物中，会有不同的类型。对于不同的类型，编辑审稿时既应该关注一般的审稿要求，又应该关注特定类型的特殊方面。

审读英文书稿的编辑，其最主要的任职资格条件是有专业英语背景，英语基础扎实，最好还应该具备丰富的英语阅读、写作和翻译经验。另一项资格条件是具备广博的知识，熟悉西方社会文化的各个方面。

英文书稿的审稿难度一般高于对中文书稿的审读，因为需要顾及的方面更多。有时候某一方面或几个方面的问题隐藏在英文的字里行间，稍有疏忽就会在出版物里留存错误。

以下就几个主要方面分别叙述对英文书稿的审稿要点和方法。

一、英文书稿的主要类型与特点

1. 英文书稿的种类

(1) 作为专著或作为译著的学术著作

专著和译著是英文学术著作的两大种类。一般说来，英文学术著作因其专业性和属于外文的特性，故对于以汉语为母语的编辑而言，审稿难度比较高，要求编辑具备良好的英语水平，并且熟悉所审书稿的专业学科知识。从实际情形来看，以英语为母语的作者撰写的专著、以汉语为母语的作者用英文撰写的专著、将汉语专著译成英文的译著，这三种作品在英文文体和文字两方面都会有一些差异,编辑在审稿时对此应该心中有数。

以英语为母语的作者,其作品若在英语国家已经出版过,文本经过原出版社编辑审读、修改,在语法、文字层面上一般不会有明显的差错,我们在审稿时重点要关注的是作品内容在政治上有无问题。当然,同时也要注意文字方面有可能在重新排版时会产生很多差错,需要认真校对。

以汉语为母语的作者撰写的英文作品,作者水平再高,也不可能做到全无差错,遑论水平欠缺的作品。对这一类书稿,编辑在审稿时要重点关注文字性差错,兼及政治观点和学术水平。

将汉语学术著作译成英文的书稿,一方面,由于文化差异,在英文表达中总会有很多不足之处;另一方面,由于无论是外国人将汉语译成英语(往往较难精准把握汉语原文的意思),还是由中国人将汉语译成英语(往往在英语语法与习惯表达法上难免有许多缺陷),都会造成英文文本质量不高。所以,此类审稿难度很高,需要编辑具备较高的汉语水平、较高的英语水平、渊博的知识、翻译经验、编辑经验。这五方面的条件缺一不可。

中国式的学术话语在西方国家能否被接受,这是一个"文化认可"的问题。被说成"中国式英语"的,或是因为论断式的行文风格,或是因为过于浓重的意识形态色彩,或是因为有太多空洞的套话。学术类的英文著述应该做到:①讲求对观点的陈述和展开中的逻辑联系,以事实和统计数据为基础的分析,而不是只堆砌材料,却无深入分析。②注意文体风格,语言要清晰、准确。③引文要注明出处;对从其他出版物中移用过来的插图,要说明版权情况。④要杜绝剽窃现象。

(2) 教材:英语语言教材或各学科专业教材

英语教材大致分作3类,即:

① 英语语言教材(包括大专院校英语专业教材、公共英语教材、中小学英语教材,以及相关的教辅书)。编辑在审稿时,应该以每一本教材的教学目标能否在教学材料中得到体现这一点为中心,考量结构体系是否合理,语篇内容是否适当,注释、练习是否相配,等等。

② 各个门类的英语教材(例如:商务英语、法律英语、医学英语等等,以及近年来细化的各种"专门用途英语"教材)。对这一类教材,需要关注学科内容同英语表达之间是否平衡,是否为了专业内容而使语言在教学上有难度,或者是否为了使语言适应教学而降低了专业知识的水准。对于存在的问题,编辑应该向作者提出修改书稿的建议。

③ 用英语撰写的各种人文学科、社会学科、自然学科、技术学科教材。从实际情形来看,除了学术观点、内容、结构之外,作者的英语水平和教材编写能力各异,编辑在审稿时应该一方面从学术要求出发,关注学术质量;另一方面要审查作者是否具备熟练运用英语来从事写作的能力,及其在文本中的具体表现。

(3) 一般英语读物

一般英语读物是一个泛称的大类,题材甚广,包括故事传说、科普读物、神话民俗、心灵鸡汤、学生课外读物、文化知识读物、少儿读物等等。编辑审稿时应该注意的是内容的适当性和文字的准确性这两个方面。

(4) 文学作品

文学作品的英文版本,是中外文化交流的重要媒介之一。英文版的文学作品大致分两类——英文原创文本和汉译英的文本。英文原创文学作品的引进,以名著和畅销小说居多。

由于原出版者已经做了可靠的编辑工作，因此，引进版除了删除不适当的内容之外，主要的编辑工作是仔细校读，保障排版的文本没有文字性差错。汉译英的文学文本却有可能存在由于文化差异或理解失准而造成的翻译错误，以及语法错误、单词拼写错误、表达方式错误等等，在编辑审稿过程中对此必须非常小心。文学语言的汉译英难度很高，必须注意以翻译水平为重点，兼顾其他各个方面。

2. 作为母语或作为外语的著译方式的一般特点

(1) 外国作者的英文书稿

外国(母语为英语的)作者的英文书稿，大致分为 3 类：

① 在国外出版社已经出版过的作品，即已经在出版之前经过编辑审稿和校对的文本(published text)，一般说来，其文字质量比较可靠。中国的出版社引进版权再度出版时，可将审读重点放在内容有无政治性错误、学术和知识错误、事实和史料错误等方面。当然，对于文字是否会有差错这一点，也不可认为它是绝对不会错的，因为根据近年来的观察，英语国家作者的文字能力和水平也在下降，英语国家出版物的编校质量也在下降，文字性差错时有所见。

② 书稿本身是未出版过的手稿(manuscript)，未经过编辑审稿和校对，文本里会存在知识性错误，也会有各种文字性差错(语法错误、用词不当、单词拼写错误、字母大小写错误、标点符号错误等等)。当然，也常常可能带有政治性错误的内容。

③ 作品原先已经出版过，但在交付中国出版社再次出版时，作者对文本做了一定的修改。编辑在审稿时要重点关注修改的部分，并且对文本作全面审读。

(2) 中国作者的英文书稿

随着中国逐渐地与国际社会融合，以汉语为母语的中国作者(海外华裔学人，中国内地、香港、台湾、澳门的学者，大专院校教师，科学研究人员，英语专业的博士生)越来越多地用英语撰写著作(学术著作、科学技术成果、国际学术会议论文、投寄国外刊物的稿件)，编写教材(语言教材和各门学科的专业教材)，写作博士论文，以及向海外读者介绍中国文化的知识读物。编辑在审稿时，对这些不同体裁的作品，首先要关注的是其中是否存在政治性错误，其次也需要特别注意语言文字表述的准确性。

(3) 外国译者的汉译英书稿

外国(以英语为母语的)译者为研究或介绍中国的作品而译出的英文书稿，包括传统文化经典、现当代文学作品、一般文化读物，等等。对这一类书稿，应该重点注意译文对汉语语词及其概念的理解是否正确。

(4) 中国译者的汉译英书稿

中国(以汉语为母语的)译者翻译的英文书稿，主题范围很广(学术、科技、文学、传统文化经典、民俗文化、饮食文化、旅游文化，等等)。对这一类书稿，应该重点关注英文译文的准确性，以及译文是否符合英语表达习惯和语言规范。

二、判断英文书稿的总体水准

作者交来英文书稿之后，编辑要做的第一件事情就是判断书稿是否符合出版要求。对于以汉语为母语的中国编辑(即使是英语专业的编辑)而言，阅读英文书稿比阅读中文书稿难度要高，花费的时间也更多。在一般情况下，英语编辑往往不熟悉其他各门专业的知识体系和专门术语,所以在审读书稿之前应该有一定的知识“补课”,以期胜任审稿工作。

要准确判断英文书稿的实际水平,编辑采用的也是与一般审读相同的“预审”方法。在有可能的情况下,可以逐页阅读全稿,或者认真使用英语教学中训练的 skimming(浏览、略读)和 scanning(扫读、快读)方法,以便达到以下两项目的:

1. 掌握书稿内容,做到心中有数

假如需要在短时间内了解书稿的大致内容,比较可行的方法是:

(1)请作者陈述书稿的大概内容;

(2)通过内容提要和前言以及论述的结论部分,了解作者本人的学术观点;

(3)仔细审察书稿的章节目录,弄清书稿的结构。

2. 判断英文书稿总体水平的几个方面

(1)作品的主要观点是否达到一定的水准,尤其看书稿有无新意;

(2)书稿结构是否合理;

(3)作者的写作能力和叙事水平;

(4)估算书稿的差错率。

判断书稿总体水准这一环节对出版社很重要,牵涉到选题策略、出版物质量、英语世界的读者是否会认可等等,所以必须认真对待。

三、关注语篇的政治性

英文书稿的语篇中有时会夹杂各种各样的政治性错误(其类型和表现方式参见本书第三单元所述各节)。在英文审稿中,政治性问题是重点关注的方面之一。

1. 关注政治立场与观点

由于意识形态和政治立场的不同,西方作者(包括在海外的华裔作者)的著作中会出现对中国当代政治制度、对社会主义、对中国共产党的偏见和错误看法,甚至有些内容属于敌对立场、反华言论,表现在观点、话语方式、用词等等方面。在以往审读过的不少书稿中,往往有作者用西方的意识形态立场和观点来攻击中国、抹黑中国的现当代政治和社会,支持藏独、东突、台独分裂中国,在国际关系方面攻击中国的政治制度、政治路线、外交政策,作出不符合事实的评价,妄议中国的政治领袖,等等。对于这一类错误,编辑处理的方法以删除相关文字为主。

案例 6-1

带有政治性错误的语句

(1) Yet, thanks to the structure of the contemporary Chinese media — tightly centralized, mutually reinforcing, working in concert with cadre and activist “face-to-face” communicators — this newest of the world’s mass publics may also be among the most efficiently and intensively reached. Moreover, because the party abused its monopoly of the media by propagating lies and contradicting itself, synicism is apparently widespread.

【这段话抨击当代中国媒体、干部、积极分子、党、宣传工作,攻击中国的传媒政策,有严重政治问题,必须删除。】

(2) Suffice it to say that Chang would become the finest interpreter of the fin-de-siècle cult of the Shanghai-style fiction in the forties, under the shadow of Japanese aggression and Communist revolution.

【此句子将中国共产党的革命同日本帝国主义入侵相提并论，有严重政治问题，必须删除。】

(3) What I wish to recall from this is the fact that by the mid-thirties, Sai Jinhua had been "co-opted by the Chinese communists as a heroine of revolutionary discourse".

【此句认为中国共产党人将赛金花当作革命话语中的女英雄，有严重政治问题，必须删除。】

2. 发现意识形态方面的错误

在政治、外交、社会、历史、文艺、宗教、民族、新闻传媒、法律等主题的领域，只要表达思想和立场，就不可避免地关涉意识形态，这在英文审稿中是一个特别需要重视的问题。尤其因为文字表达方式是英文，所以带有一定的隐蔽性，除非编辑审阅英文的能力特别强，否则很难在有限的审稿时间里发现问题。

不同的作者由于利益、立场不同，意识形态观念和政治观点自然不同。

对于敌对的言论，编辑在审稿时决不能苟同，更不能坐视不管。

根据相关法律，在我们的教材、教辅书中不可以有意宣扬有神论。例如正面宣扬上帝的力量，耶稣如何显示奇迹，等等。当今欧美学术界、出版界对多元文化中间的差异性也给予足够的关注，例如圣诞节的相互祝词"Merry Christmas"只可用于基督教徒之间，不可用于对待信仰其他宗教的人。又例如，过去惯用的纪年符号"B. C."("公元前"，但这个缩写词的原文是Before Christ，即"基督之前")如今改为"B. C. E."(Before Common Era，即"共同纪元之前")；"A. D."(拉丁文 anno Domini，意即 in the year of the Lord [主耶稣纪年] 或 since Christ was born [基督诞生之后])现今改作"C. E."(Common Era，即"共同纪元")。

尤其在对中国的政治、经济、社会、文化的评论方面，应当警惕一些攻击、污蔑的言论。

案例 6-2

带有严重政治性错误或攻击性的言论

(1) Most of the innovations appeared in the 1990s in China had previously appeared in France from 1959-1960, in Germany during the early 1970s, in Taiwan in the 1980s, and in Korea in the 1990s.

【将中国、法国、德国、台湾、韩国并列时，错误地将台湾分离出中国。】

(2) Following Zhang, other underground directors have returned to the official system through an initiative by the State Administration of Radio, TV and Film, although their films are generally thought to have lost some liveliness and originality after their "surrender to authority".

【此句错在所谓"地下电影导演""向当局投降"。】

(3) Consequently, the term realism bears special rhetorical and political meanings in

China, and the literature of each major period of political thaw such as post-Cultural Revolution has been applauded as a salutary return to the "realist" tradition of pre-liberation fiction.

【此句错在所谓"政治解冻"(political thaw)。】

(4) Postsocialist realist cinema does not directly promulgate an oppositional ideology but rather indirectly critiques mainstream idology by foregrounding the suffering of odinary people that is repressed both by officially sanctioned media representations and by mainstream entertainment cinema.

【此句错在所谓"后社会主义"的概念和所谓"用凸显普通人的苦难来直接批判主流意识形态"。】

(5) The events of June Fourth, when the authorities cracked down on demonstrators demanding a number of economic and political reforms in Tian'anmen Square, were a watershed in contemporary Chinese history. Since 1989 China has entered an unprecedented era marked by extremely unbalanced political and economic development: the dramatic leap in economic growth of the 1990s, which has accelerated in the new century, has been accompanied by the Chinese Communist Party's tightening overall control and restriction on ideology.

【此段文字错在借"六四"攻击中国共产党。】

(6) A notable social phenomenon is that the people, who had been released from superstition (all religions were considered by the CCP to be based on superstition, although it claimed to advocate religious freedom) by the CCP, have now also been freed from blind political worship.

【此句错在攻击中国共产党的宗教政策。】

(7) Secondly, the official control and restriction on ideology are becoming not looser but tighter with the economic progress. "Socialism with Chinese characteristics" initiated by Deng Xiaoping is essentially capitalism under the name of socialism. What underpins the political disguise is the need to maintain the Party in power. The economic reforms have brought into being the need for corresponding political reforms, which could potentially undermine the CCP's one-party-system of governing. The conflicts between a communist state ideology and an essentially capitalistic economy give rise to an increasingly rigid censorship system in order to maintain stability and prosperity, and the media industry is the focus of the restrictions; therefore, TV, radio, newspaper, magazine, and film are all under strict censorship.

【此段错在所谓"官方加紧控制意识形态","有中国特色社会主义"被说成"实质上是社会主义名义下的资本主义",以及"一党统治制度"。】

(8) In contemporary China people are living with loss, with dignity and self-esteem given up, and this reality is embodied in Jia's films.

【此句错在攻击当代中国人民"失去尊严和自尊"。】

案例 6-3

在对一篇韩国作者的英文稿的审稿中,发现其中有不少内容带有政治性问题。终审编辑删去了一些有较大政治问题的语句。例如:

(1) China has also viewed the ARF and EAS as convenient non-binding and consensus-based arenas that allow Beijing to avoid dealing with hard issues such as maritime disputes in South China Sea.

(2) It is therefore no wonder that Beijing, thirsty for fuel, views the sea as an area of strategic interest.

(3) Even the prohibition on forced and child labour would not be acceptable to China, since these "gold-standard" items have not been included in any of China's FTAs.

(4) In China, the context which I know best, the issue of social exclusion and lack of citizenship, shows up among migrants who have come from the rural areas to furnish labor and provide work in the metropolitan ones. My own observations and research in Shanghai reveals how in everyday life migrants are treated less equally and with less fairness than are the native residents of Shanghai.

(5) As cities like Shanghai illustrate in China, dual and inequitable forms of citizenship can arise in which kinds of inequalities grow up between those people whose residence is tied to the city, and those migrants who are there, in effect, as guest workers. I have observed on the streets of Shanghai how the migrants are treated; and I have heard native Shanghai residents disparage the migrants as though they were an underclass. These are real challenges today, as more migrants enter the city; and they can be simply put off, as though they did not exist. If they are not effectively addressed by local authorities, the tensions, and ultimately the conflicts, between the natives and the migrants can only grow and worsen in intensity. There are efforts I have witnessed, in the form of schools, and better housing for poor migrants. But ultimately they must have their rights and opportunities more effectively addressed by changing the current legal system that operates at their expense.

在另一篇韩国作者的英文稿中,处处存在针对中国的言论。通观全稿,属于政治性问题的有以下几点:

(1) 中国目前的核电运行能力居全世界第 9 位,但是在“核电能力排行表”中,作者用“预测”的手法,别有用心地将中国排到第 1 位。

(2) 作者用“估计”数字排行表,将中国列为世界上二氧化碳最大排放国。

(3) 用图形方式,“预测”到 2034 年,中国的能源、电力数据,综合电力能源数据,核部门数据,核电减排数据,等等,以此来推演当下的结论。这不是科学研究,而是一种“肆意妄言”。

(4) 书稿的第 3 节用大量篇幅(整整 7 页,占全文 1/4)详细描述中国内地发展核电造成的问题。而在其他地方,对韩国的同类问题只字不提,对日本的同类问题轻描淡写。文字背后有居心。

(5) 用专节详细描述中国的核电厂、地震区、地区风向三者之间的联系。认为中国沿海地区集中的核电厂都在地震区,会发生类似日本福岛核电泄露事故。它引起的核安全问题会影响邻国(韩国和日本),会使韩国直接受害,因为韩国的风有 50%来自中国,为了证明这一点,还特意安排了 4 幅风向图,用来告诉读者,中国的核泄漏会被风带到韩国和日本。(这是又一种“中国威胁”论。)

(6) 在“其他各种挑战”一节里,认为中国的快速发展核能会引起严重的金融、政治、安全、环境问题。认为中国的未来核发展要回答 6 个问题:加强核安全,不完整的、薄弱的核规范制度,核劳动力不足,缺少公共参与,决策过程不透明,研发能力不足。(语焉不详,但是背后的潜台词是:中国的核能发展是会出问题的。)

鉴于此文以“核安全”的名义,实质上将矛头指向中国。文章的主调是:中国对韩国和日本构成了核威胁。数据可疑。由于个别的删改无法解决政治问题,故**必须删去全文**。

3. 删除反华言辞

在英文审稿中,必须认真辨明并且坚决删除明显的、直接的反华言论(为批判而引用的引文除外),例如歪曲事实,对中国的事情说三道四,恶毒攻击;在领土问题、国家政策、外交路线、文化政策、人权、民主制度、环境保护、现当代历史等。几乎所有的方面,都会有人罔顾事实,或者出于无知,发表对中国的攻击性言论。对此,编辑在审稿时必须始终保持警惕。

4. 注意敏感话题和语词

在英文文本里,出现例如 Taiwan, Hong Kong, Tibet, Manchuria, Sansako, Muslin, totalitarianism, communism, communist, falungong 等语词,可能涉及政治性错误,必须严格注意审读上下文,并作出必要的编辑处理。

5. 坚持道德立场

在审稿时,要注意书稿中是否存在违背道德原则、社会普遍价值观和公序良俗的语句和语篇。要防止低级趣味和非道德化的倾向。编辑应该具备道德意识,凡是发现文本里夹杂着有悖道德的内容,都是审改的对象,必须作出严格的处理。

像下列案例中讲述的故事,通篇违背社会公德,不是只修改个别语词、语句就可以通过审读的,对此唯有删除一法。

案例 6-4

在一本小学英语趣味读物里,编入的“趣味故事”里有以下 3 篇关于偷窃、欺骗的故事:

Mrs. Green's Roses

Mrs. Green loves flowers very much and has a small but beautiful garden.

In summer, her roses are always the best in the street.

One summer afternoon her bell rings and when she goes to the front door, she sees a little boy outside.

He's about seven years old, and is holding a big bunch of beautiful roses in his hands.

"I'm selling roses," he says. "Don't you want some? They are cheap. One shilling for a big bunch. They are fresh."

"My boy," Mrs. Green answers, "I pick roses when I want, and don't pay anything for them because I have many in my garden."

"Oh, no, you haven't," says the little boy. "There aren't any roses in your garden — they are in my hands!"

【故事讲述一个7岁小男孩拔光格林太太花园里的玫瑰花再去卖给她的故事。将这种教唆少年儿童学会欺骗的所谓"趣味"故事编进英语读物，是极其错误的，必须全部删除。】

A Free Lunch

Tom works in a restaurant. One day at lunch time, a middle-aged man comes into the reataurant with a little boy.

"We want to have lunch here," the man says to Tom.

"What can I do for you?" Tom asks.

"We'd like two hamburgers, some potato chips, some pieces of bread, meat and fish. Oh, and two glasses of milk," the man answers.

"Wait a minute, please!" Tom says with a smile.

After about half an hour, they eat up all the food. The man says to Tom, "I want to buy today's newspaper nearby. I will come back soon." And he also tells the boy to wait for him for a minute.

But after half an hour, the man doesn't come back. So Tom goes up to the boy and asks, "Why doesn't your father come back?"

The boy answers, "No, he isn't my father. I meet him in the street. He asks me to have a free lunch. I am happy and come here with him. I don't know him at all."

【这是一个骗午餐吃的故事。小学英语课外读物里不应该出现这种将犯罪当作"趣味"的故事。】

I'll Show You the Way

Pat Hogan was travelling around the country in his car.

One evening he was driving along a road, looking for a small hotel. When he saw an old man at the side of the road, he stopped his car and said to the old man, "I want to go to the Sun Hotel. Do you know it?"

"Yes," the old man answered. "I'll show you the way."

He got into Pat's car, and they drove for twelve miles. When they came to a small house, the old man said, "Stop here."

Pat stopped and looked at the house. "But this isn't a hotel," he said to the old man.

"No," the old man answered, "this is my house. And now I'll show you the way to the Sun Hotel. Turn around and go back nine miles. Then you'll see the Sun Hotel on the left."

【在这个故事中，一个老人骗别人送他回家，这同样是违背道德的事。在小学英语课外趣味读物里不应该收这样的故事。】

道德方面的问题也会表现得五花八门。审稿编辑只有心中秉持道德标准，才能有足够的知识和底气来发现并正确处理文稿中的各种错误。

四、审读英文学术著作、论文的内容

英文版的学术著作或论文一般用于国际学术交流，因此在出版之前，编辑应该对英文文本作全面的、仔细的审读。就文本内容而言，编辑主要关注以下几个方面：

1. 作品在学术观点和学术见解方面应该达到一定的水准，否则就没有出版价值。学术观点贵在创新，假如作品只是重复别人的观点，堆砌引文，而在应该论述自己观点的地方却含糊不清，闪烁其词，那就表明作品不符合出版要求。

2. 一本学术论著的书稿或一篇论文中，引文的总篇幅不能超过全书稿的百分之十。

3. 无论是著作还是论文，都应该包含丰富的内容。如果内容单薄，或者大题小做，或者滔滔万言却言之无物，都是文章的大忌。

4. 注意删除不适当的内容。“不适当”指政治观点、伦理道德、民族政策、外交原则、历史事实、宗教知识等方面的失误。同时也要注意删除或修改一些规定的禁用语。

5. 纠正各类知识性、逻辑性差错，例如(1)事实错误；(2)数字错误；(3)违背原理或常识；(4)论点缺乏依据；(5)缺乏论证；(6)推论失误；(7)观点自相矛盾；(8)结论错误；(9)学术偏见；(10)信息过时；等等。

案例 6-5

上海某高校一位英语教授撰写的一本以中西文化比较为主题的书稿里，将西方著名汉学家高本汉写成 Gao Ben-han, a Norwegian Chinese scholar。仅仅 6 个单词的表述，就犯了 3 处知识性错误：(1)人名“高本汉”在回译时应该复原为“Bernhard Karlgren”，而不应该是汉语拼音。(2)高本汉是瑞典人，而不是挪威人。“汉学家”的英文是“sinologist”，而不是“Chinese scholar”。此处应该改正为“Bernhard Karlgren, a Swedish sinologist”。

五、结构、体例、格式

编辑在审读英文稿时，比较容易疏忽的是作品的结构、体例、格式方面的问题。在这一方面，编辑的对策有以下几点：

1. **检查结构是否合理**。结构不合理的表现主要有：(1)作品文本的内容结构不成系统；(2)章节之间不平衡；(3)叙事或论述次序混乱；(4)内容缺失；(5)烦琐重复；等等。

2. **检查体例是否统一**。“体例”主要指文章、著作的篇章组织形式。

3. **检查格式是否规范**。其中包括文字格式、版面格式、参考文献格式是否符合标准，并且前后一致。

案例 6-6

这是一部英文著作目录页上的一段文字：

Contents

Advertising Design

I. Special Terms 专业词汇

II. Useful Sentences 实用句型

III. Situational Dialogues 情景对话

IV. Translation and Notes 翻译与注释

V. Knowledge Service Station 知识加油站

【此处的格式中有错误。既然二级标题全部加注了中文，那么按惯例，一级标题 Advertising Design 更应该加注中文“广告设计”。】

六、审读英文文本

对文本的技术性审读，重点在纠正语言文字的差错，包括：(1)语言规范；(2)语言逻辑；(3)语法；(4)内容与用词适当与否；(5)单词拼写；(6)标点符号；(7)书写规范，包括大小写、正斜体、空格等等。

要注意“统一性”原则。在英文文本里，需要统一的文字和符号有以下一些：数字写法、人名译法、拼写方式(英式还是美式)、参考文献著录格式、版面格式、专业名词、字体、字号、顺序号、注号位置、姓和名的次序等等。

以下是 130 个纠错实例。

1. A. Which team will be China's opponent in the final?

   B. Sweden. They went through with a 3:1 semifinal victory over the Republic of Korea.

   A. They are tough opponent. They have world No. 1 player Waldner.

   B. China is no easy team. Let's wait and see.

【这是一道练习题的题干部分。4 句句子的上下文里，主语与表语的数格不一致。对应第一句的“team”，第二句里的“They”应改作“It”，而“the Republic of Korea”应改作“the team of the Republic of Korea”。第三句里的“They are”应改作“It is a”；“They have”应改作“It has a”。】

2. In 1958, Stylistics Symposium, an international conference on stylistics, took place in American Indiana University, indicating the start of modern stylistics.

【语法错误；用词错误。“Stylistics Symposium”前缺冠词，应改作“the Stylistics Symposium”。“the start of modern stylistics”中，“start”一词用错，应改作“birth”，即“the birth of modern stylistics”。】

3. Tennessee Williams is honored as one of the greatest and most talented playwrights in America in the 20th century, whose masterpiece *A Streetcar Named Desire* opened on Broadway 3 December, 1947 for the first time, winning a tremendous success.
【用词错误。"opened on"应改作"premiered at",意即"首次演出"。删去"for the first time"。】

4. Sociolinguistics, concerning language use on society, uncovers social factors of characters in drama, including social identity, status, background and settings.
【用词错误。"language use on society"应改作"language use in society"。】

5. The methodology is combined with qualitative descriptions and quantitative analysis. Qualitatively, the qualitative aspects lie not only in the establishment of the analytical framework but also in the applicability of the integrated mechanism, involving the discussion of striking examples.
【第一句语序错误,应该是"The qualitative descriptions methodology is combined with quantitative analysis"。第二句用词重复,应该是"Quantitatively, the aspects lie not only…"。】

6. Moreover, the statistical analysis of turn numbers, turn length, turn change options, interruptions, monologues and hesitations of extracted conversations is manifest in Chapter Five.
【语态错误。句末"is manifeat"应改作被动语态"is manifested"。】

7. What we're trying to do is create a curriculum where it doesn't matter if you're going to be a bone surgeon, a brain surgeon, or a gynecologist or a primary care doctor.
【"is create"是语法错误,应改作"is to create"。】

8. After all, what are the classic Chinese novels if not works that have achieved enduring popularity through the centuries?
【"if not works"中缺定冠词,应改作"if not the works"。】

9. Learn all you can about your partner's culture — become familiar with his /his background without having to change yourself to the other's style.
【"his/his"属于用词错误,应改作"his/her"或"their"。】

10. 广告文案五 I 原则: immediate impact(直接冲击);incessant interest(连续的兴趣);information(信息资料);impulsion(冲动)。
【以字母 i 论,有 6 个。以内容论,只有 4 项。为何说是"五 I 原则"? 这明显属于叙事错误。】

11.《欲望号街车》的话语文体研究

Towards A Discourse Stylistics of *A Streetcar Named Desire*

【字母大小写错误。“Towards A”应改作“Towards a”。】

12. Hsü Chen-ya's Yü-li hun

An Essay in Literary History and Criticism

【此是论文标题，其中有两处错误。(1)正副标题应该连在一起表达。(2)介词错误，“in”应改作“on”。整个标题应该改作“Hsü Chen-ya's *Yü-li hun*: An Essay on Literary History and Criticism”。中文意思是“徐枕亚的《玉梨痕》：论文学史与文学批评”。】

13. Annabel Brett, What is Intellectual History Now? In David Cannidine (ed.), What is History Now? Palgrave Macmillan, 2002, p. 116.

【这是一条注释，其中两处“is”都在标题内，应改作“Is”。而“In”应改作“in”。全部文字应改作：Annabel Brett, What Is Intellectual History Now? in David Cannidine (ed.), *What Is History Now*? Palgrave Macmillan, 2002, p. 116。】

14. In whatever form we meet it, the question suggests the pragmatic nature of American society and the question suggests the pragmatic nature of American society and the distance our social classes have placed between their etiquette and that of the Old World.

【句中“the question suggests the pragmatic nature of American society and”重复输入了一次，应该删去后一处。】

15. The palm-forward “v” sign, formed by raising and spreading the first two fingers, has three distinct connotations in American culture. The oldest and least common is obscene. As a variant of the European “cuckold” or “horns” gesture, the “V” sign is a double phallic insult, meaning “You wife has been cheating on you” or, when placed surreptitiously behind another's head, “His wife has been cheating on them.”

【词法错误。“You wife”应改作“Your wife”。“them”应改作“him”。前后“v”和“V”大小写不一致，宜统一用大写。】

16. This exhibitionist form of divine address has never been very popular in American.

【词法错误。句末“in American”应改作“in America”。】

17. Alertness in horses and dogs in demonstrated by the raising of ears and the flaring of nostrils.

【介词错误。“in demonstrated”应改作“is demonstrated”。】

18. This exchange of manuscripts suggests that even the “originary” *Lives of Shanghai Flowers*, first of the Shanghai novels to begin publication in installments in 1892, was already in dialogue with the yet to be published *Dreams of shanghai Splendor*.

【句末斜体“*shanghai*”首字母应该大写，改作“*Shanghai*”。】

19. That the yes-on gesture contrast is probably infantile and not culturally implanted later on is supported by the fact that children who are born deaf and blind fall naturally into the pattern without modeling.
【单词拼写错误。“yes-on”应改作“yes-no”。】

20. But these trips indicate as well as release tension, so that frequently bladder—emptying is a signal to others that one is agitated.
【标点符号错误。“bladder—emptying”应改作“bladder-emptying”。用连字符，不用破折号。】

21. Russian men “often carry handshaking to an extreme,” importing “painful result but not permanent injury” to their comrades Perhaps handshaking contests should be brought to Geneva as a way of furthering détente.
【标点符号错误。“to their comrades”后面漏句号。】

22. That preference was widely popularized indeed, set in the imagination-by the French classical genre painter Leon Gerome, whose 1873 painting *Pollice Verso* showed an emperor making a “thumbs down” gesture.
【标点符号错误。“imagination-by”应改作“imagination — by”。用破折号，不用连字符。】

23. The translation of the arching gesture of the “highbrow” is “I am trying to take this all in, but I can not believe you are so stupid.
【标点符号错误。句末缺后引号。】

24. After graduation, my dream came true. Ihave been an English teacher for 24 years. During my teaching periods, I realized how important the culture is. The world's more than 6 billion people live in a total of some 200 countries and areas, speak over 6 000 languages.
【第二句里“Ihave”应改作“I have”，中间空一格。按英语习惯表达，数字仍然用千分撇，故“6 000”应改作“6,000”。】

25. “Ping” was the sound of the racket hitting the ball; “pang” was the sound of the ball hitting the table. Ping-Pang is called “Table Tennis in English, a kind of tennis played on the table. With the development of table tennis, it has become very popular all over China. Especially during recent years, Chinese table tennis players have made very brilliant achievement in the international competitions. Table tennis is honored as “National Ball” of China.
【第一句里两个“was”属于时态错误，应改作一般现在时的“is”，因为叙述的是常态事实。第二句，“Table Tennis”的大写字母应该改作小写字母，缺失的后引号应该补上。第四句起首的

"Especially during recent years"属于史实错误，因该作品出版于2015年，而中国乒乓球运动队在20世纪60年代就是常胜冠军队了，所以应改作"Since 1960s"。】

26. 英语的习惯词序有一些与汉语的词序相同，例如：

cause and effect	因果	man and wife	夫妇
up and down	上下	literature and art	文艺
fire and water	水火	sooner or later	迟早
science and technology	科技	deaf and dumb	聋哑

【根据第一行的中文规定，"fire and water 水火"和"sooner or later 迟早"英语与汉语词序相反，排列在此处是错误的。】

27. The narrator says he received a letter from his friend, in which the bride is likened to the beautiful Spring Goddess of Greek mythology, the sweet Julie and the noble Botia, the heroines in Shakespeare's plays.

【人名错误："Julie"应该是"Juliet"，"Botia"应该是"Portia"，分别是莎士比亚剧本《哈姆雷特》和《威尼斯商人》中的角色。】

28. What were formerly cultural givens became policy questions — language (vernacularization, the attempt to spread a national language, simplification of characters), costume (the Sun Yat-sen suit), music (from Liang Ch'i-ch'ao's call for patriotic songs to the PLA's 1980 campaign for singing songs of the four modernizations). To solve these questions the government needed a Ministry of Culture, a Propaganda Department of the Central Committee, a "line on literature and art". What values to promulgate, what models to present, what genres to develop, and — especially — which people would control the "instruments of propaganda" became prime political issues, perhaps indeed the hottest issues of the 1960s and 1970s.

【政治性错误。此段内容写得乱七八糟，而且不符合事实。编辑在审稿时将其全部删去。】

29. But, as we have argued, well before there was a real mass audience the cultural reformers had identified the central problem of cultural engineering, the conflict between the "elevation" of taste and content that is the commissar's goal and the need to accommodate to existing popular tastes and values in order to achieve a wide audience.

【政治性错误。此段内容不符合事实。编辑在审稿时将其全部删去。】

30. At the end of 1970s, the brief emergence of "underground fiction" and "people-managed periodicals" challenged both the official monopoly of the mass media and the narrowness of the culture they had been used to transmit, prompting in turn a wave of self-criticism in the press and a fragile Party-sponsored "thaw" that aimed to enrich culture without losing control of it.

【政治性错误。此段内容不符合事实。编辑在审稿时将其全部删去。】

31. Edward Burnett Tylor, the well-known culturist in Britain, gave the classical definition of "culture" in *Primitive Culture*(原始文化) in 1871: a completed system including knowledge, faith, art, law, morality, custom, and all the abilities and habits from which a social member would acquire.(一个复杂的体系,它包括知识、信仰、艺术、法律、道德、风俗以及其他作为社会一员的人类从社会中获取的各种能力与习惯。)
【翻译错误。"原始文化"四字作为书名,应加上书名号,即《原始文化》。"a completed system"译作"复杂的体系"是错误的,应译作"完整的体系"。"以及其他作为社会一员的人类"的译法也是错误的,应译作"以及一名社会成员"。】

32. A useful rule-of-thumb here is the eighty-twenty rule which says 80 of the products sold in a given category will be consumed by 20% of the customers.(一条有用的经验法则就是8020法则:80%的某类产品将被20%的顾客消费。)
【翻译错误。英文句子中的"80"后面漏了比率符号%;"eighty-twenty rule"应该准确译作"80:20法则"。"the products sold in a given category"应该准确译作"某类售出产品"。】

33. Between the 1930s and the 1960s, Raymond Loewy, the father of modern industrial design, radically changed the look of American life with his streamlined design for thousands of customer goods — everything from toasters and refrigerators to automobiles and ocean liners.(20世纪30年代至60年代,现代"工业设计之父"雷蒙德·卢威,以其为数以千计的消费品——从烤面包机和冰箱到汽车和海洋航班等每一个物品的流线形设计,极大地改变了美国人的生活面貌。)
【翻译错误。如果一定要使用引号,那么"现代"二字也应该在引号内。"ocean liners"应该译作"远洋轮",而不是概念混乱的"海洋航班"。】

34. 商务英语翻译
Translation Teaching Course for Business English Specialism
【汉英翻译错误。这是作为教材封面的汉英对照文字。英文宜改为"A Translation Course for Business English"。】

35. She is a girl of thoughts, of theory, with a strong sense of social responsibility.(她是一个有理想、有理论、有社会责任感的女孩。)
【翻译错误。"of thoughts"错译成"有理想",应改作"有思想"。】

36. In 1902 Liang Qichao, the Chinese scholar and reformist, composed and published a political work of fiction — *New China's Future*, bravely predicting that there would be a hot wave of Chinese language learning around the world, which would accompany the rise of China.

【冠词错误。“the Chinese scholar”应改作“a Chinese scholar”。】

37. People never imagined in their wildest dreams that the predicted wave would surprisingly arrive in less a century.
【英语表达错误。句末“in less a century”应改作“in less than a century”。】

38. It quoted the British linguist, David Gadder's declaration: “In many Asian, European countries and America, Mandarin has gradually become a language that one must learn.”
【冠词错误。“the British linguist”应改作“a British linguist”，并删去“linguist”后面的逗号。】

39. Consequently, Chinese in Australia is both a foreign language as well as one of many community languages of Australia.
【用词错误。使用了“both”，后面的连接词不应该用“as well as”，而应该用“and”。句末“of Australia”是多余的，宜删去。】

40. To put these various cases into a general view could either make the conclusion over-simplified or over-exaggerated.
【语序错误。either … or 连接两个并列结构。“could either make the conclusion”应改作“could make the conclusion either”。】

41. The paper assesses: which features of Chinese culture are presented? Is there a common approach to the presentation of Chinese cultrure? What improvement is needed to make it more efficient?
【句子表述方式不符合英语习惯。“The paper assesses: which”应改作“The paper assesses the following questions: Which”。】

42. A more limited and realistic question to ask is about the future prospects of Chinese as a opopular “foreign” language in the world, a radically different sociolinguistic function from that of a world or even a regional auxiliary language.
【句子表述方式不符合英语习惯。“future prospects”中应该删去“future”，英文“prospects”(前景)一词已包含“future”的含义。】

43. As such, de Swaan characterizes language in utilitarian terms, where its usefulness is gauged in assisting the language leaner gain maximum reward for the aquisition of that language.
【单词拼写错误。“leaner”应改作“learner”。】

44. Firstly, there are *supercentral* languages. These are languages that are widely spoken and also serve to connect speakers of *century languages*.

【句式错误。“These are languages that are”应改作“These languages are”。】

45. Though neither Graddol nor de Swaan make this point it follows from the reasoning that at key.
【句式表述错误。全句应改作“Though neither Graddol nor de Swaan make this point which follows the key reason. ”。】

46. A good source for calculating the comparisons of performance in this field is Scopus the largest abstract and citation database in the world.
【标点符号错误。“Scopus”后面应该有逗号。】

47. These potentially very significant long term question can't really be discussed here.
【语法错误。“question”对应前面的“These”，应改作“questions”。句子结构不符合英语表达习惯。全句应改作“These questions can't be discussed here, for they are the long-term ones with, potentially, great significance. ”。】

48. Given that health and humanities subjects are often locally oriented and contain content directed to local problems and concerns the broad difference between STEM and HASS is understandable.
【用词错误；标点符号错误。“humanities”应改作“humanity”。“local problems and concerns”后面应该有逗号。】

49. Most non-English scientists do publish their work in English but they also discuss, debate and teach their science in languages other than English.
【用词错误。“their work”应改作复数“their works”。】

50. Contents

187 What's Behind the Shifting Labor Income Age Profiles in China?........ *Yong Cai*, *et al*

【英文字母大小写错误。13 里的"region"应改作"Region"。71 里的"21st"应改作"21st",并删去"*Professor*"一词。87 里"is"应改作"Is"。129 里的"jeanneney"应改作"Jeanneney"。】

51. e. g. , between U S 10,000 and U S 11,000 in today's prices)

【版式错误。在排版软件的设计中,一律将缩略号误当做句号,将 US 误作两个词,所以出现中间不应该有的自动空格。例句中"e. g. ,"应改作"e. g. ,"。"U S"应改作"US"。】

52. The following section analyszes the determinants of Africa real bilateral exchange rates relative to China to check if Africa's exports of raw materials contribute to the real appreciation of African currencies relative to the renminbi.

【单词拼写错误;冠词错误。"analyszes"应改作"analyzes"。句末的"renminbi"前面不用定冠词"the"。】

53. Viewed is this light, it is easy to see the fact of the whole matter.

【用词错误。"is this light"应改作"in this light"。】

54. Three Germans and five Englishmen reach to the top of the mountain yestoday.

【用词错误;动词时态错误;单词拼写错误。"reach to"应改作"reach"。又因为时间是昨天,所以动词"reach"应改作"reached"。"yestoday"应改作"yesterday"。】

55. The wall is five three feet high.

【词序错误。"five three feet"应改作"five feet three",或更规范的写法"five-feet-three"。】

56. I ' m going shopping right now. Would you like to go with me?

【版式错误。"I' m"应改作"I'm",中间不可以空格。这也是排版软件造成的问题,编辑审稿时应该注意纠正。】

57. — Is this your MP4?

— No. Mine is in the school bag.

【用词不当。按照英语习惯,应该说"Mine is in my school bag. "。】

58. I have a dog. ______ color is white.

A. it　　B. its　　C. itself　　D. it's

【英文字母大小写错误。4 个选项的首字母都应该大写。】

59. — Can you speak English?

— Yes, but only a little.

【表达不符合英语习惯。“Can you speak English?”应改作“Do you speak English?”。】

60. He has three sons. The youngest boy much cleverer than the other two.
【第二句里缺动词，应改作“The youngest boy is much cleverer than the other two.”。】

61. — When shall I phone you, morning or afternoon?
— Either, I'll be in all day.
【标点符号错误；句法错误。“Either”后面逗号应改作句号。根据英语表达习惯，“I'll be in all day.”应改作“I'll be there all day long.”。】

62. Mr. Brown has two daughters and one son. All study hard.
【表述不当。“All study hard.”应改作“They all study hard.”。】

63. One must take care of one's health.
【表述不当。应改作“One must take care of his health”，或者“One must take care of his/her health.”。】

64. We usually call Japan is a developed country and India is a developing country.
【语法错误。前后两个系动词“is”都应该省去。全句应改作“We usually call Japan a developed country and India a developing country.”。】

65. Yao Ming is my favorite basketball player. No one plays better than he in China.
【语法错误。“than he in China”应改作“than he does in China”。】

66. Tuesday is the third day of the week.
【冠词错误。“of the week”应改作“of a week”，或改作“in a week”。】

67. — Look at the animal. It's interesting. Which one do you mean?
— The black one with a long tail?
【对话方式编排错误；标点符号错误。对话应该编排如下：
— Look at the animal. It's interesting.
— Which one do you mean?
— The black one with a long tail.
第四句的句末应该使用句号，而不是问号。】

68. Mr. Smith, there's a man at the door who says he has the news for you of great importance.
【语序错误；冠词错误。“the news for you of great importance”应改作“a piece of news of great importance for you”。】

69. The Grand theatre was being built when I was there.
【字母大小写错误。“theatre”的首字母应该大写。】

70. Rain forests are cut and burned at such a speed that they will disappeared from the earth in the near future.
【动词时态错误。“will disappeared”应改作“will disappear”。】

71. Please lend me a pen to write with.
【句子表达错误。按照英语表达习惯，此句只需说“Please lend me a pen”就足够了，无须画蛇添足地再用“to write with”。】

72. Many teachers think most of students spend much time playing computers.
【句子表达不当。“spend much time”应改作“spend too much time”。“playing computers”应改作“playing computer games”。】

73. Great Changes have taken place in Shanghai in the past three years.
【字母大小写错误。“Changes”应改作“changes”。】

74. — When are you going to fly to Taiwan this summer?
　— as soon as we finish school.
【字母大小写错误。第二句的首字母应该大写。】

75. The number of the studentsin our school is over 1 000.
【版式错误。“studentsin”中间未空格，应改作“students in”。数字“1 000”按英语规范应该有千分撇，写作“1,000”。】

76. The man ran away from his family in Shanghai and joined the Red Army in 1939.
【知识性错误。1937 年 8 月，红军改编成八路军，1939 年已经没有“红军”建制，所以“the Red Army”应改作“the Eighth Route Army”。】

77. If he has time, she'd like to go fishing.
【人称代词前后不一致。从句里用“he”，主句里“she”也应该改作“he”。】

78. When you've finish this magazine, don't forget to put it back on the bookshelf.
【语法错误；表达不当。“you've finish”应改作“you've finished”。“finish this magazine”应改作“finished reading this magazine”。】

79. I asked my mother what she cooked for dinner. She said vegetable.

【表达不规范。“She said vegetable.”应改作“She said,‘Vegetable.’”。】

80. The song “Baby” which Justin Bieber sang a year ago has reached ever corner of the world.
【单词拼写错误。“ever”应改作“every”。】

81. Some one called me up in the middle of the night, but they hung up beforeIcouldanswer the phone.
【版式错误。“beforeIcouldanswer”是4个单词,中间应该空格,写作“before I could answer”。】

82. When grandpa entered, the his first act was to run into the waiting room.
【句中多了一个定冠词,“the his”应改作“his”。】

83. We are looking forward to him for a long time, but he never appears.
【动词时态错误。“We are looking”应改作“We have been looking”。“never appears”应改作“never appeared”。】

84. No one likes him and makes friends with her for she was very changeable.
【人称代词前后不一致。“likes him”应改作“likes her”。】

85. He is a chemical teacher. He teaches Chemistry.
【句子结构错误;字母大小写错误。“He is a chemical teacher.”应改作“He is a teacher.”。“Chemistry”的首字母应该小写。“chemical teacher”的构词是错误的,意思变成了“化学物质构成的教师”,而“化学教师”的英文表达法是“chemistry teacher”。但是第二句里还有“Chemistry”一词,所以第一句里省略“chemical”一词,否则第二句就变成了废话。】

86. The old dying man wanted to say something to his son but he failed to do so.
【语序错误。“old dying man”应改作“dying old man”。】

87. They were not good players. But this game they won easily.
【语序错误。“this game they won”应改作“they won this game”。】

88. A lot of my classmates work hard to make money for their college expense.
【用词错误。按常理,同学的人数是有限的,还未能够用“a lot of”来形容,应改作“many of”。】

89. The police found my handbag and happily nothing had been stolen.
【语句表述不当。应改作“The police found my handbag, and I feel happy that nothing had been stolen.”。】

90. There lies a small lovely village at the foot of the hill.
【语句表述不当。应改作"There lies a small and lovely village at the foot of the hill."。】

91. Would you please give me an introduction of your school?
【介词错误。"introduction of"应改作"introduction to"。】

92. He is the kind person who always arrives late.
【语句表述错误。"the kind person"应改作"the kind of person"。两者的意思是不一样的，"the kind person"意为"那个好心人"，而"the kind of person"意为"那种人"。】

93. He showed great interested in music when he was 3 years old.
【用词错误。"interested"应改作"interest"。】

94. Just a minute we are nearly ready.
【句式错误。应改作"Just a minute. We are almost ready."。】

95. The doctors decided to operate the soldier at once.
【用词错误。句中"operate"应改作"operate on"。】

96. How can you tell whether it's a physical change or a chemical one?
【句式错误。"How can you tell"应改作"Can you tell"。】

97. We all jumped under the surprising news.
【用词错误。"jumped under"应改作"jumped at"。】

98. We came here to swim so let's swim not sleep.
【句式错误。应改作"We came here to swim. So, let's swim, not sleep."。】

99. She is a very good swimmer and often races.
【句式错误。应改作"She is a very good swimmer, and also she often takes part in races."。】

100. Who is the writer of Harry Porter?
【用词错误。"writer"应改作"author"。这两个概念是有差别的，"writer"意为"作家"，"author"意为"作者"。此句问谁是作者。】

101. After the heavy rain, the river rose six inches high.
【用词错误。"high"应改作"higher"。】

102. Yesterday there was a traffic accident on No. 320 High Way. The car was crashed and

driver had a broken leg.
【句式错误。“and driver had a broken leg”应改作“and the driver had a leg broken”。】

103. Norman wants to be a profession football player when he grows up.
【用词错误。“profession”应改作“professional”。】

104. There are many homeless children in some Thailand.
【句子表述错误。应改作“There are many homeless children in Thailand.”或者“There are many homeless children in some places in Thailand.”。】

105. I'll take this white shirt. It's much cheap than that the blue one.
【用词错误。“cheap”应改作“cheaper”。“that the blue one”应改作“that/the blue one”。】

106. I looked at my boy friend angry because he makes a terrible mistake.
【用词错误。“angry”应改作“angrily”。】

107. A person should learn to share his happiness with others.
【用词错误。“A person”应改作“One”。】

108. Cat-Boy, as he is now called, has become world famous and recently, even earned himself a place in a new Guinness World Record — The first human who can see in the dark!
【标点符号错误;字母大小写错误。“world famous”按照规范的构词法应改作“world-famous”。“and recently,”按照规范,应改作“and, recently,”的句式。“The first human”中的冠词“the”首字母应该小写。】

109. So VOA invented a simpler kind of English, which uses about 1,500 words and is spoken slowly, of course, it is special English.
【字母大小写错误。“special English”应改作“Special English”,首字母大写。】

110. Pat or rub your stomach. If someone rubs his stomach, they are not feeling sick. They are just hungry.
【代词前后不一致。“they are”应改作“he is”。“They are”应改作“He is”。】

111. She told us to get into the raft and do exactly what the crewmember there said.
【版式错误。“crewmember”应改作“crew member”。】

112. One night Hamlet dreams his father. He talks to his father, who tells his son he has been murdered by his brother Claudius.
【经典故事情节描述错误。这里叙述的是莎士比亚《哈姆雷特》的情节。在剧中,哈姆雷特不是梦见他的父亲，而是在塔台上，他的父亲的鬼魂出现在他面前。所以，第一句应改作“One night，Hamlet sees his ghost father.”。】

113. Fridays and Sundays nights are popular for dates.
【用词错误。“Fridays”应改作“Friday”。“Sundays”应改作“Sunday”。】

114. In the Philippines, Quezon city has take steps to stop people smoking.
【动词时态错误。“has take”应改作“has taken”。】

115. Before going overseas on business, a rich man drove his Rolls-Royce to a New York City bank and went in to ask for an immediate loan of ＄5,000.
【字母大小写错误。“bank”应改作“Bank”。】

116. Farm losses due to rabbits today still remained a surprising total A ＄200 million (US ＄ 112 million) a year.
【版式错误。澳元符号中间、澳元符号与后接的数字之间不应空格，“A ＄ 200”应改作“A$200”。US与美元符号之间、美元符号与后接的数字之间也不应该空格，“US ＄ 112”应改作“US$112”。】

117. People don't use green to describe people's feeling, do they?
【语句表述不当。“use green”应改作“use the word ‘green’”。“people's feeling”应改作“their feeling”。】

118. Too often, we spend so much time thinking about the future, for example, getting into college or getting a good job that we don't enjoy the present.
【句式不当。全句应改作“Too often，we spend so much time thinking about the future that we don't enjoy the present，for example，getting into college or getting a good job.”。】

119. If you are planning to climb Mount Everest, you had better hurry.
【政治性用词错误。按规定，珠穆朗玛峰的英文名称不应该用“Everest”，而应该用“Qomolangma”。】

120. Sun Quan, in order to secure the loyalty of Zhou Yu, gave his wife's sister, here referred to as Xiao Qiao, in marriage to the young commander.
【此条叙事错误。可参见《辞海》第6页“二桥”即“二乔”条：(1)小乔是周瑜之妻；小乔之姐大乔是孙策(孙权之兄)之妻，不是孙权之妻；(2)周瑜娶小乔，不涉及“in order to secure the loyalty of Zhou Yu”。】

121. The security structure in Northeast Asia was forged during the Cold War based on a network of bilateral security treaties. On the side of democratic countries, hub and spoke

security relations, between the United States on the one hand and Japan (1960 Security Treaty), Korea (1953 Mutual Defense Treaty) and Taiwan (1954 Mutual Defense Treaty; 1980 Taiwan Relations Act) on the other hand, comprised the cornerstone of this network and they still remain as the basis of the security structure in Northeast Asia.
【政治性错误。此段文字在审稿时全部删除。其中存在政治错误:(1)将台湾列为"民主国家";(2)将美国与日本、韩国、台湾之间的军事条约说成"东北亚安全结构的基础"。】

122. Guimao lüxing ji is a record of the author's trip through China, Japan, Korea, Manchuria enroute to Moscow and Saint Petersburg between March 15 and May 26, 1903.
【政治性错误。句中将"Manchuria"(满洲)并列在国家名称里,是严重错误,应该删除。】

123. Meng Jiang Nv's weeping for her dead husband is said to have brought down the Great Wall.
【叙事错误。在"孟姜女哭长城"的民间故事里,孟姜女哭倒了一段长城,不是全部长城,所以"the Great Wall"应改作"a part of the Great Wall"。】

124. The older brother of Lu Xun, Zhou Zuoren was a prominent May Fourth intellectual and president of Beijing University Folksong Society.
【叙事错误;名称错误。周作人是鲁迅的弟弟,不是哥哥,所以"older brother"应改作"younger brother"。"Beijing University"应改作"Peking University",这是迄今为止北京大学校名的唯一英文译法。】

125. Of the 160 songs in the section "Airs of the States" ("Guofeng"), 85 deals with women.
【译名错误。《诗经》里的"国风","风"是民歌,应该译作"Folksongs"。"国"不是整个国家,是诸侯国,应该译作"Principarities"。因此,"国风"的准确译法应该是"Folksongs of Principarities"。】

126. Several of the students selected by Fudan University for this master programme have played an important role in the link between the these institutions.
【语法错误。"the these"应改作"these"。】

127. Most provinces and Mainland China as a whole as well, are now in a serious unsustainable development state.
【概念错误;句子表述错误。"Mainland China"("大陆中国")是一种带政治错误性质的构词表述,正确的表述应该是"Chinese Mainland"(中国大陆)。而且此句中存在结构性表述错误,因此全句应改作"Most provinces in China are now in a serious unsustainable development state."。】

128. Michael Hoel, who is a leading authority in this field, recapitulates the conditions that international environmental agreements have to fulfill to be socially efficient in an international sense, e.g. such as the Kyoto Agreement is designed to be.
【用词重复。“e.g.”与“such as”同义,两者应删其一。若保留“e.g.”则后面应该加上逗号。】

129. His contribution had, however, nothing to do with the environment, the “Kuznets Curve” that he discovered was an empirical observation that in a process of economic growth and development the inequality tended to increase at first and then later on decrease.
【用词重复。句末的“then”与“later on”同义。应该删去“then”一词,“decrease”应改作动词不定式“to decrease”。】

130. Looking out her window one day, she sees a family making its way down the road and comes to the realization that she needs to begin to live in the moment.
【用词错误。“Looking out”应改作“Looking out of”。】

这些例句都采自终审校样。例句中出现的都还是明显的低级错误,而一些较难发现的差错,需要编辑通过仔细审稿来发现。

七、英语教材编辑审稿

编辑在审读英语教材的书稿时,要从教材的一般特点出发,审读书稿是否符合教材的出版要求。需要关注的有以下方面:

1. 审稿时要注意教材体系

教材体系在一般情况下围绕教学目标和教学大纲,大致都差不多。但是以出版价值而论,编辑要注意教材的创新特点,即具有新颖的教材体系,以适应不断变化的教学改革的需要,这一点很重要。

2. 审稿时要注意教材编写体例

关于教材编写体例的好坏,其判别标准在于(1)是否合理;(2)是否实用;(3)是否前后一致;(4)是否符合教学需要。这几个方面都是编辑审稿时需要检查到的。

3. 教材应当符合教学大纲要求

编辑在审稿之前,有必要首先熟悉教学大纲,以便在审稿时对教材质量有准确的判断。尤其要注意内容不能低于或高于教学大纲。

4. 要注意课文选材的语篇内容的适当性

对课文各个部分所选用的语篇,编辑首先应该关注其内容是否适当,选材是否正确、健康、不违规。因为这牵涉到“教书育人”的方针,不可等闲视之。

5. 要确保内容无事实错误和知识性错误

在一般情况下,教材里的重要错误大多数出在事实错误、知识性错误方面。在这些方面若出现重大失误,不仅影响教育实践,而且还直接影响到对教材本身的评价。

6. 要注意结构是否符合教学目标

编辑要注意教材每一课(单元)中的课文、注释、词汇表、阅读材料、语法解释、练习等方面的编制是否完整和合理,是否紧扣教学目标展开。

7. 要注意练习题设置是否合理

设置练习题,要同课文和教学目标有严密的逻辑联系。设置练习题是教学目的性很强的一项内容,脱离教学目标就是失误。编辑审稿时应注意练习题与课文、教学目标的联系是否紧密,题目是否合适,是否符合测试标准和规范。

8. 要注意答案是否正确

英语教材里设置的练习题有的附有答案,有的将答案放在教师用书里。教辅书和试题汇编类的书一般应附有答案。编者和编辑都必须特别注意答案的正确性,这是编者和编辑负责任的表现。答案出错,会被读者批评为"误人子弟"。编辑审稿时必须将练习题与答案对照着逐一验证,以免舛误。

9. 要避免中文文字差错或翻译错误

在多年的编辑工作中发现一种"常态"——中文环境里夹英文,英文常会出错;英文环境里夹中文,中文常会出错。其中的原因是,非英语专业出身的中文写作者对英文单词、短语、句子中的语法关系、单词拼写、字母大小写、专有名词与非专有名词之间的区别等方面不熟悉,英语专业出身的作者往往对中文不太讲究。错误主要有两种:(1)错别字;(2)翻译错误。编辑在审稿过程中牢记这两个方面,即掌握了一种纠错技巧。

八、辨别抄袭文字

尽管在出版社与作者的合同里规定了作品必须是作者的原创,不允许抄袭,但是有些作者以为即使抄袭了也不会被发现,往往在胸无点墨之时,为了在短时间里拼凑出"专著"或"论文"来,不免抄袭别人的文章。抄袭是违反著作权法的行为,会引起严重后果。

在英文文稿里,要辨别出抄袭现象,难度很高。世界上英文书和文章浩如烟海,除非碰巧,编辑在大多数时候尽管可能有怀疑,也无法确切认准抄袭的文本来源。

辨别抄袭的方法有以下几种:

1. 凭知识基础判断

编辑如果功底深厚,有广泛阅读的积累,将审读文本与记忆知识对照,可以发现一些抄袭现象。

2. 凭编辑经验判断

抄袭的作品,有时候会露出一些蛛丝马迹,编辑发现破绽,追踪调查,应该能够作出准确的判断。

案例 6-7

《美国习俗研究》审稿意见

这部书稿名为"研究",其实不是。书稿中存在很多问题,归纳起来有以下 3 个方面:

1. **文字错误**

在书稿中,有一些文字重复输入,有不少单词拼写错误、词性错误、标点符号错误。以下是抽审的前28页里发现的文字错误(包括初审、复审编辑用蓝笔所做的误改)。终审所做的文字修改,详见书稿。

2. **编写错误**

该书稿在编写方面主要有以下问题:

(1) 书名

① 该书稿的书名是《美国习俗研究 / Research on American's Curious Customs》,但是从结构和内容来看,这不是一部研究著作,而是用二百六十余篇通俗文字来简要介绍和描述美国人的各种风俗习惯,属于一般文化读物。因此,书名称"研究"显得文不对题。

② 英文书名 *Research on American's Curious Customs* 中,除了"Research on"属于"文不对题"之外,"American's"是语法错误。"American's"对应的中文应该是"美国人(的)",而不是"美国(的)",书名的中、英文不对应。另外,"American"一词,既解释为"美国的",也解释为"美国人的"。加"'s"实属多此一举,同时在语法上也是错误的,因为"American"只有用作单数"一个美国人的"时,才表述为"an American's",而作为集体称呼,只表述为"American",而不是"American's"。

(2) 目录

① 目录页上,蓝笔添加了"Index"一项,但在书稿末尾未见 Index 内容。

② 各章标题格式不符合英文著述惯例。建议将每一章标题的前半部分作为正标题,后半部分作为副标题,中间加冒号连接,冒号前后不空格。

(3) 内容提要

中文"内容提要"虽经初审、复审编辑修改,但仍有语法错误。(略)

(4) 编排问题

① 作者的"Introduction"有3页,编排在"目录"之后,却未入"目录",不合规矩。

② 第200页,References,第[1][2][3]条排列顺序错误。

3. **此稿疑似抄袭稿**

"Introduction"第2页上有3处提到本书,却只说是"Curious Customs",而不是作者自拟的书名"Research on American's Curious Customs"。第3页上说到 in the Bibliography,但是书稿末尾只有 References,并无 Bibliography。此页有一份鸣谢名单,共列出16个美国机构和个人的名称,若是真实的,需请作者提供联系方式,以便查核。

正文第7页"we use today"、第12页"we cross our fingers""we are wishing for""we are saying""we want to"、第17页"we scratch""we are""we use""we raise"、第18页"we settle"、第25页"our children"均令人疑惑。介绍美国的奇异风俗习惯,为何只用"we""our",而不是用"they""their"? 这只能说明真正的作者是一个美国人,而不是一名中国的英语教师。

正文第11页、第13页两处写到"Soviet Union"。苏联解体已经24年了,为何在2015年的今天,不写"Russia",却还写旧的名称? 联系到第200页、第201页"参考书目"(References)列出的28种参考书,最新的一种出版于1984年,说明这本书的写作时间应该在苏联解体(1991 年)以前,而不是现在。

值得关注的是,书稿的英文文体风格和许多内容细节都应该是出自母语为英语的作者之手。

经查,1987 年美国的 Three Rivers Press 出版过一本书 *Curious Customs: the Stories Behind 296 Popular American Rituals*,作者是 Thaddeus F. Tuleja,内中编写了 296 则短文,介绍美国的风俗习惯。孔夫子旧书网和亚马逊网都有此书的售书信息。而编辑审读的书稿与此书相仿,只是篇数减少到 264 则。两者之间的关联极其明显。

因此,请组稿编辑查核情况,并作出相应处理。

3. 凭英文文体判断

不同的民族有不同的思维表述方式,表现在遣词造句和思维风格上,即使用外语表述思想也是如此。英语娴熟的编辑,一般应该分辨得出文章作者的母语是英语还是汉语,以此来判断文字是否作者原创。

九、符合英语的语言规范和表达习惯

按一般原则和要求,英文的文本语言(文字表述)应该符合英语的语言规范,符合英语民族的表达习惯,否则会使读者产生阅读障碍。但是在表达中国人的思维方式和表述方式(即discourse)时,有些事物和语言是英语里没有的。更主要的是,书写者或翻译者毕竟习惯于自己本民族的思维和语言习惯,所以写出的英文被嘲笑成"Chinglish"(中国式英语)。同样地,新加坡的英语有时被嘲笑为"Singlish",法国人的英语有时也被嘲笑成"Frenglish",足以证明语言表述受言说者本民族思维方式的影响。因此,对于"不符合英语表达习惯"和"要表达英语中没有的思维和表述方式"这两种情况,应该区别对待。

从编辑审稿的角度看,首先应注重的是文字是否通顺,概念是否准确,用词是否恰当。因为使用语言的目的毕竟主要是为了交际沟通(communication),在这一点上,审稿纠错主要针对那些会导致误解的语言现象。

在一般审稿中,编辑尽量帮助作者纠正不妥当的英语表达,使之符合英语规范。像这样一句句子中的英文表达就是不符合英语语言习惯的:"The play continues for 885 performances, which not only becomes the longest Broadway run of all his plays, but also breaks the highest record of box office earning of American theatrical performance."【句子中的"breaks the highest record"是中式英语,应该改作"breaks the record",无须画蛇添足地加上"highest"。】

什么是"符合英语规范和习惯"的表达?

尽管英语也像世界上任何一种语言一样随着时代变迁而不断变化,但是它也和任何一种语言一样,在语言表达(尤其是书面语言表达)中,必须有一些规范。遵循这种规范,可以使思想的表达更准确,更有利于人际沟通,防止误解。遵循语言规范是受过良好教育的表现。

由于不同民族的思维表述方式的差异,以及汉语思维的潜在影响,母语是汉语的作者,除非经受过良好的英语专业训练,否则在书写英文文本时往往不容易做到"符合英语规范和表达习惯”。

有一位在英国名牌大学攻读博士学位的作者，在她的博士论文中，为表达“落后是要挨打的”，写出这样一句蹩脚的、意思错误的英文句子：“If you are backward, you will be beaten.”按照符合英语表述习惯的方式，这句句子应该这样写：“Those who are backward suffer defeat.”

在国内教师编写的英语教材中，不止一次看到这样与本意不符的英汉对照的句子：

How can I cook the beef?（我如何对牛肉进行烹调？）

How can we cut the cabbage?（我们如何切洋白菜？）

很明显，作者英语基础不扎实，连最简单的表达法也会出错。根据英文，括号里的中文应改作“我怎么可以去煮牛肉呢？”“我怎么可以去切洋白菜呢？”若根据括号里的中文意思，则英语句子应该写成“How do I cook the beef?”“How do we cut the cabbage?”或更简单的“How to cook the beef?”“How to cut the cabbage?”可惜的是，作者将 can 和 do 的用法搞错了，而编辑们也往往没有看出这样的“低级错误”。

英文写作或汉译英，目的是为了让英语世界的读者接受文本传达的思想、知识、艺术。为此，编辑有必要在纠正英文文本中明显差错的同时，修改文字，使之成为“标准英语”。

以下案例出自一本大学英语教材的专家审稿校样。教材的编写者是中国的大学英语教师，审校修改者是一位外籍专职英语教师。修改方案用黑方括号标示。

(1) Communication Skills: Introductions and Self-introduction

【*Communication Skills: Different Kinds of Introductions*】

(2) Listening Strategy: Identifying Numbers and Telephone Numbers

【*Listening Strategy: Identifying Different Kinds of Numbers*】

(3) Communication Skills: Showing Likes and Dislikes

【*Communication Skills: Expressing Likes and Dislikes*】

(4) You are in the school-opening ceremony.

【*You are at your school's opening ceremony.*】

(5) Peter Smith, an American young man studying Chinese Medicine in our university.

【*Peter Smith, a young American studying Chinese Medicine at our university.*】

(6) What are some of the differences between a college and a high school?

【*What are some of the differences between college and high school?*】

(7) What do you expect from college education?

【*What do you expect from your college education?*】

(8) What influence has college life on the development of your personality or the fulfillment of your life goal?

【*What influence has college life had on the development of your personality or the fulfillment of your life goals?*】

(9) Students may suffer in terms of finance, loneliness and friendship.

【*Students may suffer because of finance, loneliness or friendship issues.*】

(10) What role does athletics play in campus life?

【*What role do athletics play in campus life?*】

(11) Do Chinese college students have the same problems as their American counterparts have?

【*Do Chinese college students have the same problems as their American counterparts?*】

(12) To what extent do years of college study contribute to one's life?

【*To what extent do the college years contribute to one's life?*】

(13) What do you prefer, to live on campus or off campus?

【*Which do you prefer, living on campus or off campus?*】

(14) What's the fastest way to the theatre?

【*What's the fastest way to get to the theatre?*】

(15) I think you can take the No. 1 Line and transfer to the No. 2 Line in the People's Square Station. Ride it east for one stop only.

【*I think you take No. 1 Line and transfer to No. 2 Line at the People's Square Station. Ride it east for one stop only.*】

(16) Do you believe good English makes much difference to you and your life?

【*Do you believe good English makes much difference in your life?*】

(17) Words can reflect one's thought.

【*Words reflect one's thoughts.*】

(18) What do you think is the most important thing to look for when college graduates are seeking their first job?

【*What do you think is the most important thing for college graduates to look for when seeking their first job?*】

(19) Can defeat have profitable effects on a person?

【*Can defeat have beneficial effects on a person?*】

(20) Do you know some people who benefited from defeat and later succeeded?

【*Do you know any people who benefited from defeat and later succeeded?*】

(21) To help the control of traffic on the street

【*To help control street traffic*】

(22) Most of the people are honest by nature according to the speaker.

【*Most people are honest by nature according to the speaker.*】

(23) Alice paid on her credit card.

【*Alice paid with her credit card.*】

(24) How can you make a long distance call?

【*How do you make a long distance call?*】

(25) Many conflicts in your personal relationship can be avoided if you will take the time to acknowledge other's feelings and points of view.

【*Many conflicts in your personal relationship can be avoided if you take the time to acknowledge others' feelings and points of view.*】

(26) We feel closest to our friends when we are suffering together.

【*We feel closest to our friends when we suffer together.*】

(27) Most of its ancient meanings have been lost. It is charged with new meanings nowadays.

【*Most of its ancient meaning have been lost. It is charged with new meaning nowadays.*】

(28) How does the man's boss think of him?

【*What does the man's boss think of him?*】

(29) What images does the word "old" give the speaker?

【*What images does the word "old" suggest to the speaker?*】

这 29 句例句,原句或者属于表达方式错误,或者是用词不当。读者仔细对照,可以看出"符合英语表达习惯"的奥妙来。

自从 1980 年我国的英语教学界引进"多项选择"的考试题型之后,以及随后三十多年来在应试教育潮流中以考试为中心的教学方式影响下,英语教学中普遍轻视语法教学,无视英语作为母语和作为外语的重大差异。不懂得多项选择试题对于以英语为母语的学生是合适的,而对于以汉语为母语的学生并不合适。绝大多数教材中取消了研究型的语词学习和"改错练习"的教学内容,结果造成学生在结束学业之后,英语基础普遍不扎实,在实际使用时错误百出。

作为英语编辑,在审稿时要调动自己的语言文字知识,仔细纠正差错,并且应该不断地通过继续学习使自己提高文字水平和审稿能力。

第七单元　综合处理书稿文字性差错的要求与方法

一、基本理念
二、审读技术
三、政治、学术、知识和文字
四、基本的技术性要求
五、书稿里最常见的一部分低级差错表
六、同审读、修改书稿相关的一些具体问题及做法
七、中文书稿里的外文常见差错以及编辑处理方法

从理论上讲,出版物的印刷页面上任何一个字或标点符号的位置上都有出现差错的可能。从实际情况来看也的确如此。这是除了编辑专业之外的其他专业人员未能顾及和思考的问题。

面对一份打印稿或校样,拿起一支红色笔,边审读、边订正、边修改,这是最传统也是最前沿的编辑工作。说其传统,是因为一代又一代编辑都是这样做的。说其前沿,是因为当下所见文字和内容错误太多,这已然成为知识传播过程中最大的问题之一,使编辑工作的难度前所未有地提高了。

编辑审稿是一项综合性的智慧劳动。面对书稿,需要编辑“眼观六路,脑顾八方”,尤其在处理文字粗糙、差错很多的书稿时,要使审稿工作做得完美是一件很不容易的事,若非内行,不会懂得其中的艰辛。

本单元讨论综合处理书稿的文字性差错方面的基本要求与方法,内容与前几个单元略有交叉,但是,“综合处理书稿文字性差错”属于编辑技能的核心问题,故作为一个独立单元。

“综合处理书稿文字性差错”指编辑在审读书稿时必须同时兼顾以下方面:内容、常识、语法、逻辑、结构、中文、外文、标点符号等。本单元重点阐释文字层面上的问题,兼及内容(政治、学术、知识等等)方面的问题。

编辑在审稿时,评估书稿的水平和价值只是任务之一,另一项更烦琐的任务是纠正差错、修改文字的16个方面(参见本书第一单元第一部分第3节)。审稿工作对于编辑来说,既是职业岗位,又是一种基于实践的自我经验训练。只要有意识地从辨别文稿的差错中巩固和开拓自己的知识视野,假以时日,就有可能升华成知识渊博、技能过硬的审稿编辑,成为行业中可靠

的专家。

要达到综合处理好每一部书稿的文字性差错的目的，需要编辑在审稿时做到细心、耐心、专心，善于发现每一句句子、每一段文字、每一个文本里的各种错误。

一、基本理念

大凡理性的工作，都需要有一些基本理念作支撑。没有理念，其实就是没有方向，没有目标，没有规范，也就不会有良好的结果。为达到“综合处理书稿”的目标，至少应该怀有下列三条理念：

1. 纠错率是编辑水平的标志

所谓“纠错率”，即编辑发现并改正的差错同文本中实际存在的差错之间的比率。例如，终审编辑审稿时纠正 89 处差错，而出书后，由审读专家检查出新的 16 处差错，那么，终审时的纠错率就是：89÷(89＋16)≈85％；如果初审编辑纠错 146 处，复审纠错 55 处，那么，初审编辑的纠错率是：146÷(146＋55＋89＋16)≈48％；用“纠错率”可以衡量编辑人员的实际能力和水平。

当编辑的审稿工作结束时，他们的工作结果就将面对“质量检查”了。衡量编辑人员工作质量的标准是“审稿是否达到要求”。已经改正的差错是编辑的“纠错率”，而尚未发现的差错被下一道审稿程序发现，或者出书后发现仍然存在的差错，就是编校人员的“差错率”。纠错能力表明编校人员的水平程度，决定了出版单位对编校人员的能力的评估。如果出现经常性差错率高的情况，那就意味着编辑人员不具备审稿的资质。

2. 视作者为朋友，视差错为敌人

这里所说的是编辑人员必须持有的一种工作态度，唯有毫不妥协地纠正差错，才能有最好的结果——既保证了出版物和出版单位的品质，又帮助了作者，使他的作品成为“好书”。

严格审读作者的书稿，绝对不是为难作者，也不是为了显示编辑的水平有多高，而是为了将共同的“敌人”——文字差错——消灭在印刷之前。

3. 出版就是立场；出版代表水平

出版物的编校质量，既代表了出版社的水平，也代表了编辑个人的水平。这不是为了“面子”，而是体现存在之“价值”所在。

在出版物上(图书的版权页、刊物的版权页或文末、报纸各版面)署上编辑责任者的姓名时，就决定了编辑人员对出版物的责任。出版物的观点和立场就是出版单位的观点和立场的表现，而出版物的质量是出版单位水平的表现。

二、审读技术

编辑专业是一门知识专业，也是一门技术性很强的专业。要获得这门专业的相对完整的知识，掌握编辑工作的全面技术，固然可以通过经验传授，但更需要长期从实践中积累，并且从中悟得规律性的认识，才能极大地提高工作效率和实际水平。

以下几点可供编校人员参考：

1. 编辑在审稿时往往会出现“顾此失彼”的现象，因为在一般情况下，人的注意力在某一时刻只集中在一个方面。实际情况往往会是这样：编辑在一句句子里发现了一个错别字，却未能看到句子里还有语法错误或逻辑错误；警觉到文字中夹杂政治性错误，却忽略了知识性差错；发现了知识性差错，却未看到上下文里还有错别字，等等。所以，编辑人员需要在长期的实践中积累经验，磨砺敏锐感觉，学会"全方位应对"各类差错，从中学会"一心多用"的编辑技能。一个高明的编辑，他的工作是学术、技术、艺术三者结合的体现。

2. 从技术角度来分析，文字性差错大致有四个来源，所以要注意盯住这四个容易出差错的环节：

(1) 作者原稿中的差错

产生这一类差错的原因是：由于作者的知识有缺陷；由于作者写作时的疏忽；由于作者文字水平不高；由于作者在用电脑输入文字时的错误。

(2) 编辑的差错

审稿之后，书稿或校样上还留存差错，这就不仅是作者的差错，而且也变成了编辑的差错。属于编辑方面的原因是：由于编辑没有能力发现书稿中的差错；编辑虽有能力但因疏忽而未发现书稿中的差错；编辑以为无关紧要而未改正错误文字；书稿未错但编辑错改了作者的文字。

(3) 排版、校对中产生的差错

这里指的是：排版时因转换电子文档格式而使字符出错；校对者将正确的文字改成错误的文字；而编辑对此不作纠正，或者没有能力发现和纠正这类差错。

依据书稿或依据旧版书本来排版时，因电脑输入文字而造成的文字差错率往往比较高。将作者的电子文档转换到排版格式时，也可能在不同版本、不同级别、不同类型的软件格式之间转换时出现意想不到的差错。排版公司的校对部门主要依靠校对软件(例如"黑马校对软件")，但是校对软件不可能穷尽所有的文字组合方式，也没有能力辨别虽然词组可行但在语句环境里则为错误的语词，所以，校样上的绝大多数文字性差错不能靠校对软件来识别。如果只依赖校对软件，势必会产生校对质量问题。

电脑输入文字技术可能造成几种类型的错别字：①近形错别字(大多由使用五笔字型输入法时的输入错误造成)；②同音错别字(大多由使用汉语拼音输入法时的输入错误造成)；③修改文字时遗留未删尽的错误文字；④过度删除造成的脱字。

在古籍重排、旧作重排的书稿出版前，要注意对照原书做"字对字"校对，防止排版产生错误，或者简繁体转换出错。重排古籍，应以善本作底本，不应该采用可能舛误较多的今本。至于今人著作中引用的古文，也应根据古籍善本来审校，以防以讹传讹。另外，在审稿时，编辑还应当注意，排版产生的错字、今人作者引文中抄错的错别字、可以保留的通假字这三者可能混淆在一起，编校人员对此应当十分注意，要善于发现和区分正确的或错误的文字。

(4) 改样时、校对时产生的差错

这一环节有时也会产生一些新的差错，例如改样时改错位置，或未删除错误的文字；校对者未发现错别字，或错改文字；排版公司的毛校部门很有可能将作者未错的文字改成错误的文字，或者按照编辑审稿时的修改要求，在校样上改正时，未能改在正确的位置上，或者替换了新字，却未将旧字删尽，由此产生新的文字差错。

3. 责任编辑必须逐字逐句认真审读书稿 3 遍：第一遍是初审；第二遍是读校样；第三遍是通读付印样。实际经验告诉我们，千万不可省去某一道程序，也不可在一部书稿里潦草改几处错别字就算完成了审读。之所以应该审读3遍,是因为只凭一遍审读,往往可能遗漏了本应该注意到的地方,而第二遍、第三遍审读所起的作用是“补救”,这样做,不仅能保障书稿的文字质量,而且也能培养编辑细致的工作作风。

4. 审稿时,编辑对自己越是熟悉的文字,往往越容易忽视其中差错的存在。因此,无论是面对一篇新的文字,还是面对一本已经审读过一遍的书稿或校样,都应该再一次认真审读。

5. 要注意纠正自身的文字差错习惯。编辑同作者一样,都会在以往长时间里使用文字时养成一些固定的差错,而自己不觉得那是错误的,于是在面对作者的同样错误时,不以为有错。因此,从开始从事编辑工作时起,就应该“除旧布新”,将正确的文字纳入自己的知识储备。

6. 审读书稿时,编辑应当全神贯注,心无旁骛,警惕“急稿粗疏”和“审稿疲劳”。在作者交稿迟而出版周期短的情况下,有些编辑为了赶时间,就草草了事,造成审稿粗疏而不负责任的现象。有时候连续审稿时间长了,身体疲劳,这时往往会影响审稿质量。在从事编辑工作数年之后,有些人会产生另一种“审稿疲劳”,即容易认为错一些文字“无所谓”,因而工作态度不再认真,作风不再严谨。如果发生此种现象,要注意纠正。

7. 要防止两种不良倾向:(1)自以为是,随意乱改作者的文字;(2)全无主张,无论校对提出的质疑是对是错,一律同意修改,结果往往是以错为对,造成不良后果。

8. 要严守三关(即初审、复审、终审)。这三道程序是整个编辑校对流程中最关键的,如果能守住这三关,就基本上保障了编校质量。

三、政治、学术、知识和文字

编辑审稿,不只是针对错别字,不能只关注那些并不影响阅读和理解的、并未纳入规范的文字现象,而首先应该关注的是重大的文字性和内容方面的差错。政治性问题、学术性问题、知识错误、文字错误这四个方面作为审稿范畴,可以是分别独立的,但在实际的审稿工作中,往往是编辑要同时面对的。根据实际经验,编辑在审稿时很有可能会顾此失彼。因此,要学会综合处理书稿。纵观现状,有几点情况是不得不引起注意的:

1. 现今大多数编辑由于缺乏政治生活经验,也不注意阅读政治类书刊,不了解时事政治、政策法规,所以造成在政治知识、政治敏感性方面的缺失。

2. 由于编校人员在过去读书期间学习的专业比较单一,所以在面对书稿里大量超出自己专业的知识和学术的内容时缺乏判断能力,或者在以往的阅读中获得过一些知识,但可能记忆不准确,而在审稿时造成判断失误。

3. 由于30多年来应试教育的弊端日益严重而造成的后果,所以不仅在作者方面,而且也在编校人员中间普遍产生文字基础不扎实的现象。这种现象毫无例外地出现在我们日常阅读的出版物或审稿工作中。当前,更由于整个社会偏重技术,屈从于商业力量,而轻视语言文字的规范性、准确性,以致大量的语言文字错误和知识错误横行天下。因此,一旦进入编辑职业生涯,就需要学习各种新的知识和技能,其中包括极其重要的文字知识。艺不压身,知识多多益善。

在审稿时,对学术问题(包括政治学术)可以有争议,可以保留意见,但是有4件事情是无法争论的:(1) 出现政治性错误;(2) 出现学术性错误;(3) 出现知识错误;(4) 出现文字错误。所以,编辑要做的是“弥巨患于无形”——将错误完全消灭在审稿过程中。

在许多书稿里，政治、学术、知识、文字的错误往往会混在一起，因此，学会综合处理书稿差错的技能对编辑而言至关重要。

具备综合处理书稿内各种差错的能力，是证明编辑自身水平的标志，能力越强，编辑的水平越高。

四、基本的技术性要求

编辑审稿，从经验的积累中可以总结出一些技术方面的规律，具体表现在一些做法上。凭借对这些规律的清醒认识和实践，可以极大地减少书稿的差错率。

1. 保持文字表达的一致性

在一部完整的作品中，会有某些表述反复出现。编辑在审稿中对同一表述要注意使其前后统一，以免存在“前后不一致”性质的差错。比如：

(1) 检查目录中的章节标题与正文中的章节标题是否一致。因为有时候作者在正文部分对标题做了修改，却忘了同时修改目录，就留下了差错。

(2) 检查专有名词(人名、地名、机构名称、书刊名称等等)在书稿中前后是否一致(例如对于外国人名，不同的译者有不同的译法：笛卡儿 / 笛卡尔、凡・高 / 梵高、哈姆雷特 / 汉姆莱脱 / 汉姆莱特、亚里士多德 / 亚里斯多德，这是由于书稿作者或是引用不同的文章来源，或是在写作时前后记忆不一致而造成的)。同时，“一致性”的要求也包括对各种概念、术语、数据等等。关于这一点，要求编辑“审稿时有记忆”。若发现了此类问题，可以采用指定某一种表达，而将其他表达法修改到统一表达，有时也可以用电脑“统改”方法来纠正。

(3) 在一件作品中，对某一个问题、某一个事件、某一种现象的看法和说法要前后一致，不能前后矛盾。小说作品的细节不应该前后不一致。编辑在审稿时应该将这一方面作为关注的要点。

2. 凭常识判断明显错误

编辑应该具备广博的知识，通过广泛阅读，不断积累，储存在大脑里，在审稿时发挥“知识比对”的功能。编辑的这种才能是电脑资料库做不到的。在作品中经常出现的是引用成语、诗词名句、名人名言时失准，表述的内容不符合科学常识，将文学作品(例如历史小说)中的虚构情节误当做历史事实，以及各种各样的政治、经济、社会、文化知识或事实的错误，等等，有时候甚至是明显的低级错误。

案例 7-1

以下例句中的差错都属于“明显差错”：

(1) 本公司在我国雇佣了 100 多万名员工。

【此句出自一本译稿。根据常识判断，一家公司在某一个国家里不可能雇用员工达 100 多万名。经查核原书，原文是：We've got 100 million people employed in this country，译文应该是“我国[按：指美国]有 1 亿多人就业。”译者将 100 million 错译成“100 多万”。另外，“雇佣”应规范作“雇用”。】

(2) 三千人共一把伞，在风雨中急急忙忙回家。

【3 000 个人共用一把伞是天方夜谭。这里明显系“三个人”之误。只要在读稿时稍微仔细一点,这种错误应该立即被发现。】

(3)1821 年,14 万蒙古大军进攻日本。

【1821 年是清朝道光元年。句中的年份应是元朝的“1281 年”。遇到这样的历史事件,编辑若有疑问,应该立即查证。即使未产生疑问,编辑在审稿时也应该核对事实。】

(4) Man: Do you know how many things did the ancient Chinese people invented?

Woman: Four inventions.

Man: What are they?

Woman: They are paper, gunpowder, printing and the compass.

Question: What were the ancient Chinese people's inventions?

【这是一本中学英语教辅书里的一道听力题,居然说古代中国一共只有 4 项发明。这里属于事实表述不清之错。第二句应改作“The ancient Chinese people invented numerous things. Among the most famous are the Four Great Inventions.”。另外,第一行里“invented”是语法错误,应改作“invent”。】

(5) 中国人使用洋油的时代一去不复返了。

【这是改革开放以前奉行“自力更生”国策时的事了。现在中国是进口石油的。】

(6) Japan is in the east of China.

【这句错误句子出现在一本初中英语教辅书里。此句中用错英语介词,造成地理知识错误。日本的地理位置是在中国的“东面”不是“东部”。介词“in”应改作“to”。】

(7) 中共共产党的最高领导机构是五年一届的全国人民代表大会。

【此句虽然简单,却存在好几处常识性错误。①“中共共产党”系“中国共产党”之误。②“全国人民代表大会”不是中共的组织机构。③中共最高领导机关不称“机构”。④中共最高领导机关是党的全国代表大会和它所产生的中央委员会。】

3. 一种减少差错率的普适方法

这种方法暂且可以叫做“盯熟”,即盯住最容易出错的一些常见错别字,这是一种比较有效的方法。编辑在审稿实践中逐渐积累经验,养成习惯,“盯”住那些普遍产生的、常见的、容易引起读者注意并且被揪住的文字差错——成语、年份、名人姓名、重大历史事件、各种最基本的常识等等,将它们变成编辑“熟”记的信息符号。尤其是要逐渐习惯于“盯”住常见错别字:以至/以致、品味/品位、比例/比率、交代/交待、坐/座、象/像、洲/州、营利/盈利/赢利、权利/权力、关照/观照、欢度/欢渡、神祇/神祗等等。根据编辑个人对常见字、词的熟悉或不熟悉的程度,遇到一个,记住一个,然后在审稿时能随时运用。由于一般作者习惯性地将一些语词写错,以致出现一批“常见错别字”,为此,上海的《咬文嚼字》编辑部曾经整理并发布过一份“100 个常见别字”的正误表。本书在最后的“附录”部分里有一份笔者据此编写的纠错练习,可供读者参考。

在现时审读的书稿中,还发现作者们(同时也包括编辑们)常犯量词出错的毛病,而“的”“得”“地”三字不分乃至误用,也是屡见不鲜的现象。这两类是出现差错的“事故多发地段”和“重灾区”。所以,也要关注量词的使用是否得当,关注“的”“得”“地”三个字的使用是否正确。

以熟悉常见错别字的方式来应对书稿中经常出现的差错,可以有效地减少差错率。

4. 计较文字表述的准确性

有些文字从表面上看好像没有太明显的错别字,但是仔细想想,却经不起推敲。例如"使人类从野蛮走向和平"这样不准确的表述应该改正为"使人类从野蛮走向文明",因为与"野蛮"对立的不是"和平",而是"文明"。

5. 遵守文字的规范性

除了在小说、戏剧作品中描绘人物性格的特定口语之外,所有的出版物都应该遵守文字规范。所以,编辑在审稿时应该注意改正不规范的文字表述。我们不主张使用短暂流行的网络语词;必须清除脏字、粗口、下流语言(例如"屌丝""哇噻"等等)。文字是用来教人变文雅的,而不是使人变得粗俗、恶俗。

6. 注意校核版式方面的细节

版式也是衡量和检查出版物质量的一个方面。需要注意的是以下几项:(1)检查"目录"与"正文"各级标题的文字表述一致性和页码的一致性;(2)扉页与封面设计稿的文字规范与一致性;(3)封面设计稿的封面与书脊的文字一致性;(4)检查"前言""序言"等辅文排版在目录之前或之后,以及是否需要列入目录;(5)检查参考文献的格式是否统一;(6)核对全部校样的书眉,以防书眉错位;(7)版权页上的各项数据不要出错;(8)注意各种公式、符号、数据的表达方式是否正确;等等。

五、书稿里最常见的一部分低级差错表

许多低级的文字差错同时也是常见的文字差错,下面列举的是一部分最常见的低级差错(当然,实际上远远不止这些例子)。一些作者和编辑认为"大家一直都是这么说的,不能算错",殊不知"一直这么说"不一定是对的,而将错就错的表达只能使错误的语言成为人们的习惯,却抛弃了正确的、简洁的、优雅的文字表达方式。当然,有一部分文字表达不致使人误解,但是其中存在着一种是否 educated(受过良好教育)的分别。

1. "的""得""地"三字的混乱使用和错误使用。例如:

(1) 女孩子声音变的尖高而圆润
【"的"应改作"得"】

(2) 此时就觉的"泡泡"向后移了
【"的"应改作"得"】

(3) 未能够正确的换气
【"的"应改作"地"】

(4) 使得乐曲变的更加流畅和欢快
【"的"应改作"得"】

(5) 村里每年也有大概 10 名学生能够迈入大学,而且读得多是本科
【"得"应改作"的"】

(6) 身体上地
【应该删去"地"】

(7) 心理上地
【应该删去"地"】

(8) 应该规定的确切些

【“的”应改作“得”】

(9) GDP 增长的很快

【“的”应改作“得”】

2. 乱点标点符号，随意插入逗号，造成断句，甚至造成歧义。例如：

(1) 近十年通识教育中心举办的各类活动，已超过 1 000 场，且主要扮演教师课堂以外延伸学习的“非正式课程”。

【应该删去第一个逗号】

(2) 传统出版如何融入数字出版的趋势，是我国发展数字出版的同时，也要重点考虑的因素。

【应该删去第二个逗号】

(3) 第五是“麻烦论”。认为不断践行新理念，会带来麻烦和混乱。

【应该删去逗号】

3. 乱用“进行”一词，将它放在动词前面，添加成赘词，或者错误地取代确切的动词。例如：

(1) 这些短文按主题内容和体裁进行了排列

【应该删去“进行了”】

(2) 北区食堂全部由社会餐饮单位进行经营

【应该删去“进行”】

(3) 有效地与他人进行交流

【应该删去“进行”】

(4) 对每月的销售进行情况汇报

【应改作“汇报每月的销售情况”】

(5) 萨特与乔治·卢卡契进行论战，并与莫里亚克进行辩论

【应该删去两处“进行”】

(6) 为别人写作，就是以自己的作品介入他人的生活，并对他人进行影响

【“并对他人进行影响”应改作“并影响他人”】

(7) 教师可要求学生在课前对各单元中的英语习惯用语进行预习

【应改作“教师可要求学生在课前预习各单元中的英语习惯用语”】

(8) 如何对孩子的不良习惯进行纠正

【应改作“如何纠正孩子的不良习惯”】

4. 赘用“所”字，画蛇添足。例如：

(1) 这两种现象所表现出来的差异

【应该删去“所”字】

(2) 社会不平等所引发的阶级变化

【应该删去“所”字】

(3) 报纸和书籍不可能被电脑所取代

【应该删去“所”字】

(4) 这些是公众所关心的问题

【应该删去“所”字】

5. 乱用“个”字，造成量词明显错误。例如：

(1) 一个牛

【应改作“一头牛”】

(2) 一个狗

【应改作“一条狗”】

(3) 一个独木舟

【应改作“一条独木舟”】

(4) 吃个饭

【应改作“吃顿饭”】

(5) 好几个理论

【应改作“好几种理论”】

(6) 在公司透明度上有一个相似的改善

【应该删去“一个”】

(7) 两个或多个不同的社会背景

【应改作“两种或多种不同的社会背景”】

6. 赘字造成语义重复，或不符合文字的简洁性要求。例如：

(1) 截止到

【应改作“截至”】

(2) 涉及到

【应改作“涉及”，“及”与“到”同义重复】

(3) 成为了

【应改作“成为”或“成了”，不叠加使用】

(4) 必须要

【删去“要”字，“必须”比“要”程度更高，既然已用了“必须”，就无须再添加“要”】

(5) 诉诸于

【应该删去“于”字】

(6) 融入到

【应该删去“到”字】

(7) 国际之间

【应该删去“之间”二字，“际”就是“之间”，属同义重复】

(8) 凯旋归来

【应该删去“归来”二字，“旋”就是“归来”，属同义重复】

(9) 亲眼目睹

【应该删去“亲眼”二字，“眼”和“目”属同义重复】

(10) 更加弥足珍贵

【应该删去“更加”二字，“弥”就是“更加”，属同义重复】

(11) 付梓出版

【应该删去“出版”二字，或删去“付梓”二字，“付梓”就是“出版”，属同义重复】

(12) 亦即是

【应该删去“是”字，“即”就是“是”，属同义重复】

7. 错误提法。例如：

(1) 满清

【应改作“清朝”或“清廷”】

(2) 邓小平南巡讲话

【应改作“南方谈话”】

(3) 美籍华人

【应改作“华裔美国人”】

8. 出现频度很高的常见不规范用字或错别字。例如：

(1) 象他妈妈

【应改作“像她妈妈”】

(2) 了望

【应改作“瞭望”】

(3) 复灭

【应改作“覆灭”】

(4) 兰天白云

【应改作“蓝天白云”】

(5) 部份

【应改作“部分”】

(6) 渡假村

【应改作“度假村”】

(7) 炭水化合物

【应改作“碳水化合物”】

(8) 汽垫船

【应改作“气垫船”】

(9) 综合症

【应改作“综合征”】

9. 知识错误，尤其是那些贻笑大方的说法。例如：

(1) 你的家父

【应改作“令尊”，在谦辞里，“家”用于指自己一方】

(2) 我就笑纳了

【应改作“我就愧领了”】

(3) 请到我的府上来

【“府上”是对别人家里的尊称，对自己家要用谦称，应改作“请到寒舍来”】

六、同审读、修改书稿相关的一些具体问题及做法

这一节里列举的几个问题，属于“编辑经验”范畴。需要讨论的问题当然不止这些，从实践当中可以总结的经验还有很多。

1. 掌控好审稿所需的时间

图书出版要经过一个复杂的流程,审稿只是其中的一个环节,但是,对初稿的初审、复审都应该有一定的时间保证。在审稿阶段,要管理好每一步的时间节点。一般说来,还应该考虑给作者预留修改书稿的时间。在签发付印之前,要留出一定的终审时间,切忌在马上要印刷之前才送审付印样。在三审三校的每一步,匆匆忙忙赶时间对于编校质量来说是一件危险的事情。

2. 编辑对书稿只做适度的修改

同马马虎虎的态度相反,有些编辑习惯于对作者的书稿做过多的修改。其中有些是因为作者的行文习惯和文体风格与编辑自己的不一样,编辑就依照自己的文字方式去改动作者的文字。这种做法欠妥,因为书稿是“作者的书稿”而不是“编辑的书稿”。除非有必要,否则对书稿不要作过度修改,因为过度修改书稿往往会引起作者不满。如果作者的书稿从总体上来看文字基础不够好,那也应该由编辑向作者提出指导性意见,而让作者自己将书稿从头到尾认真修改一遍。

3. 尽一切可能将差错消灭在印刷之前

如果一部作品在成书后被发现差错率高,那么不良影响已经造成,难以挽回。如果书需要重印,那么在重印前还不得不改校样,重新出胶片,如此则加重工作量,延误时间,还会增加成本。所以要尽一切可能将差错消灭在印刷之前,至少应该朝这个目标努力。最好的办法是在初审阶段若发现作者的文字差错较多,那么复审工作尽量安排文字水平高的编辑担当。如果初审编辑、复审编辑都是跨专业审稿的,则应该安排专家审稿。

4. 重视查证

作者的书稿里有时候会存在一些学术性、知识性的疑似差错,编辑必须对每一处疑点作查证。

重要的引文一定要核对来源文本,以防错讹、脱字、断章取义,造成学术性或知识性错误。编辑可请作者提供文本。文本一定要可靠。如果作者提供的文本本身就是引文,那就证明作者引证的不是第一手资料。非第一手资料的引文,在作者的引文出处中应当注明是“转引自”某文本。这一点事关学术的严肃性。

古文的引文查证应当依据古书善本,或者如《汉语大词典》等权威工具书。但在具体的文字中遇到通假字,则不必改动,若更仔细一点的话,可以注明是通假字。

外文审稿中若发现有语法方面的疑点,则应该作语法校对,其依据可参考权威词典或可靠的语法书。

七、中文书稿里的外文常见差错以及编辑处理方法

在如今的学术著作和通俗读物里,中文叙事或论述中越来越多地夹杂外文(主要是英文)。其中有些是必要的,有些并非必要。有些比较规范和正确,有些却是不规范、不正确的。其中既牵涉到外文的规范,也牵涉到中文、外文夹排时产生的问题。在一般情况下,编辑在审读中文时往往会忽略外文,或者没有能力发现其中的差错。

中文书或书稿里夹杂外文,常见差错有许多种,例如中文与外文对照翻译错误、单词拼写错误、字母大小写错误、字形正斜体错误、括注位置错误、姓名写法错误,等等。

且看一些书里的差错例子:

案例 7-2

(1) 戴维·格伦斯基(David Grusky)、简·帕库尔斯基(Jan Pakulski)

【译音错误。"格伦斯基"应改作"格鲁斯基"。"简"应改作"扬",系东欧人名,译音应跟从民族语音。】

(2) Cohen(1978)对历史唯物主义的核心原则进行了系统且严格的表述。

【按规范,英文姓氏 Cohen 应该译出,改作"科恩(Cohen,1978)"。】

(3) 逆向相互依赖的福利原则(The inverse interdependent welfare principle)、排他性原则(The exclusion principle)、占用原则(The appropriation principle)

【英文字母大小写错误。括号里 3 处"The"应改作"the"。非专有名词不用大写字母。】

(4) 这些类别被统称为"工人阶级"(或者 les classes populaires)。

【漏译文字。括号里的法文 les classes populaires 被漏译,应该译为"大众阶级"。】

(5) 翻译文化学派的代表人物安德烈·勒菲弗尔(Andrè Lefevere)在他著名的《翻译、重写以及对文学名声的操纵》中指出的诗学(Poetics)、赞助人(Patronage)、意识形态(Ideology)等因素,在译本的流传和接受方面,有时甚至起着更加关键的作用。

【英文字母大小写错误。括号里的字母 P 和 I 都应该是小写 p 和 i。】

(6) 同年,Hughes E. R. 在《古典时代的中国哲学》中译出了《庄子》部分篇目。

【英文姓名应该译出。姓与名不应该倒置。应改作"E·R·休斯(E. R. Hughes)"。】

(7) 值得一提的是,梅维恒还称墨家好像是"有严格部署的民粹活动家和理论家"(Populist Activist and Theoretician of Rather Dour Disposition)、"好战的和平主义者"(Militant Pacifist),与斯巴达人有相似之处。

【翻译错误。"严格部署的"应改作"性情相当固执的"。英文字母大小写错误:括号里大写字母全部应该改作小写。】

(8) 具体可参 Grahma. , Angus C. *Chuang-tze*: *The Seven Inner Chapters and Other Writings from the Book Chuang-tzu* , pp,31-32。

【英文姓名次序错误;姓名后漏逗号;文章篇名后漏逗号。"*from the Book*"这三个单词不应该是斜体,应改作正体。"Book"应改作"book"。"pp"后面用逗号是错的,应改作缩略号。此条宜改为:

详见 Angus C. Grahma, *Chuang-tze*: *The Seven Inner Chapters and Other Writings*, from the book *Chuang-tzu*, pp. 31-32】

(9) 人们突然发现:"译者从来就不会'公正翻译'(Just Translate)"。

【翻译无所谓公正不公正,因此根据括号里的英文,中文属于翻译出错,应改作"仅作翻译"。括号里英文字母都应该小写。】

(10) 后来,由美国生理学家沃尔特·坎农(Walter B. Cannon)将这个调节过程命名为"体内平衡"(Homostasis)。……由于坎农这么使用,他之后的其他科学家也跟着这么用,但这并不表明"Homeostasis"是严格设定不可动摇的。

【"体内平衡"后面括号里单词拼写错误,漏了一个 e,应该是"homeostasis"。两处单词既非专有名词,又非标题,首字母"H"都应该改作小写"h"。

(11) 至少从法国经济学家萨伊·让-巴蒂斯特(Jean-Baptiste Say,1767—1832)时起,就认可经济学中的量级与准确地数字计算截然相反。

【人名翻译的姓与名颠倒错误。应改作"让-巴蒂斯特·萨伊"。"准确地"应改作"准确的"。】

(12) 在《自命的自负》(The Fatal Conceit,1988)一书中,他攻击了社会主义制度的设想。

【翻译错误。应改作"《致命的自负》"。外文书名现在一般排成斜体。】

(13) 经济学家约瑟夫·熊彼特(Joseph Schumpeter)创造了一个术语"破坏性创造"(Creative destruction)来表明资本主义经济这个不断创新的特点(Schumpeter, 1942)。

【翻译错误;英语字母大小写错误。根据括号里的英文,译成"破坏性创造"是将修饰关系弄颠倒了,应改作"创造性破坏"。括号里大写字母C应改作小写。】

以上13例差错采自3本书,其错误分属11种类型。这些差错在书中留存,都造成了编校质量问题。在接受编校质量检查时,责任编辑对这些被认定的差错都无法抗辩。

1. 现状与对策

现状A:中文环境里夹杂出现外文时,外文差错率往往比较高。其中属于作者和编辑个人两方面都有的原因是:(1)对以前学过的外文知识都生疏了;(2)遇到学生时代没有学到过的外文基础知识;(3)不认真对待外文表述,抄写时出现错误。

对策A:对于夹排在中文里的外文,编辑的审稿和改稿应该"有法可依",有必要针对实际差错现象,形成并执行规范。但是,外文(例如英文)有大致上的书写和排版规范可循;中文(汉语)的书写和排版有国标文件和行业规定;然而中文、外文夹排时产生的许多问题,有些有可行规则,有些却没有现成的规定。因此,除了国家标准、行业规范之外,各出版社还应该针对具体问题,制订符合语言文字规范的通行规则,以免使图书版面和文字出现杂乱无章的面目。在没有规定可遵循时,应该考虑一种合理的解决方案,并且做到全稿统一。

现状B:编辑的外文基础未能达到编辑工作的要求,同时由于不熟悉相关的规范,也由于缺乏应知的审稿技巧,所以不知道如何正确处理外文差错。

对策B:出版单位要重视通过培训来提高编辑的外文审稿能力。编辑要在工作实践中积累经验,一面从差错现象中发现规律,一面努力学会熟练地纠正外文差错的技巧,尽早获得在审稿中纠正外文差错的独立能力。

现状C:编辑对夹排在中文环境里的外文不重视,也不善于发现外文的差错,所以在成书后遗留了很多外文编校方面的错误,有时仅仅由于这一原因而增加了差错率,造成整体编校质量不合格。

对策C:编辑要努力恢复个人的外文基础,争取将已经"还给老师了"的外文"再要回来"。非英语专业出身的编辑至少应该使自己的英文程度恢复到大学英语四级的真正水平,而不是以为自己以往那种应付考试的方式就是达到了水平。要以良好的实际水平为基础,来学习英文新知识,方能适应编辑岗位的工作。

2. 法规和规范

审稿和改稿都必须有依据,不应该随心所欲。所谓依据,首先是权威性的规定,其次是理由充足的、符合规范的纠错原则。

(1) 相关法规：

•《中华人民共和国国家通用语言文字法》(2000)第十一条内规定："汉语文出版物中需要使用外国语言文字的，应当用国家通用的语言文字做必要的注释。"

• 同上，第十八条内规定："《汉语拼音方案》是中国人名、地名和中文文献罗马字母拼写法的统一规范，……"除了约定俗成的译法之外，书稿中凡属于现在的中国人名、地名的罗马化翻译，都要遵从这一规定。

• 1979 年 1 月，国务院发布规定，在中国的人名、地名译成外文时，一律使用标准的汉语拼音。从那时起的出版物里不再使用在此之前长期流行的威妥玛拼写法(例如：Mao Tze-tung, Deng Hsiao-ping)。与此同时，还要避免各种随意混乱的拼写法和其他各种不规范的写法(例如：Zedong Mao, Xiaoping Deng 或 Mao Ze-dong, Deng Xiao-ping)。若遇到元音字母音节，为避免发音错误，可使用"隔音符号"，例如：人名"刘延安"若译成"Liu Yanan"，可能被读成"刘亚南"；正确的写法是：Liu Yan'an，才不会被读错。

• 联合国秘书处关于采用"汉语拼音"的通知(1979 年 6 月 15 日)："从 1979 年 6 月 15 日起，联合国秘书处采用'汉语拼音'的新拼法作为在各种拉丁字母文字中转写中华人民共和国人名和地名的标准。…… 例如：毛泽东(Mao Zedong)、邓小平(Deng Xiaoping)、西藏(Xizang)、黄河(Huanghe River)、长江(Changjiang River)。"据此规定，除了引文以外，西藏不应该写成"Tibet"；黄河不应该写成"Yellow River"；长江不应该写成"Yangtze River"。

(2) 编辑规范的若干原则

① "译出"原则

在一般情况下，中文环境里出现的外文单词、词组、语句、段落都应该译出中文。在译文之后，若外文是必要的，则使用括号，将外文附在相应的中文后面。注意不可夹着外文不译。提及外文书名时，应当译出，切不可在书名号内只留外文书名。

案例 7-3

(1) 沃利斯在《Works》第一卷(1695)的前言里提到牛顿的微积分。

【其中"《Works》"的书写法是错误的。应该写成"《著作集》(*Works*)"。】

(2) 李德汇：《Vital Factors in China problems》序言.

【其中有 3 处错误：(1)"《Vital Factors in China problems》"应该写成"《中国难题的重大因素》(*Vital Factors in China Problems*)"；(2)"problems"的首字母"p"应该大写；(3)句末应该用中文句号。】

② "译文准确性"原则

凡是用括号附原文之处，要十分注意翻译的准确性，因为往往在这里会产生并且被发现和认定为差错，造成不合格率上升。(参见前面"案例 7-2"的 13 个例子中的相关案例)。

在图书封面上，若该书不是译著，除非特殊需要，一般不提倡将书名译成同中文书名并列的英文。(根据相关规定，中文书可使用并列的汉语拼音书名。)但是一旦使用并列的英文译名，就必须注意翻译的准确性，否则贻笑大方(例如将中国"西北"地区译成"West-north")，或者出现英文歪曲了中文书名意思的情况。

③ “首现引注”原则

在著作或译著的正文、注解、附录里，作者想注明某个概念或术语、某个人名、某个机构名称等等时，会使用括号来括注外文。这种引注文字应该出现在首次提到之处。其后可以不再反复引注。若前面不引注，到后面才引注，这是不符合规范的。

④ “非大写”原则

在中文环境里用括号引注外文时，括号里的外文单词、词组、完整句子都要遵从外文规范，尤其要注意，非专有名词的首字母应该小写(德文除外)。(注意：不要将“专业名词”误解成“专有名词”。)同时还要注意由于大写、小写混用而造成同一本书里不统一的差错情况。

⑤ “名从主人”的补充原则

有一些已经固定和通行的译名，要按照固定的译法。例如：“孙中山”译为“Sun Yat-sen”，不译作“Sun Zhongshan”；“上海外国语大学”译为“Shanghai International Studies University”，不译作“Shanghai Foreign Languages University”；“约翰·霍普金斯大学”的正确回译应该是“The Johns Hopkins University”。

⑥ “译音准确”原则

翻译人名、地名时，要注意根据准确发音，选用适当的汉字，但约定俗成的除外。

3. 外文引文出处和参考文献目录规范化

本节仅涉及英语国家出版物的相关信息作为文献目录被引用到中文著作时出现的格式错误。这些错误一般分为 3 种：(1)不规范；(2)在同一本书里前后不统一(责任编辑应该事先提醒作者做好统一格式的工作)；(3)其他各类文字性质的差错。

中文著作的文后参考文献著录规则，由国标文件“文后参考文献著录规则”(GB7714-87)规定。

文后参考文献的英文部分有 5 种常见推荐格式：

(1) MLA 格式(The Modern Language Association style)：(美国)现代语言协会的推荐格式。

(2) APA 格式(The American Psychological Association style)：美国心理学协会的推荐格式。

(3) 哈佛格式(Harvard system)：哈佛大学使用的格式。

(4) 数字格式(the number style)：许多科技论文和刊物使用的格式。

(5) “附注 ＋ 参考文献”格式(note-and-bibliography style)：美国现代语言协会 1984 年以前使用的标准格式，又被称为“旧 MLA 格式(old MLA style)”，但也仍见使用。

(以上各种具体编排方式，可参见《实用英语符号手册》，樊振帼主编，江苏教育出版社，2001，第 189—230 页。)

编辑应该注意的是：

(1) 外文格式没有“唯一标准格式”。但编辑要注意在一本书稿里外文必须统一成某一种格式，否则显得非常凌乱，也构成“格式不统一”的差错。参考文献或引文出处应当做到要素齐全，排列方位全书统一。

(2) 在审稿过程中，应该注意注释和参考文献著录格式中的信息“完整性”和“准确性”。

(3) 编辑宜在审读之前，请作者按照“齐、清、定”的要求，做到上述(1)和(2)两条，以避免在审稿时花费太多的时间去修改。

有些作者为了“以壮行色”，在自己著作的文后参考文献里罗列非常长的外文书目，有时并不真实，只是搬抄了某一本(或多本)外文原版书的全部文献目录资料。在学术著作评判中，参考文献目录也属于一项供判断的指标。编辑应当知会作者，参考文献目录必须符合著作实情，同时还应该将“参考文献”(bibliography)同“扩展阅读书目”(further reading)区分开来。

4. 供编辑参考用的推荐规范

以下是笔者根据 37 年编辑经验和在审稿时遇到的实际差错问题而记录和编写的推荐规范，供参考使用。

(1) 缘起

在中文环境里夹排英文，理应按照一定的规范，但是，

鉴于英汉夹杂文本的复杂性和无循例性；

鉴于文本主体语言文字的归属原则；

鉴于外文审稿牵涉的多项关注点；

鉴于英语国家使用文字的新变化；

鉴于中国出版界对英文编校迄今尚无统一的规范；

鉴于英国和美国现今的出版物上文字亦无统一规范；

鉴于中国目前颁布和使用的各种规范中皆无完备的针对中文、英文夹排情况的规范；

为使我们的出版物避免文字、标点和版式的凌乱失范状况，以免编辑、校对、质检人员无所适从，因此根据学术性原则、逻辑性原则、合理性原则，制订一部分推荐规范。

(2) 依据

本节所拟的“规范和标准”，依据以下工具书和权威性的参考书：

Oxford English Dictionary

Cambridge International Dictionary of English

Webster's New World Dictionary of the American Language

美国《读者文摘》编辑部编，*Write Better, Speak Better*(1977)

William Strunk Jr., E. B. White, *The Elements of Style*(1959 年出版，至今仍在修订使用；已列入哈佛大学教材目录)

Floyd C. Watkins, William B. Dillingham 编, *Practical English Handbook*, 第 8 版, Houghton Mifflin Company, 1989 年

近 10 年里牛津大学出版社、剑桥大学出版社、哈佛大学出版社出版的一些英文原版书

(3) 规范和标准

① 英文里不用书名号

英文的标点符号里没有中文的书名号。在中文环境里，若出现夹排英文书名、刊名，不必要(也不应该)使用书名号。可使用英文斜体字，使之凸显。

② 英文里不用顿号

英文的标点符号里没有中文的顿号。在连续的英文表述(句子、段落)里，只用逗号，不能用顿号。但在中文环境里，英文单词或词组单元在并列出现时，可以用顿号(因为是在“中文环境”里)。

③ 破折号的长度

英文环境里的破折号，其长度与同一字号的字母“m”等宽(印刷术语称“m dash”)，前后不

空格。注意不要将破折号误写成连字符,此种现象比较常见。

④ 连字符的长度

英文环境里的连字符,其长度相当于英文破折号的三分之一,但在电脑排版时实际上使用的是电脑键盘上的短横符号,使用时前后不空格。注意不要将连字符误写成破折号。

⑤ 使用“[*sic*]”

作为学术研究使用的引文,若原文有错(内容差错,拼写、大小写差错,其他可能的差错),为保留引文原样,处理方法是不作修改,但在差错处之后加“[*sic*]”。方括号内是斜体拉丁文,意即“原文如此”。(类似中文引用有差错的原文时加“[编辑注:原文如此]”的办法。)

⑥ 中文环境里的必要英文段落

若作为引证而必须以英文原文面貌出现,则后面用括号附译出全部对应的中文。若只有英文引文而不附中文译文,会使一部分读者产生阅读障碍。

⑦ 括号里的英文术语或单词

专有名词的首字母(除冠词、介词、连接词外)大写;非专有名词的首字母小写。(标题若使用传统的大写原则,那么最后一个单词无论是何种词性,首字母也大写。)特别需要注意的是:“专有名词”不是“专业名词”。

用括号注专业名词或一般术语的英文时,括号里的外文单词首字母用小写,不用大写。例如:

他非常注意研究哲学本体论(ontology)问题,发表过好几篇论文。

若括号里的英文是专有名词(人名、地名、机构名、书刊名等等),则除冠词、介词、连接词以外的其他单词首字母依英文传统书写规则应大写。

⑧ 中文环境里外国人姓名中使用的间隔号

在中文环境里,外国人姓名里各部分的分隔,使用间隔号(有些编辑称之为“中圆点”,此说系不规范说法)。例如:A·罗伯特·李,D·H·劳伦斯,埃斯尔·M·戴尔。近年来,有些出版社的出版物里,包括广西师范大学出版社《编辑校对实用手册》里,认为其中缩略名字的外文字母后面应该使用缩略号(有些编辑称之为“下脚点”“下脚圆点号”,系不规范说法),写成“A.罗伯特·李”“D. H. 劳伦斯”“埃斯尔·M. 戴尔”,这种写法不伦不类。根据国标文件《标点符号用法》(GB/T15834—1995)的规定:“外国人和某些少数民族人名内各部分的分界,用间隔号表示。”

⑨ 正体/斜体

书名、刊物名、报纸名,用斜体。内含的文章题目、章节题目、论文题目,用正体。按照英美人的正规排版法,拉丁文缩略词(例如:“*e. g.*”“*i. e.*”“*sic*”等)用斜体。

⑩ 排版版式中的移行

在铅排时代,行末单词超出版芯的部分,需要根据音节移行。移行部分的上一个音节后面加连字符。(转页不移行。)现在的电脑输入软件设计成以单词为整体单位的移行,于是,被移的一行里,标点符号和后面字母之间的距离会被拉开(例如“U. S. A.”变成了“U. S. A.”),编辑和校对人员在审读时应该做出纠正。

⑪ 句末引文是单词或词组时标点符号的位置

例如:He is not a “girl.” 按照中文的逻辑,句号的位置应该在引号后面,但是美国人习惯将这里的句号放在引号里面。在英文环境里,当遵从美国人的习惯。

⑫ 书名、刊名、报名、文章标题的字母大小写

审稿中发现的书稿实例有以下几种：

第一种：One Man's Search for the Age of the Earth(√)

第二种：One man's search for the age of the earth(√)

第三种：One Man's Search For The Age Of The Earth(×)

第四种：ONE MAN'S SEARCH FOR THE AGE OF THE EARTH(√)

正确写法：第一种、第二种、第四种写法都是可以的。第三种写法是错误的。

推荐规范：在一般情况下用第一种。

⑬ 需按原样保留小写的方式

最近30年来，英语国家的书名、报刊名、文章题目、章节标题都有采用除了第一个字母大写，其余全部使用小写方式的格式，即在书名、报名、刊名、论文题目(除第一个单词外)、章节题目(除第一个单词外)中不用大写字母，这是近年来英、美等国的出版物里逐渐增多的现象。对此，一般的做法是尊重原作者的写法。

在编辑审稿时，建议基本按照传统规范。但若确有需要，或由于作者坚持，可以采纳小写倾向，但全书必须统一。

⑭ 缩略号使用或不用

书稿实情：

用 **sth.** 和 **sb.** 还是用 **sth** 和 **sb**

用 **U. S. A.** 还是用 **USA**

用 **T. S. Eliot** 还是用 **T S Eliot**

正确写法：英美人现在这两种写法都用。

推荐规范：不强行规定其中的一种。但在同一本书里必须统一使用其中一种写法。

⑮ 中文句子中使用英文缩略词(例如：UNESCO，WTO，GDP，GNP，等等)时，应该用括号标注在全称中文第一次出现处的中文后括号内。

⑯ 提及外国书刊名称时，一般应译成中文。若一定要用外文原名称时，不用书名号；使用白体，不用黑体；可用正体，但现在一般使用斜体。例如：

误：《时代周刊》的英文名称是《Time》。

正：《时代周刊》的英文名称是 *Time*。

⑰ 英文单词在中文环境里以句首位置出现，首字母小写。例如：

有许多英文单词本身是外来词。renaissance(文艺复兴)一词来自法文。

此句中 renaissance 一词的首字母 r 不用大写。

第八单元　几个相关方面的审稿技术与审稿要求

一、版式、辅文及其审稿处理方法
二、英文排版的常见版式错误及编辑纠错方案
三、排版、编辑、校对中需要纠正或统一的几个版式或用法问题
四、发现与处理“抄袭”和“著作权”问题
五、防止误改

在编辑审稿的技术层面上还有一些相关的技术问题需要讨论，其中主要包括版式与辅文、抄袭与著作权、误改等几个方面，它们的重要性不亚于前面讨论的各个方面。

一、版式、辅文及其审稿处理方法

“版式”（版面格式）和“辅文”也是书稿总体结构中的两个部分。

“版式”指作品内容在书刊报纸版面上的编排格式，一般包括版心规格、版面空白、图文排式（横排或直排、单栏或双栏、多栏排版等等）、版面字数、正文及标题的用字的形体和大小、图片和表格所处的位置等因素。（《辞海》第六版，2010，第71页）除此之外，还包括书眉、脚注、文末注等的编排。版式除了规范性要求之外，还应达到美观要求和实用要求。

“辅文”是指正文（含附录、图、表、参考文献等部分）以外的文字部分。

有一部分辅文是作者写的，另一部分辅文要由编辑来编写，所以编辑应学会辅文写作技巧，以能更好地审读辅文部分。

辅文的写作原则是：(1)观点鲜明，结论正确；(2)实事求是，评价合理；(3)简明扼要，正确无误；(4)言之有物，切忌空洞。

但是在审稿时，这两个方面的问题往往比较多，所以在书稿流程的每一个环节上，编辑都要都注重版式和辅文，以便发现和纠正错误，有利于减少差错率。在编校质量检查工作中，辅文也是必查的部分。

有些编辑在日常审稿工作中往往不清楚基本的文字、版式等方面的要求，甚至弄不清常识，缺乏应知应会的知识和技能。有鉴于此，编校人员应该熟知相关的国标文件的规定，并且通过实践来牢固地掌握这些属于编辑的专门知识。

1. 书名(篇名)

书名(篇名)是书(文章)的灵魂。它最集中地说出一部作品的主题。一般说来,对书名(篇名)的要求是:(1)题文相符,不应该文不对题;(2)简洁,不应该繁琐、啰唆;(3)或以平实简要取胜,或以奇巧构思引人注目,力避平庸、冗赘。

2. 封面设计

封面设计是装帧设计的一部分。封面设计包括封一、封四、书脊、勒口的全部设计,设计原则是:(1)内容规范;(2)主题鲜明;(3)态度严肃;(4)色彩谐和;(5)显示艺术美;(6)要素齐全、准确。

装帧设计人员在制作封面、内封、书脊时,有时会排错字。这些地方的文字性差错可能是由于编辑填写的发稿单字迹模糊,容易造成辨认错误。还有可能是装帧设计与审稿过程失去衔接,编辑在检查和签发封面时,往往付印样已经脱手,由于记忆失准,或者疏于审校,有时产生封面、书脊、内封、版权页、前后勒口的文字(书名、作者姓名、外文、汉语拼音)错误,或前后不一致。

案例 8-1

某书内封上的作者姓名是"戴某某",封面上作者署名却是"林某"。

某书的书名,前后出现 3 种表达法。封面上的正书名与副书名之间没有标点符号,但是前勒口上的正书名与副书名之间有冒号,而版权页、后勒口上的正书名与副书名之间用的却是破折号。

某书的书名,在封面和内封上正书名与副书名之间无标点符号。版权页上正书名与副书名之间有冒号。后勒口却无副书名。

某书的著者署名:封面上署名"王某某译",前勒口上却写了王某某的"作者简介",而不是"译者简介"。

3. 书芯版面设计

编辑应该根据不同的体裁、内容来构思美观的书芯版面,不要完全套用排版公司千篇一律的模板。

4. 书名页

书名页(包括题名页、扉页[或称内封])上的书名必须与封面上的书名一致,需要做到:(1)要素齐全;(2)编排合理;(3)美观。

5. 版权页

版权页好比是一本书的"身份证",需要注意其中各项数据的准确性,也要注意防止错别字。

6. 作者页

作者页一般编排在扉页(内封)的后面,属于专页性质,用于作品有多名作者或有编委会时。作者页应该做到:(1)署名齐全、准确、真实,以免遗留问题,产生纠纷;(2)排序方式合理、规范,因为会牵涉著作权;(3)若是翻译作品,就必须有译者的署名(尤其注意文集里的文章不要漏掉译者署名)。

案例 8-2

在一本英语惯用法大词典的付印样上,作者署名“邢某某编著”,但是又在作者页上列出编委会 37 人的姓名。按理,著述方式若是“编著”,应理解为一人之著作。由此造成该付印样著作性质不明,使作者的署名成为问题。

7. 题献/题词页

题献或题词页在辅文中单独编排成一个专页。审稿时需要注意遣词造句是否符合语法和逻辑规范。

8. 序/前言

序或前言是正文前的独立文章。在一般情况下,专著多用序;教材和编撰稿多用前言;选用某一篇独立文章作为序言的,先列出文章标题,后面用括号注“(代序)”;译者所写的序言称“译者序”。序言和前言都要言之有物,观点鲜明,要言不烦。应该避免文不对题的空话、闲话、言不由衷的话,也要尽量少用“由于作者水平有限,错误在所难免”和“是为序”之类的套话。

9. 目录

目录在正文之前,一般是读者选择和决定是否购买该书之前浏览的内容,或者是学者寻找参考资料时详细关注的线索。因此,目录应该做到:(1)编排合理;(2)格式规范;(3)每一条目都尽量简明扼要,突出重点;(4)特别要注意目录与正文章节标题文字是否一致;(5)防止漏失;(6)防止标号错误。

10. 书眉

书眉既有标示、检索作用,也有版面装饰作用。书眉的文字应当与书名或正文章节标题一致,同时也要防止错别字。另一方面也应当注意,并非每一种书都需要设计书眉。

11. 章节标题序码

章节标题作为在专著或论文中的层次安排,具有内在逻辑性。审稿时,编辑要注意作者的章节划分意图,防止序码混乱。规范的分节标题从高到低、从大到小的序码方式是:

一、二、三、

(一)(二)(三)

1. 2. 3.

(1)(2)(3)

1) 2) 3)

①②③

还有其他方式:

1.1.1.1

1.1.1.2

1.1.1.3

或者外文字母排序:

A,B,C,D

a,b,c,d

或者罗马数字排序：

I,II,III

i,ii,iii

编辑在审稿时要核对序码是否正确，因为序码出错是常见现象。

12. 图、表

图或表是如今著作或论文中常见的内容，用以简要而清楚地当做论证材料，是一种形象的信息。对图或表的审稿要点是注意：(1)格式是否规范；(2)名实是否相符；(3)对文字的审读要仔细；(4)对数据要计算、核实，防止差错；(5)防止出现政治性差错。

13. 标点符号的版式规范

标点符号的使用方法，在具体的写作活动中其实并不简单。标点符号一般不受作者重视，而有些编辑也不重视对标点符号的审读。事实上，大部分作者，甚至包括一些著名学者，都难以做到完全准确地、规范地使用标点符号。编辑在审稿时应该注意：(1)语句行文中间不应该随意插入不应该有的逗号，破坏“主—谓—宾”结构，造成句读错误；(2)不用逗号代替句号，也不用句号代替逗号；(3)顿号和逗号、逗号与分号、分号与句号的区别使用；(4)破折号和连接号、连字符的区别使用；(5)中文省略号用两个三连点；(6)文字之后的标点符号与前面的文字之间不能空格；(7)标点符号不排在行首；等等。(具体的规范可参见国标文件。)

14. 注释

如今的学术专著和论文中往往大量使用注释，而所注的大多数是引文出处。在这一方面，应该注意各类注释的用法，如文内注(夹注)、页末注(脚注)、文末注，编者/译者/校者注等。

15. 跋/后记

跋或后记是对作品的成书过程和言犹未尽的有关事宜做补充性说明，或是作者个人的感想，或讲述与本书相关的其他方面的事情。对这一方面的文字，编辑审读时按一般文字审读方法处理。

16. 附录

附录一般是与正文有一定相关性的资料，编辑审稿时应该注意它们的编排方式。其他审稿要求与审读正文相同。

17. 参考文献

参考文献是对正文内容的信息延伸，一般包括引文出处标注和文后参考文献两种形式。关于引文出处标注，可参见“国标文件 GB/T15835-1995”的第 11 节“引文标注”。关于文后参考文献，可参见“国标文件 GB7714-87”。参考文献的引用原则是：作者所引用的参考文献，只限于那些亲自阅读过的、最重要的、最新近的、最关键的文献，而不是堆积无用的、甚至不相干的材料。

案例 8-3

有一本主题为“后现代主义的跨文化写作”的书，付印样正文 252 页，文末参考文献目录有 379 种之多。

另一本专著更是夸张，正文不到 300 页，参考文献却有 100 多页。

此类情况只说明作者并非用实事求是的态度来对待参考文献的编排，这不是一种严肃的学术态度。虚张声势的参考文献目录是学术上不诚信的表现，而且有误导读者之嫌。若有此种情况发生，编辑应该引导作者遵守真正的学术规范。

18. 索引

当代外国学术著作一般会附有索引(index)，在翻译成中文之后，一部分译著会保留索引部分，但由于变成了中文版，编辑审稿时应该注意：(1)索引编排要合理；(2)标码要准确对应；(3)条目的翻译要准确。

19. 口号页

口号页是一种比较少见的专页，例如马恩列斯经典著作，通常在封二后的单页印一句口号"全世界无产者，联合起来！"当然这也并非说只有这些经典著作方可印口号。有一本美国长篇小说就设了一页口号页，写了一句戏仿式的话：Dentists of the world, unite！(全世界牙医，联合起来！)笔者另外还见到过几次。这种内容虽然只有一句话，但也不可忽略不计。

20. 作者肖像、作者简介

作为辅文的作者肖像或作者简介，对于读者而言也是有用的信息，能使读者对作者有更加形象的了解。编辑审读这部分内容时要注意：(1)作者的肖像不可搞错；(2)若肖像关涉肖像权，要注意不致侵权；(3)作者简介的文字要准确，简明扼要；(4)作者的生卒年月要经过核对、考证。

21. 内容提要

按照传统规范，学术著作、创新教材乃至长篇小说等作品，都应当有内容提要。内容提要用简短、凝练的文字引导读者了解书的内容和特点。对内容提要的审稿要点是：(1)文字要高度概括；(2)要突出重点内容；(3)写作要有特色。

22. 出版说明

在必要的时候，编辑撰写出版说明，向读者交代该版本、版次的出书缘由、动机、目的、对原先版本的改动等等情况。

23. 辞书凡例等部分

凡是辞书，都应当有凡例来说明编写方法、体例等等，以方便读者准确、迅捷地使用。对辞书凡例的审稿要求是：(1)学术性要强；(2)方法要合理；(3)文字要准确。

24. 编者按

编者按语也是一种说明性的文字，是编辑对作者文字的补充或评语，表达出版者的意见和观点。

二、英文排版的常见版式错误及编辑纠错方案

大多数作者或排版人员都不太熟悉或不太注意英文排版的正确版式，所以在书稿中常常可以见到以下各类错误：

(1) 破折号与连字符混用、错用；

(2) 移行错误(有些排版软件没有整词移行功能，所以会产生一些移行错误。正确的英文排版的移行，应该根据规范，以单词内的音节为单位来移行。但是每一页最后一行的最后一个单词的位置上不可移行)；

(3) 标点符号错误(包括错用、遗漏、多用、行首使用、标点不统一，等等)；

- 英文省略号写作 3 个点
- 使用书名号
- 使用顿号
- 使用引文末尾(或句末引语)的标点符号位置错误
- 漏标点,或者多了标点
- 括号套用(圆括号里套圆括号)
- 缩写单词的缩略号时有时无,不统一(例: USΛ,U. S. A.)
- 音标的重音号标错、遗漏
- 人名的间隔号位置错

(4) 字母大小写错误(错用、混用、前后不统一);

(5) 并词(两个单词之间未空格),或裂词(一个单词中间错误空格);

(6) 数字错误:

- 数字撇位错误(英文数字为了便于读出,使用三位一撇号,不可撇错[例: 130,000,000];但注意在中文环境[包括语篇、语段、语句]里不用撇号,须按规定用三位一空[例: 130 000 000])
- 小数点标错位置,造成数字表达上的极大错误
- 遗漏表示数字的单词(例: 5 million people 错写成 5 people)

(7) 单词拼写错误;

(8) 版式(空格、对齐、字号、字体、空行)错误;

(9) 外来文字符号的错误或遗漏(例: 法文、德文、西班牙文等文字中的 â à á ã ä å ç è é ê ë ì í î ï ñ ö ĕ ē 等。曾经有一位作者不会使用电脑排字的符号字库,结果把 Köln [德国地名"科隆"] 输入为"Ko 加两点 ln",责任编辑不懂德文,所以猜不出作者是什么意思);

(10) 教材和教辅书中的习题答案错误;

(11) 缩略号与前面的字母分开;

(12) 货币符号与后面的数字分开;

(13) 省略号与前面单词脱开;

(14) 一个完整数字分排在两行(即第一行末尾和第二行起首);

(15) 年代表达错误,例如:

in late 1960's 和 in the 1930s,两者皆可,但在同一本书里应该统一到一种表达法(注意: 如果是 in her 70s,则是指"在她 70 多岁时",这里的"70s"不是年代,不可用撇号)

(16) 英语语句以前引语加后引语方式表达错误,正确方法是:

"It's all right now,"the dentist told him. "It's over."

注意标点符号的用法:

- 第一个引号(前引语)内,句末用逗号,即使此句是完整的陈述句也不用句号,但可使用问号和感叹号
- 中间的陈述句末用句号,不用逗号
- 第二个引号(后引语)为独立句子,句首字母大写,例如:
  "Yes,"I said. "I can ride a horse."

"I'd like that,"I said. "Thank you."

"Mr. Smith looks very happy,"I thought. "But how did he get all his money?"

但若后引语不是独立的句子,则中间陈述句用逗号,后引语起首字母小写。例如:

"It seems,"he continues,"that tomorrow will be fine."

(17) 在英文句子中,引号前用冒号。正确方式为引号前一般不可使用冒号,例如:

When he finished scribbling,he said, "Why did you decide to go to law school?"

Kyle scratched his stubble as he said, "What do you want?"

She looked around with as much menace as possible,then confirmed, "This system is self-contained."

有很多作者不懂这种规范,结果用中文的冒号加引号的表达方式,这是不符合英文表达习惯的。

三、排版、编辑、校对中需要纠正或统一的几个版式或用法问题

以下几种版式或符号用法的差错是一般书稿或校样中常见的,编辑在审稿时要仔细关注。

1. 号码、编码使用连字符时,连字符前后不空格

(1) 顺序编码

误:A—3

正:A-3

(2) 电话号码

误:510—282 - 2649

正:510-282-2649

2. 货币符号与数字之间不空格

(1) 误:US$ 100

正:US$100

(2) 误:U. S. $ 1.75

正:US$1.75

(3) 误:¥ 987

正:¥987

(4) 误:£ 15

正:£15

3. 拉丁缩写词中间不空格

(1) 误:*e. g.*

正:*e.g.*

(2) 误:*i. e.*

正:*i.e.*

4. 国名、机构名缩写方式若用缩略号,中间不空格

(1) 误:U. S. A.

正：U. S. A.

(2) 误：M. I. T.

正：M. I. T.

5. 需要空格的情况

(1) 当括号里是一个独立单词时，括号前要空一格

误：run out(of)

正：run out (of)

(2) 用 *etc.* 时，前面空一格

误：table, chair,*etc.*

正：table, chair, *etc.*

(3) 人名用缩略号时，后面空一格

误：Peter C.Johnson

正：Peter C. Johnson

6. “上午”与“下午”的英文缩写法

这两个词的英文缩写形式没有统一规定，各本权威性词典里说法也不一样，例如：

Shorter Oxford English Dictionary 规定为 1 种用法：p. m.

Cambridge International Dictionary of English 规定为 2 种用法：pm / p. m.

Webster's New World Dictionary of the American Language 规定为 3 种用法：P. M. / p. m. / PM

《英汉大词典》规定为 3 种用法：PM / pm / p. m.

《新英汉词典》规定为 3 种用法：PM / P. M. / p. m.

笔者建议用 p. m. 或 pm，但是无论采用哪一种写法，都应该做到全书统一。

7. 注号的位置与方式

一部分作者和编辑弄不清正文中的注号位置应该在哪里，有人问：注号是否一律放在句末？如果放在句末，那么注号应该在句末标点符号的前面还是后面？

按道理讲，注号应该直接跟在被注释部分的后面。

如果注释的是句子中间的某个概念，那么注号应该直接跟在这个概念的后面，例如：

至于其他的学问，既然它们的本原[1]是从哲学[2]里借来的，我们可以肯定，在这样不牢固的基础上决不可能建筑起什么结实的东西来。

如果注释的是整个句子的内容，那么注号应该放在句子末尾，并且应该在标点符号后面，例如：

他说，“行动十分迂缓的人，只要始终循着正道前进，就可以比离开正道飞奔的人走在前面很多。”[3]

注释号的表示方式可以有以下几种：

1 2 3

①②③

[1] [2] [3]

无论采取哪一种方式，一般都排在上角，并且都应该在作品中从头至尾统一。

四、发现与处理"抄袭"和"著作权"问题

抄袭是一种不道德的行为,也是违法行为。著作权法保护原创作者的权益。而编辑若擅自误改作者的正确文字,说得严重些,也带有侵权性质。因此,编辑在改稿时要掌握尺度。

1. 防止抄袭

目前的书稿和文章中,抄袭现象屡屡出现。连一些知名学者都被揭发有抄袭行为。学风不正的普通作者更是利用网络和粘贴手段,拼凑成稿。此中情形,隐患甚大,一旦被指控,出版社就会陷入纠纷,遭受经济损失和名誉损失。

案例 8-4

2007 年 4 月,某大学外国语学院一名教师检举,《研究生英语论文及应用文写作》(2006)的第一部分(该书第 3 页至第 252 页)"论文写作篇","其大部分内容"同某国某大学出版社的一本研究生学术论文写作教材"如出一辙,且相当部分章节是一字不差的抄袭成品"。此事造成了不良影响,也给当事人(主编)带来不良后果。

因此,编辑在审稿时要多一个心眼,防止自己负责的书稿存在抄袭现象。

为了防止出版物里出现抄袭现象,编辑的对策和技巧是:

(1) 在审稿之前(组稿、约稿阶段)直接提醒作者"不可抄袭";

(2) 使用委婉语,告诉作者,文字要"防止雷同";

(3) 按学术规范,要求作者"凡引用他人文字之处,应该注明出处";

(4) 审稿时若有怀疑,可试用网络比对方法,输入一些关键语句,查找有无别人先前发表过的文字;

(5) 从文体风格的前后矛盾中作出分析和判断;

(6) 对明显超出国内普通作者写作水平和能力的内容进行核查。

2. 同著作权相关的一些问题

在与著作权相关的方面,有一些实际问题是编辑应该注意的:

(1) 作为编辑,这门职业要求我们必须熟悉《中华人民共和国著作权法》(最新版本)及其《实施细则》,在工作中依法行事。

(2) 防止侵权现象,其范围包括文字、图片、音像等。编辑在审稿时要有著作权意识。

(3) 现在的出版物,教材、教辅占了很大比例。国家版权局的《教科书使用作品支付报酬办法》规定,编写出版教科书使用已发表作品也要按国家规定付稿酬。随着中国作者们的维护著作权意识越来越强,编辑一定要注意这个问题。

(4) 出版社同作者之间一定要签订出版合同或约稿合同,并且作为档案保存。作者一方若有多名作者,那么除了出面签署合同的第一作者以外,其他作者的作品若是独立作品(例如:作品选集里的独立作品,哪怕只是一首小诗;或者文集各卷本身都是独立作品),都要由第一作者提供其他独立作品作者委托第一作者代理著作权的作品出版委托书。凡是未经同意而使用他人作品,都有可能酿成著作权纠纷。

五、防止误改

前面单元里讲到过“产生差错的来源”,编校人员的误改也是其中之一。

郝明鉴先生曾经指出过:不要轻率地改动作者的文字,例如将“叔孙通”错改为“孙叔通”,将“米家山水”错改为“作家山水”。这是“无知者无畏”而犯的错误。

按理说,编辑不应该误改作者的文字,但是如今也成了普遍现象。无疑这与编辑的文字基础和知识结构有关。

与编辑改稿有关系的原则有以下几条:

(1) 明显的差错,一定要改正;

(2) 凡是有可疑处,都应该质疑,并且会同作者商量修改;

(3) 能改得更好的,酌情改好;

(4) 可改可不改的,基本不改;

(5) 防止错改,注重查证;

(6) 切忌按个人喜好改稿;

(7) 以国家标准、行业标准或内部规范为准;

(8) 注意文字、版式的全书一致性。

案例 8-5

(1) 一本叙述中国古代行政制度史的书稿里有“褒衣博带”一词,编辑用红笔改为“峨冠博带”。

【此系误改。“褒衣博带”语出《汉书·隽不疑传》,“褒衣”意为“宽袍”。】

(2) 作者书稿里是“21 世纪大学协会(Universitas 21)”,编辑将“Universitas”改为“Universities”。

【此系误改。“Universitas”是拉丁文,不是拼写错误。】

(3) 书稿原句“5 000 长吨棉花 2007 年交货”。编辑删去“长”字,将“长吨”改为“吨”。

【此系错删。“长吨”是英美等国计量单位,1 长吨 = 1.1605 公吨 = 1 016.046 千克 =1.12 短吨,编辑只知有“吨”,不知有“长吨”。】

(4) 一位校对人员将一本英语教辅书里 3 处“Hongkou Football Stadium”(虹口足球场)中的“Hongkou”一律改成“Hongkong”,而编辑竟然认可了。

【此系明显错改。这位校对人员只知有“香港”,不知有“虹口”。编辑不知道是对是错,也不提出质疑。遇到这种情况,按理编辑应该向作者求证。】

从上述 4 条案例中可以看出,误改现象牵涉编校人员的(1)知识基础欠缺;(2)编校技术程序缺失。作为编辑,从业伊始,就要注意大量阅读,拓展知识面,同时学会勤查资料,将“质疑”和“求证”当作同一件事情来做。

1. 更多案例

以下例子是在终审、复审时发现的编辑和校对人员的一些误改实例:

(1) 新的研究理路(“理路”被误改成“思路”)

【“理路”指“理路思路”。】

(2) 整理有明一代诗歌作品(“有明一代”被误删去“一”字)

【“有明一代”“有宋一代”是某些历史文化研究者喜欢采用的表达方法。】

(3) 历史地理要籍(“要籍”被误改成“古籍”)

【“要籍”意为“重要典籍”。】

(4) 吴方言(被误改成“吴语方言”)

【“吴方言”指“吴语地区的方言”。加了“语”字,反而使“语”和“方言”重叠。】

(5)《汉语论丛》的论域比较广阔(“论域”被误改成“学术领域”)

【“论域”意指“论及范围”。】

(6) 日本国众议院议员(“国”字被误删)

【“日本国”是日本的正式国名,而“日本”只是简称。】

(7) 不可或缺(“或缺”被误改成“缺少”)

【“不可或缺”是成语,指“不能短少的”。】

(8) 业已(“业”字被误删)

【“业已”意为“业经”。改文为白,是编辑之错。】

(9) 决策树(文字下面附有树形图。“树”却被误改成“书”)

【这位编辑没有基本常识,反而造成概念错误。】

(10) 甚或(“甚”字被误删)

【“甚或”意为“甚至”,删了“甚”字,就歪曲了原意。】

(11) 下美索不达米亚(“下”字被误删)

【“下美索不达米亚”是地名。“美索不达米亚”(Mesopotamia)亦称“两河流域”,在叙利亚东部和伊拉克境内,“下”指该地区南部。删去“下”字,说明编辑欠缺知识。】

(12) 启航(被不必要地改成“起航”)

【“启航”和“起航”是同义词,不必改。】

(13) 型式(被误改成“形式”)

【“型式”(pattern)和“形式”(form)是两个不同的概念。】

(14) 普通现象(“普通”被误改成“普遍”)

【“普通”用于表达性质,“普遍”用于表达程度,随意修改就损害了原意。】

(15) 测验你对本章关键概念的知识(“知识”被误改成“认识”)

【这里说的是考查知识,不是考查“认识”。】

(16) 相应地,他的政府是一种保护伞(“地”被误改成“的”)

【“相应地”在句中处于状语位置,不是定语。】

(17) 犹大王国和以色列王国(“犹大”被误改成“犹太”)

【事关世界史知识,不应该只知道“犹太”而不知以色列的历史上曾经有过“犹大王国”。】

(18) 附从(被误改成“服从”)

【“附从”意指“附和,依从”,与“服从”是不同的概念。】

(19) 屋内的四至几乎相同(“四至”被误改成“设置”)

【“四至”指住宅基地、室内、田地等的四周界限。出错的原因是编辑从来没有听说过

什么叫“四至”。】

(20) 却明显地没有这种观念(“地”被误改成“的”)

【“明显地”是状语。有不少编辑既不会准确分辨,又不会正确使用“的”“得”“地”三字,往往见错不知道改,或者反而将对的文字改成错的文字。】

(21) 中国的农业和金属冶炼明显地是独立发明的(“地”被误改成“的”)

【以状语修饰动词,事关语法知识。】

(22) 青铜象(原句中指的是由青铜浇铸的大象,不料“象”被误改成“像”)

【编辑在错改之前没有仔细想一想,“像”字只用于“人像”。】

(23) 母权制初期阶段(“初期”被误改成“初级”)

【“初期”意指“早期”或“最早的阶段”,并非表示程度的“初级”概念。】

以上案例只说明一个问题——编辑的不学无术却又十分主观武断往往会造成很大的错误。

2. 复审纠正初审误改案例

以下例子也是初审编辑误改的例子。复审编辑恢复了作者的文字。

(1) 奴隶主民主制度(初审编辑误改成“奴隶制民主制度”)

【复审编辑恢复作者文字,并作说明:古希腊的民主制度是在奴隶主阶级内部实行的。奴隶不享有民主。若改作“奴隶制民主制度”反而不确切。】

(2) 圆形形象(初审编辑误删“圆形”二字)

【复审编辑恢复了作者的文字,并作说明:“圆形形象”概念未错。“圆形”的英文原文是 round,系 20 世纪英国小说理论家福斯特(E. M. Forster)在其理论代表作《小说的若干方面》(*Aspects of Novel*)中提出的概念,是相对于“扁平(flat)人物”而言的。这一对概念早已被文学理论界普遍接受。】

(3) 古希腊的剧诗(初审编辑误改成“悲剧和诗”)

【复审编辑恢复了作者的文字,并作说明:“剧诗”系文学理论中的固定术语,其英文可表述为 dramatic poetry,盖因古希腊悲剧都是诗体作品,一般又称作“诗”,所以早期欧洲文学理论又被称作“诗论”。】

(4) 全德性(初审编辑误改成“全国性”)

【复审编辑恢复了作者的文字,并作说明:当时的德意志民族由许多个诸侯国、大公国等国体形式组成,尚未形成一个统一的国家。“全德性”可解读为“整个德意志民族的”。】

(5) 奇谲的(初审编辑误改成“奇怪的”)

【复审编辑恢复了作者的文字,并作说明:“奇谲的”系常用形容词,可修饰某种文体风格,或某种政治风云,甚至形容天上云彩的千变万化。】

(6) 白桦和菩提树的头被剥光(初审编辑误改成“枝条被剪光”)

【复审编辑恢复了作者的文字,并作说明:此处乃诗意表述,喻指树叶已落,树冠光秃秃的。】

(7) 智识(初审编辑误改成“知识”)

【复审编辑恢复了作者的文字,并作说明:“智识”这一概念未错。在 20 世纪中国新文化运动时期,鲁迅、胡适、李大钊等先驱人物的著作中都有“智识阶级”和“智识”的惯用说法。另可参照当代西方文化理论中关于 intellect(智识)和 knowledge(知识)两词的差异及区别用法。】

在很多时候,编辑在改定文字之前应该仔细查考自己的想法是否正确。有时候,编辑认为正确的改稿方案其实不一定正确,因为很可能是改掉了作者的正确表述。鉴于汉语(也包括其他语种)文字和语词的含义丰富性和表述方式的多样性,编辑个人不可能全部掌握,而作者的表述可能是对的,所以在审稿、改稿时,一要慎重判断,二要注重查考。

3. 编辑自我保护的技巧

编辑修改书稿,分"实质性修改"和"非实质性修改"两种情形。其中的区别是:"非实质性修改"是"润色",而"实质性修改"是"纠错"。编辑纠正作者的差错,要"言之有理""言之有据"。

属于政治性的错误,要坚持改正,不可姑息。属于知识性的错误,也要坚决改正,不可妥协。但属于学术性的争议,处理时要慎重,此时编辑如果要修改文字,也只能是同作者"商改"。

在一般情况下,责任编辑修改之处(尤其是实质性的修改)要请作者过目,亦即"征得作者同意"。若是编辑误改了,此时可得到纠正。

请作者看过校样后,要让作者在校样上签字,以免日后可能产生的纠纷。

凡编辑提出必须修改之处,若作者坚持不改,有时在不牵涉重大原则的情况下,编辑可妥协放行,但应将建议修改的文字页面记录存档,保留若干年,以便必要时查阅。但如果是明显可以确定的差错,作者不愿意修改,那就另当别论了。

附:《编辑审稿实务教程》练习与答案

练习一、集中式纠正文章中的错别字

汽车在穿流不息的高速公路上行驶了不到两个小时,就到了常熟沙家浜,飞快地驶进了渡假村大门。我还没来得及看清楚大门两侧的一幅对联上的字,汽车就稳稳地停在宾馆楼前了。我下车前特意向司机伸了伸大姆指。

环顾四周,兰天白云下,树影重迭,湖水涟漪,真像世外桃园,风景值得欣尝。吴秘书长早在楼前等侯了,他迎上前来同我们一一寒喧,然后说:“大家先吃午饭吧,主编会议从今天下午1点钟开始。”

午餐席间谈笑风声。我说,刚才没看清大门外的对联,不知写的是什么。刘主编开玩笑地说:“虎踞龙盘今胜昔,天翻地复慨而慊。”好几位主编都都笑了起来,齐声道:“胡扯。罚茶三杯。”张主编说:“楼下服务台有赠送的名信片,印着大门,一看就知道。要不要我去拿一张上来?”

说话间,冷菜已被尚未言语的孙主编风卷残云般地扫去了一多半。我说,见美食尤如饿虎下山,此乃饕餮之徒也。他答道:“早上食不裹腹,中午大快朵颐,不能自己,诸位莫笑。”

话才说完,他忽然对我说:“大胆之徒!你去年姿意妄为,挖我墙角,把我最好的一个编辑挖走了。那是我沤心沥血培养的人才!别忘了,此地是沙家浜。《沙家浜》里阿庆嫂怎么教导来着?‘开茶馆,盼兴旺,江湖义气第一桩!’可恨,可恨!”我知道他早晚要同我算这笔账,只好装出一副死皮癞脸的样子,说:“那我还你两个吧。复旦每年毕业的博士、硕士多如过江之鲫。在下一诺千斤,决不食言。”

杜主编在一旁煽风点火:“老林,再接再励,一如继往,一股作气,继续挖他人才,让他一愁莫展,继而自抱自弃,甘败下风。”

孙主编说:“大家不要这样嘛。第一,做人要厚道,不要迫不急待地竭泽而鱼,把我的人都挖走。第二,懂点人情事故好不好,和谐一点嘛。第三,有饭大家吃是我辈的一条基本原则。如此有持无恐地干下去,防碍了我们的发展,我那一百几十号兄弟姐妹不要吃饭啦?求求诸位手下留情,不要让我走头无路啦。”

吴秘书长说:“你不也挖了别人的人才嘛。市场竞争是公平的,如今你那里像是金榜提名,广受亲睐,又透出一股想做大事业的气慨,影响力幅射全国,各处人才趋之若骛。现在有些编辑就像候鸟迁徙一样跳槽,跳来跳去。不过,老孙,我给你出个主意,你把老林挖过去算了。”

我说:“他哪会要我呀!他那里不仅旧大楼修茸一新,而且造了豪华的新大楼,美仑美奂,高耸九宵。房间里全是打腊地板,盥洗室按装的水笼头恐怕都是泊来品吧。咱们想去参观,大概要买入场卷了。坦白交代,峻工之前有没有接受过脏款?"

孙主编说:"哪敢呀!党纪国法的达摩克利斯之剑悬在头上,我等好自为之。我当然不会做×××那种人。"

我悄悄地问坐在旁边的吴秘书长:"我前两天才听说×××出事了,究竟是什么事?"

吴秘书长用筷子醮水,在桌上写了两个字:"双规"。"老孙清楚,让老孙说。"

孙主编说:"若追朔他的过去历史,倒也曾经洁白无暇过。业绩嘛,倒也凑和。只可惜如今所犯之事,令人感到震憾。过去只觉得他作风粗旷,但不贪财。哪知道他一有机会,便如蜇伏后出洞的蛇,原先抑制的欲望一下子全渲泄出来,以为黄梁美梦终于可以实现。床第之私的事情不去说它了,整天沉缅于抓权抓钱,时而鬼鬼崇崇,时而摆出一副在官场上炙手可热的样子。他这个人不算笨,曾经说过'贪钱乃饮鸠止渴'这样的话,不料竟也是贪官一个。'双开'前夕,人虽已萎糜不振,却还想百般掩盖,认为自己的罪行还不至于被说成'磬竹难书',认为自己的作为只是疥癣之疾——搔痒病而已,所以内心期望有额首称庆的一天。哪知道纪委像'了望哨',也不是吃素的,根据蛛丝蚂迹,掌握关键证据,出奇不意地将他双规了。现在不知道他本人在想什么,我只知道他父母亲老俩口整日以泪洗面。"

吴秘书长说:"好了,不说他了。老林,你们那本大辞典进展得怎么样了?"

我说:"多谢关心。哎呀,你们哪里知道我们做得有多苦。编篡一部大辞典,缺乏编辑人才,就像女人做月子没人伺候,难啊!说起来你们都比我懂行,要真正编出一部好辞典来,并且使它出版后声名雀起,不径而走,读者争相购买,烩炙人口,真是太难了。首先,要使它凭添三分新意,才能让读者感到有必要掏钱。其次,编写思路不能完全默守成规,要做到不落巢穴。第三,内容博取精萃,旁证博引,知识信息量要大。例如,'发轫'一词的词源出处;'针贬'一词的用法;'杀戳'一词属于贬义还是褒义,等等。第四,文字要尽量言简意骇,不能罗唆,要在平实中见功力,不能娇揉造作。第五,装祯要漂亮。第六,不管算得上算不上主弦律作品,编校质量一定要保证,不能是赝品。……所以,我们大大地需要人才,日后还望各位鼎立相助。真该体谅我们那几个编辑,天天是三更灯火五更鸡,个个都弄得'悬梁刺骨'般地勤劳。一个编辑说:'主编,我在键盘上干得手都痉挛了。'另一个说:'整天神经不得松驰。'还有一个说:'我脉博都快要不跳了。'……"

孙主编插嘴说:"这不行啊,老兄,你是在草管人命啊!"

我说:"你那里还有几员大将,借来一用?"

孙主编回了干脆的两个字:"休想!"

吴秘书长说:"有你在那儿坐阵,既使人手少了些,谅来没有问题。"

我说:"我是滥芋充数的,工作主要靠几个专业编辑在做。如今的市场,正所谓'月儿弯弯照九洲,几家欢乐几家愁'。不是说21世纪是人才的世纪吗?人才多了,我就不愁了。"

练习二、集中式纠正语篇中的差错

1. 长江是亚州最长的河流,也是世界第一大河。她从青藏高源的冰川雪峰中走来,一路婉蜒东流,延棉万里,时而喘急咆哮,时而气势灰宏。她以母亲般的搏大胸怀,吸纳汇聚了岷、沱、嘉、湘等大川及洞庭、鄱阳、洪泽等大湖,一路上浩浩荡荡,最后由上海的吴凇口入海,注入浩缈、一望无艮的兰色海洋。

长江和黄河一样,是中华民族的摇蓝。古往今来,留下许多令人叹为观止的自然景观和文化遗迹,传送着无数可歌可泣的动人故事。长江也是横桓与中华大地上的一条生命线,中华民族的先民们沿江而居,繁衍声息,幸勤劳作,历尽摩难,创建了一坐坐河港城市和历史重镇。

今日长江,拥动着改革开放的大潮,涣发出青春的魅力。要是你能顺江而上或朔流而下,一定会目睹到长江暂新的雄恣,清淅的铃听到长江奔向新时代的哄然涛声!这涛声,是长江的脉博,似万马在驶聘!

我们热爱长江,赞美长江,不仅仅在于长江的壮丽逶迤,更重要的是长江孕育了祖国的文明,脯育了一代又一代的炎黄子孙。

2. 他缀了一口茶,慢不经心的说:“诸位别看他装的满腹经论的样子,说起话来旁证搏引,其实他开口总是老声常谈,做起事来好高骛远;标榜自已是安分守纪之人,想望世外桃园,骨子里对名利虎视耽耽;常常自诩‘声誉雀起’,实际上在学术圈里声名狼籍;辩论问题时,明明自已错了,却偏偏负偶顽抗,真可谓积重难反。我虽和他素味平生,但涉及到原则,必须明辩是非。”

3. 她不忌惮别人背后议论,说她“弱不经风,却要向高难度挑战,心气太高,这次比赛恐怕要时倍功半了”。须知皇天不负苦心人,她一登上台,那轻歌慢舞的表演、举重落轻的工夫,立即征服了全场观众。看来这次京剧大赛的冠军称号她是垂手可得了。我为她感到高兴,也愿她今后继续努力,再接再励,取得更大的成绩。

4. 改正成语中的错误

天翻地复	堪称楷摸	经世济明	身体羸弱	切夫之痛
慌慌不可终日	万象更兴	文过则喜	争荣岁月	风起于青草之末
命运乖戾	虚以委蛇	同身感受	佶屈身牙	苴补成卷

5. 改正菜单上的错别字

冷盘:	葱油海蛰	蜜汁小扒	四喜烤夫	酸辣缸豆
	松脆罗卜	油闷笋	凉拌乌苣笋	
热炒:	碗豆虾仁	葱爆尤鱼	四珍鱼圆	豉汁里肌
	菜苔蜡肉	红烧肚当	清蒸扁鱼	冬菇面巾
点心:	风味盖交面			
水果:	哈蜜瓜	弥猴桃		

6. 以下一段文字取自2012年2月的付型样《大学学术职业与教师发展》第125页,其中有一些错误需要改正。

在FD制度化中,建立教育研究的评价制度无疑是最极端的做法。把这样的极端事例拿出来作比较,也能看出哪些国家已经实现FD制度化,哪些国家尚处于制度形成过程。在相当早的阶段,美国就发展了通过同僚评价督促教师自我检查教育研究质量的认证制度,而且10年一次的专家集体的大学评价以及商业性评价也都非常发达。对此,英国采取了政府主导的大学评价,法国则根据1984年条例,于1985年设置了全国评价委员会(CNE)。德国以科学审议会(1985年)的报告为契机,进入了由科学审议会和校长会议共同评价大学的阶段。与美国的《美国新闻和世界报道》(*US News and World Report*)、法国的新闻周刊(Le Nouvel Observateur)一样,德国的Der Spiegel(1989年)杂志据说也开始了大学排行榜评价。在亚洲,韩国已实施大学评价,中国则正准备朝着全国性大学评价的方向发展,上海市将作为实验地区率先试行,这是笔者前阵子调研时发现的结果(据说预定在2005年开始全国性大学评价)。眼看着这些国家一个接一个地引进评价,看来,通过提高教师素质来改善大学教育研究功能,增进大学活力的政策已经在世界范围内铺开。

7. 试修改以下句子。

(1) 如1979年版的柯林斯英语语言词典给狗下的定义是“一种家养的具有不同大小和形状品种繁多的猫科哺乳动物”。

(2) 美国的全称是美利坚合众国(United States of America),简称为美国(America, the States,the U. S. or Uncle Sam).

(3) 肯尼迪(Kennedy)总统支持古巴流放者并希望他们推翻卡斯特罗政权(Castro Regime),直到1962年古巴导弹危机(Cuban Missile Crisis)后,美国才开始顺畅地接受古巴的形势。

练习三、中文单句纠正差错

1. 是故,孔子说:“吾日三省吾身。”老子说:“知人者智,自知者明。”鲁迅则说:“我的确时时解剖别人,然而更多的是更无情面地解剖我自己。”

2. 相较于对思想的钳制从来唯恐百密一疏,各级官员对流莺暗娼的打击却总是雷声大雨点小,或者干脆眼开眼闭。

3. 中国的古典哲学家和诗人们也认为“塞翁失马,焉知祸福?”

4. 于是就想到如今的中国,其实是与中世纪的欧洲很有些相像的。

5. 不是我有意要替一些贪官污吏辩白,一个人要想一生清清白白,不拿不取,不贿不贪恐怕也难。

6. 常言道:“小河有水,大河不干。“

7. 大约因为这种曾经很接“底气“的经历,他比一般喜欢清谈的知识分子们,似乎也更多了些忧国忧民的情怀。

8. 我们生活在一个因缘聚散,同体大悲的娑婆世界。

9. 那个曾经让人引以为傲的礼仪之邦的中国,你究竟在哪里?

10. 我们部队的驻地是山东曲阜,1975 年“批林批孔”时成了一个热点城市。

11. 部队又抽掉了不少干部和战士去邻近的山东曲阜师范学院与教师、学生、工人和农民一起编译相关政治宣传资料。

12. 他们有时也会在门前的院子里插一块木牌,上书“Grage Sale”(车库杂物大甩卖)几个字,然后将车库里连同家里储藏间用不着的杂物都搬到门前的草地上甩卖。

13. 1963 年,他出生于山东济南,……1881 年,他考入了第二军医大学,毕业后作为优秀毕业生留校在长海医院工作。

14. 那时候我不懂,只觉得大人们严肃紧张的表情和沉重的气息与往常大一样。

15. “这帽子,你们科这么多人戴下来,都像土匪,还是你带的最好看,像阿拉伯王子。”大家不禁大笑起来。

16. 读书、实习、临床工作至今,还记得本科毕业之时举起右手一起高声朗读出为人类病痛奋斗终生的希波克拉底誓言。

17. 他还记得,院长正式宣布他正式接替普外科前任主任的工作,是 1997 年 1 月 1 日零点。

18. 他发现,多数技术国内都有了,但是最大的差异是观念价值不同。

19. 比如情书,比如海德格尔与马克思韦伯之间的书信,比如傅雷家书等。

20. 不能把医学纯粹看成给别人看病,你要真正地对社会有所体验,才能融入进去,进而看好病。

21. 20 世纪 90 年代,香港李嘉诚基金赞助大陆和香港医学界相互学习交流。

22. 这个患者也知道肿瘤转移意味着什么,极度绝望,跑来找胡医生寻找最后的一根稻草。

23. 他说："自己的眼界与素养完全是在上海练就的，越到后来，手上的工夫越来越敌不过思索与判断。"

24. 他父亲是教师，家里几个亲戚都是医师，想着学医以后也有人能照顾，于是在父母的建议下，他就报考了医学专业。

25. 在医院的介入科，李医生遇到过一生最难忘的事。当时，41 岁的学校的后备干部，患巨块型肝癌，没法做手术，只能做介入，当时主任不在，只有自己上阵。

26. 育才中学毕业一直接受的教育是兴趣教学，所以死记硬背对于我来说很乏味。

27. 如今他已身为主任，一天统领十几场手术已是家常便饭。科室的年手术量更是达到 4 700 例，恶性肿瘤位居全国前列。

28. 因为即使不在军队体制里了，他觉得自己还是一名英姿飒飒的共和国军人。

29. 记得她曾经治疗过一位即将参加高考的霍奇金淋巴瘤大男孩，疾病像一道利剑正好挡在了他本该美好无忧的学途之路上。

30. 成长的路上若能遇上那个一两位对你人生有启迪的良师益友，可能将影响到你的一生。

31. 杨女士乃女中豪杰，从一个东海民兵干部不断成长，转辗数地，现担任镇党委书记，为党和人民做出显著贡献，展现了她精彩的人生。

32. 虽然星换斗移，日月更替，但东海儿女的身上始终传承着一种可贵的精神。

33. 川菜与广菜，以川菜为主；中档与高档，以中档为主；小吃与宴席，以小吃为主；饭菜酒与点心，以饭菜酒为主。

34. 当时农村比较艰苦，生产队长是冲在基层第一线的全国最小的官，不但要按排生产、还要带头干活。

35. 1990 年 8 月，根据组织安排，老何又承担了顾路乡老令党总支工作。

36. 他与战士们一起开垦种菜，不同季节种上不同的素菜，连里养猪，猪肉能自供自给，改善了战士伙食。

37. 后来得知附近驻军有一口深井，已调防而闲置。

38. 1993 年唐校长被评为浦东新区园丁奖。

39. 记得有几次,学生在操场上奔跑时摔跤了,血流不止,他马上拿出手帕捂住伤口,抱起孩子飞奔到卫生院去消毒包扎,这样的事情举不胜数。

40. 布料是十分显眼的桔黄色,粗凡布改成细凡布,布料轻型坚韧且质量过关。

41. 县内有归侨 74 人,侨眷 4 万人,去台人员 1 750 人,台湾家属约有 5 千余人。

42. 20 世纪 40 年代初,王申甫同家兄王斗甫跟随地下党张渭清一起帮助苏北解放区建中共地下党运输线。

43. 1949 年上海鲜放前夕,王申甫受张爱萍将军委派潜回上海,为上海的三处地下党组织秘送机密文件,同时策反国民党人士起义。他的哥哥王斗甫在运输军用物资时被人招供而被捕,判刑五年出狱后,即参加人民解放军,现为离休干部。

44. 她组织一批优秀学生进行社会考察活动,让学生亲眼目睹人民群众参加社会主义建设的热情。

45. 退休后他仍不忘发光发热,继续担任浦东新区广播电视台离退休党支部书记。

46. 热带山岳丛林地,山高林密,坡陡谷深,路少人稀,雨多雾大,气候多变,河流纵横,荆棘纵生,地形十分复杂。

47. 听到此我测隐之心油然而生,可又无奈。

48. 工厂当年生产的仿鸡皮服装,时任上海市委书记也穿过。

49. 有时村民不耐烦了就用铜丝当保险丝,结果电气安全隐患严重、险象环生。

50. 他们制定了各部门、各人员的工作责职和行为规范及各类奖惩制度,从而确保了公司有秩运转和工作的正常展开。

51. 所有员工都是农民出生,文化程度不高,管理水平也都有限。

52. 当天清晨,彩旗飘扬,气氛热烈,乡、村领导早早来到工厂,与所有员工一起严阵以待迎接审查组的到来。

53. 审查小组也对此次的审查流程和各审查人员负责的项目进行了详尽的安排，至此取证工作正式打响。

54. 经过几个月的学习，要考试了，毕竟计算机对我们来说是新生事物，心理不踏实，总感觉不像包粽子那样得心应手。

55. 虽然我心里年龄要年轻很多，但身体时而在提醒我"什么样的年龄做什么样的事"了。

56. 为了圆我的气象梦，培训期间我刻苦学习、认真领会、不断探索，基本掌握了气象观察的部骤和要领。

57. 我收集了上百条农谚，例如"日晕三更雨，月晕午时风""天上里鱼斑，明日晒谷不用翻""久晴大雾必阴，久雨大雾必晴"等等。

58. 餐饮部的业绩和客房入住率明显提高，月营业额在原来的基础上番了两番，酒店的知名度有所提高。

59. 大楼客梯在运营过程中有时会突然停止，过一会它会停在某个楼层，好多员工因此而受到惊吓。

60. 我走到厨房间，拧开水龙头，流出的水像原子笔杆那么细。

61. 自从有了这部村民自治章程及实施细则后，各村都有了一套规矩，开始对村官限权。

62. 1989 年 10 月，曹老师被调到校团委担任校团委副书记，同时兼任学生秘书长指导学生会工作。

63. 部门工会先后组织教师到江西龙虎山、湖北武当山神农架、山东日照、江苏连云港、天目湖、福建福清、江西天柱山等地考察。

64. 我的生日是 8 月份，由于父亲在江西南昌工作，小学报名时不巧母亲生病，错过了报名时间。

65. 一个 16 岁的来自东海之滨的少年怀着对学校的无限崇景，一路上经过美丽梧桐树，来到紫金山山麓下位于小卫街的地址门口。

66. 祖父锐意创新，勇于拓展，于 1985 年借着改革开放的东风，趁势南上，到深圳开设上海绿杨村酒家，成为沪上知名餐饮对外拓展的典范。

67. 我心怀忐忑,上下奔走,历时半年多,终于悉数请回了一些老师傅。

68. 接手后,我重新研读了一遍绿杨村的历史,其以淮扬菜起家,在与川扬菜结合后开创事业高潮,再通过以食补身的食疗菜式创下辉煌。

69. 要有真诚之心,这是打开与群众交往的钥匙。

70. 她每年做好兵役登记、民兵整组、征兵等各项工作,把村里的优秀青年推荐出去,到部队的大融炉中锻炼。

71. 记得有一年六一文艺汇演,我正好得了风沙在家休息,浑身长满了小红点点,还有热度。

72. 2011 年 8 月,上海启动烧烤模式高温不褪。

73. 2011 年 11 月,我提任上海海关缉私局办公室秘书科科长。虽然工作环境和同事关系没有变化,但是作为可是的主要负责人,肩负的责任却多很不少。

74. 偷逃关税的结果并未降低进口海鲜销售价格,而是全部进了走私分子自己的腰包,引起了老百姓的强烈共鸣。

75. 张洁,女,1980 年 7 月出生在东海四队,分别在东海小学、顾路中心小学和顾路中学就读。

76. 与此同时,在环境综合整治的其他各条战场上也是捷报频传。

77. 鉴于此,本书将切入点落在少数民族题材纪录片,借由讲述少数民族故事,关照民族主体,来透视媒介影像中的中国形象,探讨中国形象传播现状与问题,为中国形象研究开辟了一个新的路径。

78. 少数民族经济与全国总体经济发展的矛盾、少数民族经济与政治的矛盾、家庭经济与总体经济的矛盾以及城乡“二元”对立的结构矛盾等四组矛盾既是少数民族经济发展面临的阶段性矛盾,同时也是社会主义初级阶段中国经济与社会协调发展不可回避的问题,这是很值得读者深入思考的。

79. “政治”一词源自古希腊“polig”,当时或被指代为城市国家,或被认为是统治者治理国家的方式。

80. 既然政治是一种国家治理和公共活动,中国政治采取什么样的统治策略和管理方式,究竟是自由民主原则,还是民主集中原则,还是各民族和谐互助、团结协商原则,抑或其他。

81. 游牧倒场是他们生活中最为平常的事，一年四季草原牧人一年大约要进行两次大倒场，在夏季为了保护草场，每隔一段时间就会拆掉蒙古包进行一次倒场。

82. 影片中介绍说，在过去判断一个家庭富裕与否的标志就是牲畜的多少，小时家里有一百多头牛，一千多只羊，现在因为国家退牧还草政策的缘故，主人公家中的牛羊数目锐减，这直接导致了家庭财富的减少。

83. 大力宣传民俗特色景区，让独特的民风、古朴的民情为世人知晓，为世人领略，为世人而称颂。

84. 学校的老师说，在学校的计算机教育开始之前，村子里已经有年轻人安装了互联网。

85. 与全国一样，西藏的扶贫战略要满足贫困人口基本生活条件，满足贫困人口提供基本生产条件的满足，满足贫困人口基本发展能力。

86. 藏族普通男女多穿露右肩的长袍，用红绳将袍子围在腰间。有的女性用头巾把眼部以下和头都包住，有的男性会在外面套件棉服。

87. 镜头里还有石狮、石碑，上面刻有藏文、壁画。马泥堆、马泥堆上的浮雕佛像、随风飘扬的彩色经幡，一起展现藏传佛教氛围和自然环境状况。

88. 本书分析少数民族题材纪录片里的精神文化，主要尝试从宗教信仰、伦理道德、哲学艺术、思想观念、社会规范、民族心理等角度加以介入。

89. 老马每天为钱奔波。他还在楼梯中训斥儿子，要求儿子老实本分。

90. 关扣尼与女儿的对话中提到，“树是有神灵的，但现在乱砍滥伐，树都没了，但是也没有什么办法”。可以看出老人对于年轻一代敬畏神灵的态度感到无奈与痛心。

91. 城市里的峡谷漂流是一种体育或娱乐活动，而在茅岩河却是世代谋生手段。

92. 初春的清早，天还蒙蒙亮，陈红发站在高山之处高昂民歌，这是纪录片《最后的梯田部落》里的镜头。

93. 特别重要的是利用东经 96°5 的俄罗斯静止卫星——亚洲 1 号卫星，使中国的电视节目覆盖了澳大利亚、印尼、东南亚、中东、东非、东欧、俄罗斯等一大片国家和地区。

94. 随着现代民族主义在中国的传播，近代中国知识分子都持有强大的民族国家叙事话语，强调保家卫国、反帝、反殖，从思想上维护民族主权和坚定民族国家意识形态。

95. 费孝通在《乡土中国》中形容中国是一个乡土社会文化,表现为乡村、农业、封闭、封建、传统、民俗。

96. 罗伊·塞恩指出,失业金及养老金是由工人供款的福利。

97. 在英国,开始于 16 世纪的圈地运动造成大量农村人口流入城市,大批农民在摆脱了土地的束缚的同时,也失去了生活保障,出现了严重的社会问题。

98. 在制定社会政策过程中,一般应该将实施该项政策行动所需要的经费总量和经费来源作出规划,同时还需要对完成该项社会任务所需要的人员和物质做出计划安排。

99. 因此,可考虑适度提高利率,可以按银行利率水平,这样参加公积金,就相当于参加银行个人储蓄,把住房公积金的强制性和追求个人利益最大化的目标有机地结合起来,吸引更多人参加到公积金的队伍里来,增加了公积金的吸引力。

100. 这种失衡还导致了教育结构上的不均衡,使教育资源在区域结构和城乡结构中不均衡配置,甚至导致教育资源校际间的不公平。

101. 培养了数以亿计的高级和中级、初级人才队伍,使劳动力的素质大幅度提高,为我国经济和社会各行业 30 多年来的持续快速发展,提供了巨大的人力资源支持。

102. 要切实按照 2001 年国务院《关于基础教育改革与发展的决定》中的要求,“对于在科学研究、创造发明以及有特殊才能并取得突出成绩的学生,可免试升入高等学校学习”,为他们的成长开通绿色通道。

103. 用俗话说,“不积跬步,无以至千里”,教育改革的复杂性和特殊性决定了它是一项长期的事业。

104. “十三五”期间,在办好综合性老年大学的基础上,建设和完善 1 所以上老年大学,有条件的镇(街道)要争取建立和完善 1 所以上老年大学(学校),50%的社区要利用老年活动中心、老年之家等老年活动设施开设老年课堂。

105. 因此,如果国家在出台或是修缮相关的残疾人社会服务政策,想比较完善地解决这一有典型弱势特征的社会问题,首先需要解决的就是在实施残疾人社会服务政策过程中充分体现公平、公正的原则。

106. 为了充分保障和促进残疾人就业,国家和政府在就促进残疾人就业方面制定了相关政策和采取了措施。

107. “消除障碍·促进融合”国际论坛2012年6月6日在北京举行,相关国家领导人参与了活动并发出了中国的声音。

108. 而残疾人群体的生活状况与社会经济发展的水平则不是呈正相关的,而是出现越拉越大的趋势。

109. 而作为服务部门的“第三部门”,则在残疾人社会服务当中却是表缺乏。

练习四、英文与英汉翻译单句纠正差错

A. 纠正英文句子中的各种差错。

1. Brave Orchid's career path covers the modernist period in the women's liberation movement in China, which had started with the May Fourth movement in 1912, its feminist agenda supported women's right to go to college.

2. I would like to claim that she breaks the silence of mothers in American fiction, the silence of Hester Prynn in Howthorne's *the Scarlet Letter*.

3. First is magic and witchcraft, or “shamanistic cults” called by western scholars. Second are the arts of necromancy, astrology and medicine, commonly called occult science. And the third is ceremony of etiquette.

4. It denotes no more the world of heaven, neither the world of Plato's idea, but the rational world.

5. In short, the stress of learning philosophy in the west lies in doing thinking training, while for Chinese, to do philosophy means to do self-cultivation in both body and mind.

6. However, Marx's thinking pattern is one of economic philosophy which is quite different from the traditional philosophy.

7. The basic principle which Gongsun long holds in his defense to the claim is a rigid view of one-name-one-thing, which is different from the analysis of the semantics of some compound terms in Later Mohist books.

8. Scientific culture is not perfect model but needs to be complemented by humane culture.

9. In February, 2004, a proposal was submitted to the municipal people's congress to move the zoo to the remote district. This proposal sparked a heated debate.

10. "Well, I don't believe we've met. I'm David Smith, a professor of Beloit College."

11. I hope you're enjoying every minute of your stay here.

12. Would you arrive at five exactly?

13. The following is taken from the interview with Sir Edmund Hillary, the first conqueror of Mt Everest.

14. You can enter the author's name or the title of the book you want. If you don't have either, you can type in the key words.

15. How could an Anglo-Saxon wed a girl?

16. By the way, Susan, do you see much of Lijuan recently.

17. Thank you for that introduction. Today, I'd like to begin my talk from a story of my family.

18. But frozen foods are convenient and handy, aren't they? Just think of all the tedious work we have to do in the kitchen if it weren't for the frozen foods and the like.

19. I think you can take the No. 1 line and transfer to the No. 2 Line in the People's Square Station. Ride it east for one stop only.

20. They have made their efforts to help the control of traffic on the street.

21. Do you want / like to go shopping / fishing with me?

22. Some people think that by donating money to the poor the rich people are "buying prestige." How far do you agree with this opinion?

23. If you want to talk to a friend living in another city, how can you make a long distance call?

24. That police office detects wine from Joe's breath by the roadside.

25. Case Study: Walmart's Plan to Get You in And out of Stores Faster

26. Introduction of and Reflection on the Education System of American Liberal Arts Colleges —— Based on Personal Experience in Middlebury College

27. Small class discussion and the teaching assistant, are two important components in the development of general education. Small class discussion system can promote students to read and think deeply through the way of group dicussion; and an effective and reasonable teaching assistant system, can ensure the quality of the study of students.

28. General Education Round Table Discussion: How to Cultivate Future Talents

Yang Fujia, Bao Xinhe etc.

29. Tailoring Audiovisual News Production To An Audience That Not Only Walks, But Flows

30. The People's Republic of China is a Single-party state, governed by the Communist Party of China (CPC).

31. Especially in rural areas, people cannot effort a PC, but can certainly buy a smartphone.

32. According the interviewee, this mind set is starting to shift slowly and an increasing number of Chinese customers is now paying for online videos and music.

33. In order to "guarantee a healthier cultural environment", China is launching "anti-porn crusades" in order to crack down on the illegal distribution of pornographic material.

34. To put it in Deng Fei's inspirational words: "Our joins hearts and forces can be formidable."

35. How do the parents react to Dean Lewis openness?

36. How does Dorothes find meaning in her life?

37. Each of these steps are challenges that each of us are faced with along our journey.

38. As a variant of the European "cuckold" or "horns" gesture, the "V" sign is a double phallic insult, meaning "You wife has been cheating on you."

39. —"You aren't very happy, are you?"
—"Oh, no, I am very happy," said the student. "I am interested in my room."

40. The sea is new world to us.

41. Harley and ten other teenagers rode their bikes 3,000 miles across the States.

42. "Southern people are really nice," Harley said. "Small communities were just that."

43. Richard Belanger was 14 years old and a wrestler on his school's team.

44. The male lion is a beautiful animal. Round his head he has a ring of long hair called a mane(鬃毛).

45. Mrs. Taylor teaches fifth grade.

46. Other people came from France, Canada.

B. 纠正英译汉的汉语句子错误。

47. This is a poem about frontier life in the United States.
这是一首讲美国开发地区生活的诗歌。

48. It's a small provincial town.
这是一个小省城。

49. Please forgive me, I didn't mean to start a riot.
请原谅我。我不是有意来骚扰你。

50. This poetry is sentimental.
这是一首感伤的诗。

51. In 1938, the annexation of Austria by Hitler's Nazi forces violated the Versailles Treaty.
1938年,希特勒违背《凡尔赛条约》,发兵合并了奥地利。

52. In ancient Rome, gladiators were trained to fight with weapons at public shows in an arena.
古罗马时,斗士们受训练后在竞技场公开作打斗表演。

53. Just as the global markets for cars and manufactured goods are tightly linked, so are the international markets for stocks and bond.
正如汽车市场和其他商品市场全球性一样,股票和债券市场也同样如此。

54. Workers were organized into trade guilds.
工人们组成了商业行会。

55. Usually an artisan begins as an apprentice and gradually rises to the rank of Journeyman, and at last, if possible, becomes a master artisan.
通常来说,一个工匠总是先从学徒做起,然后逐渐成为一个熟练工,最后,如可能的话,成为一个法师。

56. Adam Smith preferred the idea of laissez-fair and asked for economic independence in his book, *The Wealth of Nation*.
亚当史密斯主张在商业上国家应采取放任政策,且在《国家财富》一书中强烈要求经济独立。

57. Under the leadership of the Labor Party, the British government achieved the nationalization of banks, coal mines, railroads, and iron and steel industries.
在劳动党的领导下,英国政府使得银行、煤矿、铁路和钢铁业都国有化了。

58. Plastic bags, humburger containers, and styrofoam cups are all non-biodegradable products.
塑料袋、汉堡包容器和一次性杯子都是不能被生物所分解的物品。

59. The ancient Greeks consulted an oracle to find out a favorable time before doing everything important.
古希腊人在任何重大事件前都要向祭师咨询最佳的时间。

60. About 1580 in Japan, Shogun Hideyoshi, who was ugly to look at and was called "monkey face" by his subjects, came into power.
日本约 1580 年时从政的幕府将军海蒂尧希因长相难看而被其臣民称为"猴脸"。

61. Tyrants in ancient Greece had brought some welcome reforms to the lives of common people.
古罗马时的暴君也曾实施过为人民改善生活的改革。

62. The network of rills, gullies, streams and rivers in an area is called a drainage system.
小溪、沟渠、山涧以及河流一起构成的体系就叫做流域。

63. The most common cause of earthquakes is faulting.
地震发生的最经常的原因就是褶皱。

64. One source of valuable information for geographers is the census.
对地理学家们来说，人口普查是一个很有价值的信息。

C. 纠正汉译英的英语句子错误。

65. 请问，你为什么不说真话？
I ask you, why you not say the truth?

66. 我从来没有看过这么好的一部长篇小说。
I have never seen a so good novel.

67. 这两天他没有吃过什么东西。
He has not ate nothing these two days.

68. 他并未听从他们的建议。
He did not obeyed to their advices.

69. 为了保持身体健康，他每天早晨都到公园去打太极拳。
In order to keep his body healthy, he is going each morning to the public garden to play *taiji*.

70. 五年来他一直在这家公司工作。
He is working in the company since five years.

71. 你的中国书法课学得怎么样了？
How you are going with your Chinese calligraphy lessons?

72. 为了帮助他，我竭尽了所能。
I made all which I could for helping him.

73. 他离开四川家乡的村庄已经有两年了。
It is two years now since he left from home village in Sichuan Province.

74. 请回到办公室去把灯关掉。
Please return back the office room to shut the light.

75. 我自己和我妹妹都不会去他的婚礼现场。
Myself and my sister will not be present at his wedding ceremony.

76. 他坐火车从北京来。
He came with the train from Beijing.

77. 那把刀就在我放的桌子上面。
The knife was laying on the table where I lay it.

78. 那种惩罚将会让他学会不要再做傻事。
That punishment will learn him to do not do silly things again.

79. 他弟弟既不在学校工作,又不在家里工作。
His younger brother neither work at school or at his house.

80. 我没听懂他的意思,因为他说得不清楚。
I cannot understand his meaning because he don't speak clear.

81. 你昨天见到过的那个人是我的哲学老师。
The man which you saw him yesterday is my philosophy teacher.

82. 他说他从来没有去过九寨沟。
He said that he has never not gone at Jiuzhaigou.

83. 我想回家去过节日。
I think to go to home for to spend the holidays.

84. 这家商店只在周六上午开门。
This store is only open on the morning at Saturday.

85. 我开始学英语到现在已经两年了。
It is two years since I began to study the English.

86. 他说他三年前在英国。
He told that he was at England before three years.

87. 他朝我生气,因为我说他有错。
He was angry at me because I said him he has wrong.

88. 当我回家时,我发现钱不见了。
When I went to home I found that the money was disappeared.

89. 他对我说,他对他的老师不满意。
He said to me that he is not satisfied from his teacher.

90. 他说这件事情他一点也记不起来了。
He told that he cannot remember nothing about it.

91. 我和他打算两个星期后去英国。
I and he intend to leave to England after two weeks.

92. 我知道课文,但我不会用英语说。
I am knowing my lesson but cannot say it in the English.

93. 我按了两次门铃,但是没人能听到。
I rang two times, but I could not make no one to hear.

94. 我在自行车上装了新的铃,花了十五便士。
I put a new bell on my bicycle which it cost fifteen pence.

95. 只要他会来,我会把一切都告诉他。
When he will return back, I shall say him everything.

96. 我很高兴地告诉你,我昨天到了这个车站。
I am much pleased to inform you that I have reached to this station yesterday.

97. 不列颠群岛包括英格兰、威尔士、苏格兰和爱尔兰。
British Isles are consisted from England, Wales, Scotland and Ireland.

98. 对于外国人来说,汉语不光难写,也很难讲。
To the foreigners, the Chinese is not only difficult to write it, but also to speak it.

99. 很少有人会承认他们有错。
Few people will admit that they have wrong.

100. 今天下午有一场足球比赛吗?
Will there be a football game today afternoon?

练习一答案

纠正错别字。以下用括号标出的是错别字。随后是纠错方案。

汽车在(穿)流不息的高速公路上行驶了不到两个小时,就到了常熟沙家浜,飞快地驶进了(渡)假村大门。我还没来得及看清楚大门两侧的一(幅)对联上的字,汽车就稳稳地停在宾馆楼前了。我下车前特意向司机伸了伸大(姆)指。

环顾四周,(兰)天白云下,树影重(迭),湖水涟漪,真像世外桃(园),风景值得欣(尝)。吴秘书长早在楼前等(侯)了,他迎上前来同我们一一寒(喧),然后说:“大家先吃午饭吧,主编会议从今天下午1点钟开始。”

午餐席间谈笑风(声)。我说,刚才没看清大门外的对联,不知写的是什么。刘主编开玩笑地说:“虎踞龙盘今胜昔,天翻地(复)慨而慷。”好几位主编都笑了起来,齐声道:“胡扯。罚茶三杯。”张主编说:“楼下服务台有赠送的(名)信片,印着大门,一看就知道。要不要我去拿一张上来?”

说话间,冷菜已被尚未言语的孙主编风卷残云般地扫去了一多半。我说,见美食(尤)如饿虎下山,此乃饕餮之徒也。他答道:“早上食不(裹)腹,中午大快朵颐,不能自(己),诸位莫笑。”

话才说完,他忽然对我说:“大胆之徒!你去年(姿)意妄为,挖我墙(角),把我最好的一个编辑挖走了。那是我(沤)心沥血培养的人才!别忘了,此地是沙家浜。《沙家浜》里阿庆嫂怎么教导来着?‘开茶馆,盼兴旺,江湖义气第一桩!’可恨,可恨!”我知道他早晚要同我算这笔账,只好装出一副死皮(癞)脸的样子,说:“那我还你两个吧。复旦每年毕业的博士、硕士多如过江之鲫。在下一诺千(斤),决不食言。”

杜主编在一旁煽风点火:“老林,再接再(励),一如(继)往,一(股)作气,继续挖他人才,让他一(愁)莫展,继而自(抱)自弃,甘(败)下风。”

孙主编说:“大家不要这样嘛。第一,做人要厚道,不要迫不(急)待地竭泽而(鱼),把我的人都挖走。第二,懂点人情(事)故好不好,和谐一点嘛。第三,有饭大家吃是我辈的一条基本原则。如此有(持)无恐地干下去,(防)碍了我们的发展,我那一百几十号兄弟姐妹不要吃饭啦?求求诸位手下留情,不要让我走(头)无路啦。”

吴秘书长说:“你不也挖了别人的人才嘛。市场竞争是公平的,如今你那里像是金榜(提)名,广受(亲)睐,又透出一股想做大事业的气(慨),影响力(幅)射全国,各处人才趋之若(骛)。现在有些编辑就像候鸟迁(徒)一样跳槽,跳来跳去。不过,老孙,我给你出个主意,你把老林挖过去算了。”

我说:“他哪会要我呀!他那里不仅旧大楼修(茸)一新,而且造了豪华的新大楼,美(仑)美奂,高耸九(宵)。房间里全是打(腊)地板,盥洗室(按)装的水(笼)头恐怕都是(泊)来品吧。咱们想去参观,大概要买入场(卷)了。坦白交代,(峻)工之前有没有接受过(脏)款?”

孙主编说:“哪敢呀!党纪国法的达摩克利斯之剑悬在头上,我等好自为之。我当然不会做×××那种人。”

我悄悄地问坐在旁边的吴秘书长:“我前两天才听说×××出事了,究竟是什么事?”

吴秘书长用筷子(醮)水,在桌上写了两个字:“双规”。“老孙清楚,让老孙说。”

孙主编说:“若追(朔)他的过去历史,倒也曾经洁白无(暇)过。业绩嘛,倒也凑(和)。只可惜如今所犯之事,令人感到震(憾)。过去只觉得他作风粗(旷),但不贪财。哪知道他一有机会,便如(蜇)伏后出洞的蛇,原先抑制的欲望一下子全(渲)泄出来,以为黄(梁)美梦终于可以实现。床(第)之私的事情不去说它了,整天沉(缅)于抓权抓钱,时而鬼鬼(崇崇),时而摆出一副在官场上(灸)手可热的样子。他这个人不算笨,曾经说过‘贪钱乃饮(鸠)止渴’这样的话,不料竟也是贪官一个。‘双开’前夕,人虽已萎(糜)不振,却还想百般掩盖,认为自己的罪行还不至于被说成‘(磬)竹难书’,认为自己的作为只是疥癣之疾——(搔)痒病而已,所以内心期望有额(首)称庆的一天。哪知道纪委像‘(了)望哨’,也不是吃素的,根据蛛丝(蚂)迹,掌握关键证据,出(奇)不意地将他双规了。现在不知道他本人在想什么,我只知道他父母亲老(俩)口整日以泪洗面。”

吴秘书长说:“好了,不说他了。老林,你们那本大辞典进展得怎么样了?”

我说:“多谢关心。哎呀,你们哪里知道我们做得有多苦。编(篡)一部大辞典,缺乏编辑人才,就像女人(做)月子没人伺候,难啊!说起来你们都比我懂行,要真正编出一部好辞典来,并且使它出版后声名(雀)起,不(径)而走,读者争相购买,(烩)炙人口,真是太难了。首先,要使它(凭)添三分新意,才能让读者感到有必要掏钱。其次,编写思路不能完全(默)守成规,要做到不落(巢)(穴)。第三,内容博取精(萃),旁(证)博引,知识信息量要大。例如,‘发(轫)’一词的词源出处;‘针(贬)’一词的用法;‘杀(戳)’一词属于贬义还是褒义,等等。第四,文字要尽量言简意(骇),不能(罗)唆,要在平实中见功力,不能(娇)揉造作。第五,装(祯)要漂亮。第六,不管算得上算不上主(弦)律作品,编校质量一定要保证,不能是(膺)品。……所以,我们大大地需要人才,日后还望各位鼎(立)相助。真该体谅我们那几个编辑,天天是三更灯火五更鸡,个个都弄得‘悬梁刺(骨)’般地勤劳。一个编辑说:‘主编,我在键盘上干得手都痉(孪)了。’另一个说:‘整天神经不得松(驰)。’还有一个说:‘我脉(博)都快要不跳了。’……”

孙主编插嘴说:“这不行啊,老兄,你是在草(管)人命啊!”

我说:“你那里还有几员大将,借来一用?”

孙主编回了干脆的两个字:“休想!”

吴秘书长说:“有你在那儿坐(阵),(既)使人手少了些,谅来没有问题。”

我说:“我是滥(芋)充数的,工作主要靠几个专业编辑在做。如今的市场,正所谓‘月儿弯弯照九(洲),几家欢乐几家愁’。不是说21世纪是人才的世纪吗?人才多了,我就不愁了。”

纠正方案(黑方括号【】里是正字):

第1段:

穿流不息【川流不息】、渡假村【度假村】、一幅【一副】、大姆指【大拇指】

第2段:

兰天【蓝天】、重迭【重叠】、桃园【桃源】、欣尝【欣赏】、等侯【等候】、寒喧【寒暄】

第3段:

谈笑风声【谈笑风生】、天翻地复【天翻地覆】、名信片【明信片】

第4段:

尤如【犹如】、食不裹腹【食不果腹】、不能自已【不能自已】

第 5 段：

姿意妄为【恣意妄为】、墙角【墙脚】、沤心沥血【呕心沥血】、死皮癞脸【死皮赖脸】、一诺千斤【一诺千金】

第 6 段：

再接再励【再接再厉】、一如继往【一如既往】、一股作气【一鼓作气】、一愁莫展【一筹莫展】、自抱自弃【自暴自弃】、甘败下风【甘拜下风】

第 7 段：

迫不急待【迫不及待】、竭泽而鱼【竭泽而渔】、人情事故【人情世故】、有持无恐【有恃无恐】、防碍【妨碍】、走头无路【走投无路】

第 8 段：

金榜提名【金榜题名】、广受亲睐【广受青睐】、气慨【气概】、幅射【辐射】、趋之若骛【趋之若鹜】、迁徒【迁徙】

第 9 段：

修茸【修葺】、美仑美奂【美轮美奂】、高耸九宵【高耸九霄】、打腊地板【打蜡地板】、按装【安装】、水笼头【水龙头】、泊来品【舶来品】、入场卷【入场券】、峻工【竣工】、脏款【赃款】

第 12 段：

醮水【蘸水】

第 13 段：

追朔【追溯】、洁白无暇【洁白无瑕】、凑和【凑合】、震憾【震撼】、粗旷【粗犷】、蜇伏【蛰伏】、渲泄【宣泄】、黄梁美梦【黄粱美梦】、床第【床笫】、沉缅【沉湎】、鬼鬼崇崇【鬼鬼祟祟】、炙手可热【炙手可热】、饮鸠止渴【饮鸩止渴】、萎糜不振【萎靡不振】、磬竹难书【罄竹难书】、搔痒病【瘙痒病】、额首称庆【额手称庆】、了望哨【瞭望哨】、蛛丝蚂迹【蛛丝马迹】、出奇不意【出其不意】、老俩口【老两口】

第 15 段：

编篡【编纂】、做月子【坐月子】、声名雀起【声名鹊起】、不径而走【不胫而走】、烩炙人口【脍炙人口】、凭添【平添】、默守成规【墨守成规】、不落巢穴【不落窠臼】、精萃【精粹】、旁证博引【旁征博引】、发轫【发轫】、针贬【针砭】、杀戳【杀戮】、言简意骇【言简意赅】、罗唆【啰唆】、娇揉造作【矫揉造作】、装祯【装帧】、主弦律【主旋律】、膺品【赝品】、鼎立相助【鼎力相助】、悬梁刺骨【悬梁刺股】、痉孪【痉挛】、松驰【松弛】、脉博【脉搏】

第 16 段：

草管人命【草菅人命】

第 19 段：

坐阵【坐镇】、既使【即使】

第 20 段：

滥芋充数【滥竽充数】、照九洲【照九州】

练习二答案

以下用括号标出的是差错之处。随后是纠正方案。

1. 长江是亚(州)最长的河流,也是世界(第)(一)大河。她从青藏高(源)的冰川雪峰中走来,一路(婉)(蜓)东流,延(棉)万里,时而(喘)急咆哮,时而气势(灰)宏。她以母亲般的(搏)大胸怀,吸纳汇聚了岷、沱、嘉、湘等大川及洞庭、鄱阳、洪泽等大湖,一路上浩浩荡荡,最后由上海的吴(凇)口入海,注入浩(缈)的、一望无(艮)的(兰)色海洋。

长江和黄河一样,是中华民族的摇(蓝)。古往今来,留下许多令人叹为观止的自然景观和文化(遣)迹,传(送)着无数可歌可泣的动人故事。长江也是横(桓)(与)中华大地上的一条生命线,中华民族的先民们沿江而居,繁衍(声)息,(幸)勤劳作,历(尽)(摩)难,创建了一(坐坐)河港城市和历史重镇。

今日长江,(拥)动着改革开放的大潮,(涣)发出青春的魅力。要是你能顺江而(上)或(朔)流而(下),一定会目(赌)到长江(暂)新的雄(恣),清(淅)(的)(铃)听到长江奔向新时代的(哄)然涛声!这涛声,是长江的脉(博),似万马在(驶)(聘)!

我们热爱长江,赞美长江,不仅仅在于长江的壮丽逶迤,更重要的是长江孕育了祖国的文明,(脯)育了一代又一代的炎黄子孙。

纠正方案(黑方括号【】里是正字):

第1段:

亚州【**亚洲**】、第一大河【**第三大河**】、青藏高源【**青藏高原**】、婉蜓东流【**蜿蜒东流**】、延棉万里【**延绵万里**】、喘急咆哮【**湍急咆哮**】、气势灰宏【**气势恢宏**】、搏大胸怀【**博大胸怀**】、吴凇口【**吴淞口**】、浩缈【**浩渺**】、一望无艮【**一望无垠**】、兰色【**蓝色**】

第2段:

摇蓝【**摇篮**】、遣迹【**遗迹**】、传送【**传颂**】、横桓与【**横亘于**】、繁衍声息【**繁衍生息**】、幸勤劳作【**辛勤劳作**】、历尽摩难【**历经磨难**】、一坐坐河港城市【**一座座河港城市**】

第3段:

拥动【**涌动**】、涣发【**焕发**】、顺江而上【**顺江而下**】、朔流而下【**溯流而上**】、目赌【**目睹**】、暂新【**崭新**】、雄恣【**雄姿**】、清淅的【**清晰地**】、铃听【**聆听**】、哄然涛声【**轰然涛声**】、脉博【**脉搏**】、驶聘【**驰骋**】

第4段:

脯育【**哺育**】

2. 他(缀)了一口茶,(慢)不经心(的)说:"诸位别看他装(的)满腹经(论)的样子,说起话来旁(证)(搏)引,其实他开口总是老(声)常谈,做起事来好高(骛)远;标榜自己是安分守(纪)之人,(想)(望)世外桃(园),骨子里对名利虎视(耽耽);常常自诩'声誉(雀)起',实际上在学术圈里声名狼(籍);辩论问题时,明明自己错了,却偏偏负(偶)顽抗,真可谓积重难(反)。我虽和他素(味)平生,但涉及(到)原则,必须明(辩)是非。"

纠正方案(黑方括号【】里是正字):

缀了一口茶【啜了一口茶】、慢不经心的【漫不经心地】、装的【装得】、满腹经论【满腹经纶】、旁证搏引【旁征博引】、老声常谈【老生常谈】、好高鹜远【好高骛远】、安分守纪【安分守己】、想望【向往】、世外桃园【世外桃源】、虎视耽耽【虎视眈眈】、声誉雀起【声誉鹊起】、声名狼籍【声名狼藉】、负偶顽抗【负隅顽抗】、积重难反【积重难返】、素味平生【素昧平生】、涉及到【涉及】、明辩是非【明辨是非】

3. 她不忌惮别人背后议论,说她"弱不(经)风,却要向高难度挑战,心气太高,这次比赛恐怕要(时)倍功半了"。须知皇天不负苦心人,她一登上台,那轻歌(慢)舞的表演、举重(落)轻的(工)夫,立即征服了全场观众。看来这次京剧大赛的冠军称号她是(垂)手可得了。我为她感到高兴,也愿她今后继续努力,再接再(励),取得更大的成绩。

纠正方案(黑方括号【】里是正字):

弱不经风【弱不禁风】、时倍功半【事倍功半】、轻歌慢舞【轻歌曼舞】、举重落轻【举重若轻】、工夫【功夫】、垂手可得【唾手可得】、再接再励【再接再厉】

4. 改正成语中的错误

纠正方案(黑方括号【】里是正字):

天翻地复【天翻地覆】、堪称楷摸【堪称楷模】、经世济明【经世济民】、身体羸弱【身体羸弱】、切夫之痛【切肤之痛】、慌慌不可终日【惶惶不可终日】、万象更兴【万象更新】、文过则喜【闻过则喜】、争荣岁月【峥嵘岁月】、风起于青草之末【风起于青萍之末】、命运乖戾【命运乖蹇】、虚以委蛇【虚与委蛇】、同身感受【感同身受】、佶屈身牙【佶屈聱牙】、苴补成卷【葺补成卷】

5. 改正菜单上的错别字

纠正方案(黑方括号【】里是正字):

葱油海蛰【蜇】、蜜汁小扒【排】、四喜烤夫【麸】、酸辣缸【豇】豆、松脆罗【萝】卜、油闷【焖】笋、凉拌乌【莴】苣笋、碗【豌】豆虾仁、葱爆尤【鱿】鱼、四珍鱼圆【丸】、豉汁里肌【脊】、菜苔【薹】蜡【腊】肉、红烧肚当(此条无错)、清蒸扁【鳊】鱼、冬菇面巾【筋】、风味盖交【浇】面、哈蜜【密】瓜、弥【猕】猴桃

6. 其中主要的问题是:

(1) 法国刊名《新观察家》未译出;

(2) 法文刊名未按统一格式使用斜体;

(3) 德国刊名《镜报》未译出;

(4) 德文刊名未按统一格式使用斜体;

(5) "(1989 年)"应该移到句末;

(6) 1989 年的事,2012 年还在"据说";

(7) 2005 年的事,2012 年还在"据说"。

问题最多的几句句子应改作:

与美国的《美国新闻和世界报道》(*US News and World Report*)、法国的新闻周刊《新观

察家》(*Le Nouvel Observateur*)一样,德国的《镜报》(*Der Spiegel*)杂志也开始了大学排行榜评价(1989 年)。在亚洲,韩国已实施大学评价,中国则正准备朝着全国性大学评价的方向发展,上海市将作为实验地区率先试行,这是笔者前些时候调研时发现的结果(在 2005 年开始全国性大学评价)。

7. 这三句句子存在问题如下:

(1)"柯林斯英语语言词典"应该加书名号:《柯林斯英语语言词典》。作者可笑地将狗说成是"猫科动物"。"形状"与"品种"之间应该有顿号。

(2)美国的国名,英文应该有定冠词:"The United States of America"。另外,"Uncle Sam"不是"简称",而是"戏称"。句末应该用中文句号。

(3)古巴"流放者"应改作"流亡者"。应删去"(Castro Regime)",因为 regime 一词带贬义。应该删去"顺畅地"三字,因为与事实不符。"形势"宜改为"现状"。

可修改如下:

(1)如 1979 年版的《柯林斯英语语言词典》给狗下的定义是"一种家养的具有不同大小和形状、品种繁多的哺乳纲犬科动物"。

(2)美国的全称是"美利坚合众国"(The United States of America),简称为"美国"(America;the States;the U. S.),或谑称"山姆大叔"(Uncle Sam)。

(3)肯尼迪(Kennedy)总统支持古巴流亡者,并希望他们推翻卡斯特罗政权,直到 1962 年古巴导弹危机(Cuban Missile Crisis)后,美国才开始接受古巴的现状。

练习三答案

1. 是故,孔子说:"吾日三省吾身。"老子说:"知人者智,自知者明。"鲁迅则说:"我的确时时解剖别人,然而更多的是更无情面地解剖我自己。"

【知识性错误。"吾日三省吾身。"这句话虽然出现在《论语》里,却是曾子说的。】

2. 相较于对思想的钳制从来唯恐百密一疏,各级官员对流莺暗娼的打击却总是雷声大雨点小,或者干脆眼开眼闭。

【政治性错误。"思想的钳制"一说不符合现实。】

3. 中国的古典哲学家和诗人们也认为"塞翁失马,焉知祸福?"

【成语错误。应改作"焉知非福"。】

4. 于是就想到如今的中国,其实是与中世纪的欧洲很有些相像的。

【这句话属于政治性错误言论。】

5. 不是我有意要替一些贪官污吏辩白,一个人要想一生清清白白,不拿不取,不贿不贪恐怕也难。

【这句话属于道德观念方面的错误言论。】

6. 常言道:"小河有水,大河不干。"
【这句话说岔了。应改作:"常言道,大河有水小河满,大河无水小河干。"】

7. 大约因为这种曾经很接"底气"的经历,他比一般喜欢清谈的知识分子们,似乎也更多了些忧国忧民的情怀。
【错别字。"底气"应改作"地气"。】

8. 我们生活在一个因缘聚散,同体大悲的娑婆世界。
【遣词错误。"娑婆"应改作"婆娑"。】

9. 那个曾经让人引以为傲的礼仪之邦的中国,你究竟在哪里?
【概念错误。"礼仪之邦"应改作"礼义之邦"。】

10. 我们部队的驻地是山东曲阜,1975年"批林批孔"时成了一个热点城市。
【年份错误。"1975年"应改作"1974年"。】

11. 部队又抽掉了不少干部和战士去邻近的山东曲阜师范学院与教师、学生、工人和农民一起编译相关政治宣传资料。
【概念错误。"抽掉"应改作"抽调"。】

12. 他们有时也会在门前的院子里插一块木牌,上书"Grage Sale"(车库杂物大甩卖)几个字,然后将车库里连同家里储藏间用不着的杂物都搬到门前的草地上甩卖。
【英文单词拼写错误。Grage 应改作 Garage。】

13. 1963年,他出生于山东济南,……1881年,他考入了第二军医大学,毕业后作为优秀毕业生留校在长海医院工作。
【年份错误。"1881年"应改作"1981年"。】

14. 那时候我不懂,只觉得大人们严肃紧张的表情和沉重的气息与往常大一样。
【脱字。"大一样"应改作"大不一样"。】

15. "这帽子,你们科这么多人戴下来,都像土匪,还是你带的最好看,像阿拉伯王子。"大家不禁大笑起来。
【错别字。"带的最好看"应改作"戴得最好看"。】

16. 读书、实习、临床工作至今,还记得本科毕业之时举起右手一起高声朗读出为人类病痛奋斗终生的希波克拉底誓言。
【叙事错误。"为人类病痛"应改作"为医治人类病痛"。】

17. 他还记得，院长正式宣布他正式接替普外科前任主任的工作，是1997年1月1日零点。

【赘字。“正式宣布他正式接替”应改作“正式宣布他接替”。】

18. 他发现，多数技术国内都有了，但是最大的差异是观念价值不同。

【概念错误。“观念价值”应改作“价值观念”。】

19. 比如情书，比如海德格尔与马克思韦伯之间的书信，比如傅雷家书等。

【译名错误。“马克思韦伯”应改作“马克斯·韦伯”。】

20. 不能把医学纯粹看成给别人看病，你要真正地对社会有所体验，才能融入进去，进而看好病。

【遣词重复。“融入进去”应改作“融入”。】

21. 20世纪90年代，香港李嘉诚基金赞助大陆和香港医学界相互学习交流。

【遣词错误。“大陆与香港”应改作“内地和香港”。】

22. 这个患者也知道肿瘤转移意味着什么，极度绝望，跑来找胡医生寻找最后的一根稻草。

【叙事错误。“寻找最后的一根稻草”应改作“寻找最后的希望”或“寻找救命稻草”。】

23. 他说：“自己的眼界与素养完全是在上海练就的，越到后来，手上的工夫越来越敌不过思索与判断。”

【概念错误；关联词错误。“工夫”应改作“功夫”。“越到后来……越来越敌不过”应改作“越到后来……越敌不过”。】

24. 他父亲是教师，家里几个亲戚都是医师，想着学医以后也有人能照顾，于是在父母的建议下，他就报考了医学专业。

【叙事逻辑混乱。全句应改作：他家的几个亲戚都是医师，所以他父亲想，如果自家有人学医，以后就能照顾家人了。于是，他在父母的建议下报考了医学专业。】

25. 在医院的介入科，李医生遇到过一生最难忘的事。当时，41岁的学校的后备干部，患巨块型肝癌，没法做手术，只能做介入，当时主任不在，只有自己上阵。

【句式错误。后一句应改作：当时，有一位41岁的学校后备干部因为患巨块型肝癌而没法做手术，所以只能做介入。但是主任不在，他只有自己上阵了。】

26. 育才中学毕业一直接受的教育是兴趣教学，所以死记硬背对于我来说很乏味。

【叙事逻辑错误。全句应改作：我毕业于育才中学。育才中学一向施行兴趣型教学，所以死记硬背让我觉得很乏味。】

27. 如今他已身为主任,一天统领十几场手术已是家常便饭。科室的年手术量更是达到 4 700 例,恶性肿瘤位居全国前列。

【叙事错误。"恶性肿瘤位居全国前列"应改作"恶性肿瘤手术量位居全国前列"。】

28. 因为即使不在军队体制里了,他觉得自已还是一名英姿飒飒的共和国军人。

【关联词错误;遣词错误。全句应改作:即使不在军队体制里了,他仍然觉得自己是一名英姿飒爽的共和国军人。】

29. 记得她曾经治疗过一位即将参加高考的霍奇金淋巴瘤大男孩,疾病像一道利剑正好挡在了他本该美好无忧的学途之路上。

【表述错误;遣词冗赘。"霍奇金淋巴瘤大男孩"应改作"患霍奇金淋巴瘤症的大男孩"。"学途之路上"应改作"学途上",或更准确地改作"求学之路上"。】

30. 成长的路上若能遇上那个一两位对你人生有启迪的良师益友,可能将影响到你的一生。

【遣词冗赘。应该删去"那个"。】

31. 杨女士乃女中豪杰,从一个东海民兵干部不断成长,转辗数地,现担任镇党委书记,为党和人民做出显著贡献,展现了她精彩的人生。

【遣词错误。"转辗"应改作"辗转"。】

32. 虽然星换斗移,日月更替,但东海儿女的身上始终传承着一种可贵的精神。

【遣词错误。"星换斗移"应改作"斗转星移"。】

33. 川菜与广菜,以川菜为主;中档与高档,以中档为主;小吃与宴席,以小吃为主;饭菜酒与点心,以饭菜酒为主。

【概念错误。"广菜"应改作"粤菜"。】

34. 当时农村比较艰苦,生产队长是冲在基层第一线的全国最小的官,不但要按排生产、还要带头干活。

【错别字;标点符号错误;概念不妥。"按排生产、"应改作"安排生产,"。严格说来,按照当时的体制,生产队长算不上"官",即便出于叙事需要,也应该给"官"字加上引号。】

35. 1990 年 8 月,根据组织安排,老何又承担了顾路乡老令党总支工作。

【错别字。"老令"应改作"老龄"。】

36. 他与战士们一起开垦种菜,不同季节种上不同的素菜,连里养猪,猪肉能自供自给,改善了战士伙食。

【错别字。"素菜"应改作"蔬菜"。】

37. 后来得知附近驻军有一口深井，已调防而闲置。
【叙事错误。“已调防而闲置”应改作“因部队已调防而闲置”。】

38. 1993 年唐校长被评为浦东新区园丁奖。
【遣词错误。“被评为”应改作“获得”。】

39. 记得有几次，学生在操场上奔跑时摔跤了，血流不止，他马上拿出手帕捂住伤口，抱起孩子飞奔到卫生院去消毒包扎，这样的事情举不胜数。
【遣词错误。“举不胜数”应改作“数不胜数”，或“举不胜举”。】

40. 布料是十分显眼的桔黄色，粗凡布改成细凡布，布料轻型坚韧且质量过关。
【错别字。“桔黄色”应改作“橘黄色”。“凡布”应改作“帆布”。】

41. 县内有归侨 74 人，侨眷 4 万人，去台人员 1 750 人，台湾家属约有 5 千余人。
【概念错误；数字表达法错误。“台湾家属”应改作“台胞家属”。“5 千余人”应改作“五千余人”。】

42. 20 世纪 40 年代初，王申甫同家兄王斗甫跟随地下党张渭清一起帮助苏北解放区建中共地下党运输线。
【知识性错误。“同家兄”应改作“同其兄”。】

43. 1949 年上海鲜放前夕，王申甫受张爱萍将军委派潜回上海，为上海的三处地下党组织秘送机密文件，同时策反国民党人士起义。他的哥哥王斗甫在运输军用物资时被人招供而被捕，判刑五年出狱后，即参加人民解放军，现为离休干部。
【错别字；叙事错误。“鲜放”应改作“解放”。“被人招供而被捕”应改作“由于叛徒出卖而被捕”。】

44. 她组织一批优秀学生进行社会考察活动，让学生亲眼目睹人民群众参加社会主义建设的热情。
【遣词冗赘。“亲眼目睹”应改作“目睹”。】

45. 退休后他仍不忘发光发热，继续担任浦东新区广播电视台离退休党支部书记。
【概念错误。“离退休党支部书记”应改作“离退休职工党支部书记”。】

46. 热带山岳丛林地，山高林密，坡陡谷深，路少人稀，雨多雾大，气候多变，河流纵横，荆棘纵生，地形十分复杂。
【错别字。“荆棘纵生”应改作“荆棘丛生”。】

47. 听到此我测隐之心油然而生，可又无奈。

【错别字。“测隐”应改作“恻隐”。】

48. 工厂当年生产的仿鸡皮服装,时任上海市委书记也穿过。

【概念错误。“鸡皮”应改作“麂皮”。】

49. 有时村民不耐烦了就用铜丝当保险丝,结果电气安全隐患严重、险象环生。

【标点符号错误。句中的顿号应改作逗号。】

50. 他们制定了各部门、各人员的工作责职和行为规范及各类奖惩制度,从而确保了公司有秩运转和工作的正常展开。

【遣词错误。“制定”应改作“制订”。“责职”应改作“职责”。“有秩”应改作“有序”。】

51. 所有员工都是农民出生,文化程度不高,管理水平也都有限。

【概念错误。“出生”应改作“出身”。】

52. 当天清晨,彩旗飘扬,气氛热烈,乡、村领导早早来到工厂,与所有员工一起严阵以待迎接审查组的到来。

【遣词错误。“严阵以待”一词用于准备对敌,或准备应付危险。应改作“做好准备”。】

53. 审查小组也对此次的审查流程和各审查人员负责的项目进行了详尽的安排,至此取证工作正式打响。

【遣词错误。“打响”应改作“开始”。】

54. 经过几个月的学习,要考试了,毕竟计算机对我们来说是新生事物,心理不踏实,总感觉不像包粽子那样得心应手。

【错别字。“心理不踏实”应改作“心里不踏实”。】

55. 虽然我心里年龄要年轻很多,但身体时而在提醒我“什么样的年龄做什么样的事”了。

【错别字。“心里年龄”应改作“心理年龄”。】

56. 为了圆我的气象梦,培训期间我刻苦学习、认真领会、不断探索,基本掌握了气象观察的部骤和要领。

【错别字。“部骤”应改作“步骤”。】

57. 我收集了上百条农谚,例如“日晕三更雨,月晕午时风”“天上里鱼斑,明日晒谷不用翻”“久晴大雾必阴,久雨大雾必晴”等等。

【概念错误;错别字。“收集”应改作“搜集”。“里鱼斑”应改作“鲤鱼斑”。】

58. 餐饮部的业绩和客房入住率明显提高,月营业额在原来的基础上番了两番,酒店的知名度有所提高。

【错别字。“番了两番”应改作“翻了两番”。】

59. 大楼客梯在运营过程中有时会突然停止,过一会它会停在某个楼层,好多员工因此而受到惊吓。

【概念错误。“运营”应改作“运行”。】

60. 我走到厨房间,拧开水龙头,流出的水像原子笔杆那么细。

【概念错误。“原子笔”应改作“圆珠笔”。】

61. 自从有了这部村民自治章程及实施细则后,各村都有了一套规矩,开始对村官限权。

【概念错误。“村官”应改作“村干部”。】

62. 1989年10月,曹老师被调到校团委担任校团委副书记,同时兼任学生秘书长指导学生会工作。

【遣词冗复;脱字。“被调到校团委担任校团委副书记”应改作“被调到校团委任副书记”。“学生秘书长”应改作“学生会秘书长”。】

63. 部门工会先后组织教师到江西龙虎山、湖北武当山神农架、山东日照、江苏连云港、天目湖、福建福清、江西天柱山等地考察。

【叙事不当。“武当山神农架”应改作“武当山和神农架”。“天目湖”应改作“江苏连云港、天目湖”应改作“江苏连云港和天目湖”。】

64. 我的生日是8月份,由于父亲在江西南昌工作,小学报名时不巧母亲生病,错过了报名时间。

【表述不当。全句应改作:我的生日在8月份,报名读小学时,由于父亲在江西南昌工作,很不巧的是母亲在生病,所以错过了报名时间。】

65. 一个16岁的来自东海之滨的少年怀着对学校的无限崇景,一路上经过美丽梧桐树,来到紫金山山麋下位于小卫街的地址门口。

【错别字。“崇景”应改作“憧憬”或“崇敬”。“山麋”应改作“山麓”。】

66. 祖父锐意创新,勇于拓展,于1985年借着改革开放的东风,趁势南上,到深圳开设上海绿杨村酒家,成为沪上知名餐饮对外拓展的典范。

【遣词错误。“趁势南上”应改作“乘势南下”。】

67. 我心怀忐忑,上下奔走,历时半年多,终于悉数请回了一些老师傅。

【叙事矛盾。“悉数”指“全部”,而“一些”指“部分”。句中应改作“终于请回了一些老师傅”。】

68. 接手后,我重新研读了一遍绿杨村的历史,其以淮扬菜起家,在与川扬菜结合后开创事业高潮,再通过以食补身的食疗菜式创下辉煌。
【叙事错误。"在与川扬菜结合后"应改作"在与川菜结合后"。】

69. 要有真诚之心,这是打开与群众交往的钥匙。
【叙事错误。"打开与群众交往的钥匙"应改作"打开与群众交往之门的钥匙"。】

70. 她每年做好兵役登记、民兵整组、征兵等各项工作,把村里的优秀青年推荐出去,到部队的大融炉中锻炼。
【错别字。"大融炉"应改作"大熔炉"。】

71. 记得有一年六一文艺汇演,我正好得了风沙在家休息,浑身长满了小红点点,还有热度。
【标点符号错误;概念错误。"六一"应该加引号。"风沙"应改作"风痧"。上海浦东方言中的"风痧"即"麻疹"。】

72. 2011 年 8 月,上海启动烧烤模式高温不褪。
【表述错误。"上海启动烧烤模式高温不褪"应改作"上海处于高温笼罩中,气温持续不降"。】

73. 2011 年 11 月,我提任上海海关缉私局办公室秘书科科长。虽然工作环境和同事关系没有变化,但是作为可是的主要负责人,肩负的责任却多很不少。
【表述错误;错别字;表述错误。"我提任"应改作"我被提任"。"可是"应改作"科室"。"却多很不少"应改作"却很多"。】

74. 偷逃关税的结果并未降低进口海鲜销售价格,而是全部进了走私分子自己的腰包,引起了老百姓的强烈共鸣。
【表述错误。"引起了老百姓的强烈共鸣"应改作"这一点引起了老百姓的强烈不满"。】

75. 张洁,女,1980 年 7 月出生在东海四队,分别在东海小学、顾路中心小学和顾路中学就读。
【概念错误。"分别在"应改作"先后在"。】

76. 与此同时,在环境综合整治的其他各条战场上也是捷报频传。
【叙事错误。"其他各条战场"应改作"其他方面"。】

77. 鉴于此,本书将切入点落在少数民族题材纪录片,借由讲述少数民族故事,关照民族主体,来透视媒介影像中的中国形象,探讨中国形象传播现状与问题,为中国形象研究开辟了一个新的路径。
【概念错误。"关照"应改作"观照"。】

78. 少数民族经济与全国总体经济发展的矛盾、少数民族经济与政治的矛盾、家庭经济与总体经济的矛盾以及城乡“二元”对立的结构矛盾等四组矛盾既是少数民族经济发展面临的阶段性矛盾，同时也是社会主义初级阶段中国经济与社会协调发展不可回避的问题，这是很值得读者深入思考的。

【概念错误。“少数民族经济”应改作“少数民族地区经济”。】

79. “政治”一词源自古希腊“polig”，当时或被指代为城市国家，或被认为是统治者治理国家的方式。

【外文拼写错误；概念错误。polig 应改作 politikos，见《牛津大词典》和《韦氏大词典》。“城市国家”应改作“城邦国家”。】

80. 既然政治是一种国家治理和公共活动，中国政治采取什么样的统治策略和管理方式，究竟是自由民主原则，还是民主集中原则，还是各民族和谐互助、团结协商原则，抑或其他。

【句式不当。“中国政治”应改作“那么中国政治”。句末的句号应改作问号。】

81. 游牧倒场是他们生活中最为平常的事，一年四季草原牧人一年大约要进行两次大倒场，在夏季为了保护草场，每隔一段时间就会拆掉蒙古包进行一次倒场。

【遣词冗赘。“一年四季草原牧人一年”应改作“草原牧人一年”。】

82. 影片中介绍说，在过去判断一个家庭富裕与否的标志就是牲畜的多少，小时家里有一百多头牛，一千多只羊，现在因为国家退牧还草政策的缘故，主人公家中的牛羊数目锐减，这直接导致了家庭财富的减少。

【语法错误。“主人公”三字应该往前移到“小时家里”之前。“小时”宜改作“小时候”。】

83. 大力宣传民俗特色景区，让独特的民风、古朴的民情为世人知晓，为世人领略，为世人而称颂。

【句式错误。“为世人而称颂”应改作“为世人称颂”。】

84. 学校的老师说，在学校的计算机教育开始之前，村子里已经有年轻人安装了互联网。

【概念错误。“计算机教育”应改作“计算机教学”。“互联网”应改作“互联网设备”。】

85. 与全国一样，西藏的扶贫战略要满足贫困人口基本生活条件，满足贫困人口提供基本生产条件的满足，满足贫困人口基本发展能力。

【叙事错误。“满足贫困人口提供基本生产条件的满足”应改作“向贫困人口提供基本生产条件”。“满足贫困人口基本发展能力”应改作“提高贫困人口的基本发展能力”。】

86. 藏族普通男女多穿露右肩的长袍，用红绳将袍子围在腰间。有的女性用头巾把眼部以下和头都包住，有的男性会在外面套件棉服。

【叙事错误。“把眼部以下和头都包住”应改作“把眼睛以下的脸部都包住”。】

87. 镜头里还有石狮、石碑，上面刻有藏文、壁画。马泥堆、马泥堆上的浮雕佛像、随风飘扬的彩色经幡，一起展现藏传佛教氛围和自然环境状况。

【概念错误；错别字。“壁画”是画在墙壁上的，不是刻在石狮和石碑上的。“马泥堆”应改作“玛尼堆”。】

88. 本书分析少数民族题材纪录片里的精神文化，主要尝试从宗教信仰、伦理道德、哲学艺术、思想观念、社会规范、民族心理等角度加以介入。

【遣词冗赘。“加以介入”应改作“介入”。】

89. 老马每天为钱奔波。他还在楼梯中训斥儿子，要求儿子老实本分。

【概念错误。“楼梯中”应改作“楼梯上”。】

90. 关扣尼与女儿的对话中提到，“树是有神灵的，但现在乱砍滥伐，树都没了，但是也没有什么办法”。可以看出老人对于年轻一代敬畏神灵的态度感到无奈与痛心。

【叙事错误。“敬畏神灵”应改作“不敬畏神灵”。】

91. 城市里的峡谷漂流是一种体育或娱乐活动，而在茅岩河却是世代谋生手段。

【叙事错误。“城市里的峡谷漂流”应改作“城里人的峡谷漂流”。】

92. 初春的清早，天还蒙蒙亮，陈红发站在高山之处高昂民歌，这是纪录片《最后的梯田部落》里的镜头。

【错别字。“高昂民歌”应改作“高唱民歌”。】

93. 特别重要的是利用东经 96°5 的俄罗斯静止卫星——亚洲 1 号卫星，使中国的电视节目覆盖了澳大利亚、印尼、东南亚、中东、东非、东欧、俄罗斯等一大片国家和地区。

【知识性错误。经度应该正确表示为：96°5′；东南亚包括印尼，印尼是东南亚最大国家，既然已列出东南亚，就不应该再列出印尼。俄罗斯的一部分国土在东欧，也属于东欧国家，因此既然已列出东欧，也不宜再列出俄罗斯。】

94. 随着现代民族主义在中国的传播，近代中国知识分子都持有强大的民族国家叙事话语，强调保家卫国、反帝、反殖，从思想上维护民族主权和坚定民族国家意识形态。

【知识性错误。按照句中的叙事，应该将“现代民族主义”改作“近代民族主义”，否则不合逻辑。“近代中国知识分子都持有强大的民族国家叙事话语”宜改作“近代中国知识分子中有不少人喜欢采用民族、国家的话语方式”】

95. 费孝通在《乡土中国》中形容中国是一个乡土社会文化，表现为乡村、农业、封闭、封建、传统、民俗。

【表述错误。“形容中国是一个乡土社会文化”应改作“形容中国文化是一种乡土社会文化”。】

96. 罗伊·塞恩指出，失业金及养老金是由工人供款的福利。

【概念错误。“由工人供款”应改作“由工作者供款”。】

97. 在英国，开始于16世纪的圈地运动造成大量农村人口流入城市，大批农民在摆脱了土地的束缚的同时，也失去了生活保障，出现了严重的社会问题。

【知识性错误。英国16世纪的圈地运动中，农民的土地是被强行剥夺的，不是他们“摆脱了土地的束缚”。】

98. 在制定社会政策过程中，一般应该将实施该项政策行动所需要的经费总量和经费来源作出规划，同时还需要对完成该项社会任务所需要的人员和物质做出计划安排。

【概念错误。“制定”应改作“制订”。“人员和物质”应改作“人员和物资”。】

99. 因此，可考虑适度提高利率，可以按银行利率水平，这样参加公积金，就相当于参加银行个人储蓄，把住房公积金的强制性和追求个人利益最大化的目标有机地结合起来，吸引更多人参加到公积金的队伍里来，增加了公积金的吸引力。

【叙事错误。叙述意图中的事，句末不能表述为“增加了”，应改作“增加”。】

100. 这种失衡还导致了教育结构上的不均衡，使教育资源在区域结构和城乡结构中不均衡配置，甚至导致教育资源校际间的不公平。

【遣词错误。“校际间”应改作“校际”。】

101. 培养了数以亿计的高级和中级、初级人才队伍，使劳动力的素质大幅度提高，为我国经济和社会各行业30多年来的持续快速发展，提供了巨大的人力资源支持。

【遣词错误。应该是“数以亿计的……人才”，不是“数以亿计的……队伍”。“持续快速发展”后面的逗号应该删去。】

102. 要切实按照2001年国务院《关于基础教育改革与发展的决定》中的要求，“对于在科学研究、创造发明以及有特殊才能并取得突出成绩的学生，可免试升入高等学校学习”，为他们的成长开通绿色通道。

【引文错误。引号里的引文读不通，核查原文，发现有3处文字差错。应该删去“对于”二字。“以及”应改作“及其他方面”。“可免试”应改作“免试”。】

103. 用俗话说，“不积跬步，无以至千里”，教育改革的复杂性和特殊性决定了它是一项长期的事业。

【知识性错误。“用俗话说”应改作“荀子说”。】

104. “十三五”期间，在办好综合性老年大学的基础上，建设和完善1所以上老年大学，有条件的镇(街道)要争取建立和完善1所以上老年大学(学校)，50%的社区要利用老年活动中心、老年之家等老年活动设施开设老年课堂。

【叙事重复。应该删去“在办好综合性老年大学的基础上，建设和完善 1 所以上老年大学，”以使句子不重复啰唆。】

105. 因此，如果国家在出台或是修缮相关的残疾人社会服务政策，想比较完善地解决这一有典型弱势特征的社会问题，首先需要解决的就是在实施残疾人社会服务政策过程中充分体现公平、公正的原则。
【遣词错误。“修缮”一词用于房屋等，对于政策，应该用“修订”。】

106. 为了充分保障和促进残疾人就业，国家和政府在就促进残疾人就业方面制定了相关政策和采取了措施。
【遣词冗复。“在就促进残疾人就业方面”中，“在”“就”两字只应该使用一个。】

107. “消除障碍·促进融合”国际论坛 2012 年 6 月 6 日在北京举行，相关国家领导人参与了活动并发出了中国的声音。
【表述不当。“相关国家领导人”应改作“我国领导人”。】

108. 而残疾人群体的生活状况与社会经济发展的水平则不是呈正相关的，而是出现越拉越大的趋势。
【脱字。“出现越拉越大的趋势”应改作“出现差距越拉越大的趋势”。】

109. 而作为服务部门的“第三部门”，则在残疾人社会服务当中却是表缺乏。
【表述错误。“则在残疾人社会服务当中却是表缺乏”应改作“却在为残疾人服务方面缺乏表现”。】

练习四答案

A. 纠正英文句子中的各种差错。

1. Brave Orchid's career path covers the modernist period in the women's liberation movement in China, which had started with the May Fourth movement in 1912, its feminist agenda supported women's right to go to college.
【“modernist period”应改作“modern period”。“had started”应改作“started”。“movement”应改作“Movement”。“1912”应改作“1919”。“its feminist agenda”应改作“and its feminist agenda”。“go to college”应改作“go to school”。】

2. I would like to claim that she breaks the silence of mothers in American fiction, the silence of Hester Prynn in Howthorne's *the Scarlet Letter*.
【the silence of Hester Prynn 前面应该加上 such as。*the Scarlet Letter* 中的 *the* 应改作 *The*。】

3. First is magic and witchcraft, or "shamanistic cults" called by western scholars. Second are the arts of necromancy, astrology and medicine, commonly called occult science. And the third is ceremony of etiquette.
【"First is"应改作"Firstly, it is"。"Second"应改作"Secondly, they"。"the third"应改作"thirdly, it"。"western"应改作"Western"。】

4. It denotes no more the world of heaven, neither the world of Plato's idea, but the rational world.
【"no more"应改作"neither"。"neither"应改作"nor"。】

5. In short, the stress of learning philosophy in the west lies in doing thinking training, while for Chinese, to do philosophy means to do self-cultivation in both body and mind.
【"west"应改作"West"。"doing thinking training"应改作"training mind"。"Chinese"应改作"the Chinese"。两处"to do"都应该删去。】

6. However, Marx's thinking pattern is one of economic philosophy which is quite different from the traditional philosophy.
【"thinking pattern"应改作"pattern of thought"。"is one of"应改作"is of"。】

7. The basic principle which Gongsun long holds in his defense to the claim is a rigid view of one-name-one-thing, which is different from the analysis of the semantics of some compound terms in Later Mohist books.
【"long"应改作"Long"。】

8. Scientific culture is not perfect model but needs to be complemented by humane culture.
【"perfect model but"应改作"a perfect model, and it"。】

9. In February, 2004, a proposal was submitted to the municipal people's congress to move the zoo to the remote district. This proposal sparked a heated debate.
【"municipal people's congress"应改作"Municipal People's Congress"。"to the remote district"应改作"to a remote district。a heated debate"应改作"heated debate"。】

10. "Well, I don't believe we've met. I'm David Smith, a professor of Beloit College."
【"believe"应改作"think"。】

11. I hope you're enjoying every minute of your stay here.
【"I hope you're enjoying"应改作"I hope you enjoy"。】

12. Would you arrive at five exactly?

【“Would”应改作“Could”。】

13. The following is taken from the interview with Sir Edmund Hillary, the first conqueror of Mt Everest.
【“from the interview”应改作“from an interview”。“Mt Everest”应改作“Mt Qomolangma”。】

14. You can enter the author's name or the title of the book you want. If you don't have either, you can type in the key words.
【“the key words”应改作“key words”。】

15. How could an Anglo-Saxon wed a girl?
【“could”应改作“does”。】

16. By the way, Susan, do you see much of Lijuan recently.
【“do you see much of”应改作“have you seen”。“Lijuan”应改作“Li Juan”。句子末尾的句号应改作问号。】

17. Thank you for that introduction. Today, I'd like to begin my talk from a story of my family.
【“from”应改作“with”。】

18. But frozen foods are convenient and handy, aren't they? Just think of all the tedious work we have to do in the kitchen if it weren't for the frozen foods and the like.
【“we have to do”应改作“we would have to do”。“for the frozen foods”应改作“for frozen foods”。】

19. I think you can take the No. 1 line and transfer to the No. 2 Line in the People's Square Station. Ride it east for one stop only.
【“I think you can take”应改作“I think you take”。“the No. 1 line”应改作“No. 1 Line”。“transfer to the No. 2 Line in”应改作“transfer No. 2 Line at”。】

20. They have made their efforts to help the control of traffic on the street.
【“help the control of traffic on the street”应改作“help control street traffic”。】

21. Do you want / like to go shopping / fishing with me?
【“Do you want / like”应改作“Do you want / would you like”】

22. Some people think that by donating money to the poor the rich people are "buying prestige." How far do you agree with this opinion?

【“to the poor the rich people”应改作“to the poor,rich people”。“How far”应改作“To what extent”。】

23. If you want to talk to a friend living in another city, how can you make a long distance call?
【“how can you”应改作“how do you”。】

24. That police office detects wine from Joe's breath by the roadside.
【“office”应改作“officer”。“from”应改作“on”。】

25. Case Study: Walmart's Plan to Get You in And out of Stores Faster
【“Get You in And out”应改作“Get You In and Out”,副词首字母大写,连接词首字母小写。】

26. Introduction of and Reflection on the Education System of American Liberal Arts Colleges — Based on Personal Experience in Middlebury College
【“Introduction of”应改作“Introduction to”。】

27. Small class discussion and the teaching assistant, are two important components in the development of general education. Small class discussion system can promote students to read and think deeply through the way of group dicussion; and an effective and reasonable teaching assistant system, can ensure the quality of the study of students.
【“the teaching assistant, are”中间应该删逗号。“group dicussion”中的“dicussion”拼写错误,应改作“discussion”。后面分号应改作逗号。“teaching assistant system, can ensure”中间应该删逗号。】

28. General Education Round Table Discussion: How to Cultivate Future Talents

Yang Fujia, Bao Xinhe etc.

【“etc.”应改作“et al.”。】

29. Tailoring Audiovisual News Production To An Audience That Not Only Walks, But Flows
【“To An”应改作“to an”。】

30. The People's Republic of China is a Single-party state, governed by the Communist Party of China (CPC).
【“a Single-party state”应改作“a multi-party cooperation state”。“governed by”应改作“led by”。】

31. Especially in rural areas, people cannot effort a PC, but can certainly buy a smartphone.

【“effort”应改作“afford”。】

32. According the interviewee, this mind set is starting to shift slowly and an increasing number of Chinese customers is now paying for online videos and music.
【“According”应改作“According to”。】

33. In order to “guarantee a healthier cultural environment”, China is launching “anti-porn crusades” in order to crack down on the illegal distribution of pornographic material.
【“anti-porn crusades” 应改作“anti-porn movement”。】

34. To put it in Deng Fei's inspirational words: “Our joins hearts and forces can be formidable.”
【“joins”应改作“joint”。】

35. How do the parents react to Dean Lewis openness?
【“Lewis”应改作“Lewis'”。】

36. How does Dorothes find meaning in her life?
【“find meaning”应改作“find the meaning”。】

37. Each of these steps are challenges that each of us are faced with along our journey.
【“are faced”应改作“is faced”。】

38. As a variant of the European “cuckold” or “horns” gesture, the “V” sign is a double phallic insult, meaning “You wife has been cheating on you.”
【“You wife”应改作“Your wife”。】

39. — “You aren't very happy, are you?”
— “Oh, no, I am very happy,” said the student. “I am interested in my room.”
【“Oh, no,”应改作“Oh, yes,”】

40. The sea is new world to us.
【“new world”应改作“a new world”。】

41. Harley and ten other teenagers rode their bikes 3,000 miles across the States.
【“3,000 miles”应改作“by 3,000 miles”。】

42. “Southern people are really nice,” Harley said. “Small communities were just that.”
【“just that”应改作“just like that”。】

43. Richard Belanger was 14 years old and a wrestler on his school's team.
【"14 years old"后面应该加逗号。"and"应改作"and he was"。"on"应改作"in"。】

44. The male lion is a beautiful animal. Round his head he has a ring of long hair called a mane(鬃毛).
【"鬃毛"应改作"鬣毛"。】

45. Mrs. Taylor teaches fifth grade.
【"fifth"应改作"the fifth"。】

46. Other people came from France, Canada.
【"France, Canada"应改作"France and Canada"。】

B. 纠正英译汉的汉语句子错误。

47. 这是一首关于美国开拓西部边疆时期生活的诗。("frontier life"指美国开拓西部边疆时的生活。)
48. 这是一座外省小镇。("provincial"在此句中指"外省的"。)
49. 请原谅,我不是要造成一场骚乱。("riot"指"骚乱"。)
50. 这类诗是感伤的诗。("poetry"泛指"诗歌",具体的一首诗用"poem"。)
51. 1938 年,希特勒的纳粹军队吞并奥地利,违反了《凡尔赛和约》。
52. 古罗马的角斗士们经过训练,在角斗场公开表演用武器格斗。
53. 汽车和工业制成品的全球市场是紧密联系的,股票和债券的国际市场也一样。
54. 工人们被组织进同业公会。
55. 通常一名工匠总是先做学徒,然后逐渐成为一名熟练工,最后,如有可能的话,会成为一名工艺大师。
56. 亚当·斯密在《国民财富论》中提出自由放任主义的思想,主张经济独立。
57. 在工党的领导下,英国政府使银行、煤矿、铁路和钢铁业实现了国有化。(英国的"Labour Party"的译名是"工党",不是"劳动党"。)
58. 塑料袋、汉堡包打包盒和聚苯乙烯杯子等产品都不能被生物分解。("styrofoam cup"是"聚苯乙烯做的杯子"。)
59. 古希腊人在做任何重大事情前都要去求神谕指明吉时。
60. 日本幕府将军丰臣秀吉因为长相难看而被臣民称为"猴脸",他在大约 1580 年时执政。
61. 古希腊的暴君们实行过某些受人欢迎的改革,改善普通人的生活。
62. 一个地区的溪流河川构成的网络就叫做排水系统。
63. 发生地震的最普遍的原因是断层。
64. 对地理学家们来说,人口普查是一种很有价值的信息源。("source of information"是"信息源"。)

C. 纠正汉译英的英语句子错误。

65. Why don't you tell/speak the truth, may I ask?
66. I have never seen so good a novel before.
67. He has not eaten anything these two days.
68. He did not obey their advice.
69. In order to keep fit, he goes to play *taiji* in a public garden every morning.
70. He has worked in this company for five years.
71. How are you getting on with your Chinese calligraphy lessons?
72. I did all I could to help him.
73. It has been two years now since he left his home village in Sichuan Province.
74. Please return to your office room to turn off the light.
75. My sister and I will not be present at his wedding ceremony.
76. He came by train from Beijing.
77. The knife was lying on the table where I laid it.
78. That punishment will teach him not to do silly things again.
79. His younger brother work neither at his school nor at his home.
80. I cannot understand him because he doesn't speak clearly.
81. The man whom you saw yesterday is my philosophy teacher.
82. he said that he had never gone to Jiuzhaigou.
83. I think of going home to spend the holidays.
84. This store is open only in the morning on Saturdays.
85. It has been two years since I began to study English.
86. He said that he was in England three years ago.
87. He was angry with me because I told him he was wrong.
88. When I went home I found that the money had disappeared.
89. He told me that he was not satisfied with his teacher.
90. He said that he could not remember anything about it.
    或者：He said that he could remember nothing about it.
91. He and I intend to leave for England in two weeks.
92. I know my lesson but cannot say it in English.
93. I rang twice, but I could not make anyone hear.
    或者：I rang twice, but I could make no one hear.
94. I put a new bell which cost fifteen pence on my bicycle.
95. When he returns, I shall tell him everything.
96. I am very pleased to inform you that I reached this station yesterday.
97. The British Isles consist of England, Wales, Scotland and Ireland.
98. To foreigners, Chinese language is difficult not only to write, but also to speak.

99. Few people will admit that they are wrong.
100. Will there be a football game this afternoon?

图书在版编目(CIP)数据

编辑审稿实务教程/林骧华著. —上海：复旦大学出版社，2018.12
ISBN 978-7-309-14020-0

Ⅰ.①编… Ⅱ.①林… Ⅲ.①编辑工作-高等学校-教材 Ⅳ.①G232

中国版本图书馆 CIP 数据核字(2018)第 245600 号

编辑审稿实务教程
林骧华 著
责任编辑/赵 睿

复旦大学出版社有限公司出版发行
上海市国权路 579 号 邮编：200433
网址：fupnet@fudanpress.com http://www.fudanpress.com
门市零售：86-21-65642857 团体订购：86-21-65118853
外埠邮购：86-21-65109143 出版部电话：86-21-65642845
上海华业装潢印刷厂有限公司

开本 787×1092 1/16 印张 14.25 字数 337 千
2018 年 12 月第 1 版第 1 次印刷

ISBN 978-7-309-14020-0/G · 1921
定价：45.00 元